中拉关系60年：
回顾与思考

Sixty Years of the Sino-Latin American Relations：Review and Reflections

（下）

苏振兴　主编

宋晓平　高川　副主编

中国社会科学院
拉丁美洲研究所
INSTITUTO DE AMERICA LATINA
ACADEMIA DE CHINA DE CIENCIAS SOCIALES

当代世界出版社

《拉美研究丛书》编委会名单

目 录
CONTENTS

> **上　册**

综 合 篇

经 济 篇

政治篇

▶ 下　册

国　别　篇

文化科技篇

历史感怀篇

其　他　篇

下册

国 别 篇

"金砖四国"与巴西的大国谋略

陈家瑛

21世纪初年，在经济振兴道路上历尽坎坷的巴西终于迎来新一轮经济增长期，并显现出可持续发展的迹象，经济实力迅速增强。比历史上任何时候都更令人相信，巴西确已步入大国征途。

循着近年的轨迹，不难发现，巴西正通过以下三个层面勾画出大国谋略的蓝图：调动国内外一切有利因素全力促进经济发展；积极推动南美地区一体化；加强同新兴大国的协调与合作关系。在这第三个层面，"金砖四国"对巴西的重要性日益突出，巴西视之为实现其大国战略的国际大平台，增强其国际政治影响力、从地区大国走向世界大国的捷径。

大国梦的片断回顾

数10年前就已号称"未来之国"的巴西曾以大手笔的经济成就展现了无与伦比的发展潜力，屡屡令世界惊羡不已，也使巴西人自信地做起大国梦。然而，通往大国目标的道路却始终崎岖不平。为了思绪的连贯，我们对巴西的大国梦做一个简要的回顾。

（一）历史链接一："未来之国"成了巴西代名词

"巴西是未来之国"这句话早已传遍世界，至今世人仍常常引用，乃至"未来之国"成了这个具有巨大潜力的国家的代名词。此句名言出自奥地利著名作家斯蒂芬·茨威格之笔。茨威格出生在奥匈帝国首都维也纳一个犹太富商家里。1933 年希特勒上台，1934 年奥地利的法西斯分子要求德、奥合并，茨威格不得已迁居英国。1940 年移居巴西。1942 年 2 月茨威格在巴西里约热内卢不远的小城佩德罗波利斯服毒自杀，终年 60 岁。

茨威格曾攻读哲学，后从事诗歌、剧本写作，并把大量法国文学著作译成德文。茨威格是和平主义者，梦想建设一个团结的欧洲。第一次世界大战爆发后，遭受巨大挫折。从此，开始投身小说创作并迅速成名。

茨威格于 1936 年借一个顺访机会偶识巴西，立即被这个巨大而美丽的国家所吸引，离开后念念不忘重返巴西，但欧洲局势使他久未成行。直到 1940 年才宿愿得偿。这次周游巴西耗时半年之久，巴西的自然风貌、人文特色和发展潜力令他惊叹不已，促使他写成一本书《巴西：未来之国》，于次年发表。茨威格也就此定居巴西。后人揣测他写此书赞美巴西，原意是讨好当时巴西的独裁者热图利奥·瓦加斯。巴西一位著名导演曾以茨威格自杀为故事线索拍摄了一部电影《天国之死》。据该影片描述，茨威格写这本书确是一笔交易，旨在为他的犹太朋友办理入巴签证。然而，茨威格未曾想到，他曾经的预言并非心血来潮，该书问世后的几十年间，巴西的确以其蓬勃的经济活力屡屡令世界刮目相看。因此，尽管《巴西：未来之国》始终未被纳入茨威格力作名单，而且读过该书的人也实在寥寥，但该书书名却格外广泛传播，竟然成为后世频频援引的名句。

（二）历史链接二："新国家"和发展主义为强国奠基

热图利奥·瓦加斯总统在 1930～1945 年间执政，长达 15 年，史称"新国家"。瓦加斯奉行扩张城市经济活动的政策，大力推动国家生产的主轴由农业转向工业，从而建立了巴西现代经济的基础。瓦加斯于 1938 年成立了国家石油委员会，加强了国家对石油和能源的掌控（15 年后在瓦加斯第二次执政期间成立了被称为巴西工业化之母的巴西石油公司）。瓦加斯还先后在里约热内卢建设沃塔雷东达国营钢铁公司和国营发动机厂，促进了基础工业的发展。为了加快向工业输送合格的专业劳动力，成立全国工业培训社，并促使其发展为拉美最先进的职业教育体系。20 世纪 40～50 年代期间，巴西工业加速发展。从 50 年代下半期起，工业就已经开始成为国家经济现代化的"火车头"。

在"新国家"时期工业化的基础之上，1956～1961 年间执政的库比契克总统奉行发展主义政策，提出"5 年等于 50 年"的口号和一项庞大的全国发展计划，大力推动耐用消费品制造业和交通、电力等基础设施的发展，迅速崛起的汽车工业带动整个工业的发展。为了促进内陆地区发展和全国经济一体化，并以此刺激国家经济快速增长，库比契克在执政当年便向议会提交建设新都巴西利亚的规划方案。后经 41 个月昼夜施工，新都巴西利亚于 1960 年 4 月恢宏地崛起于中部高原的荒野之上。巴西以其鲜见的动员能力和建设速度，以及不同凡响的现代建筑风格令全世界叹服。这是库比契克时期最辉煌的成就，也是巴西历史上一个黄金年代的标志。库比契克执政期间，巴西的现代化和经济增长取得明显成就。

（三）历史链接三：经济奇迹——建设经济强国的初次尝试

进入 20 世纪 60 年代后，由于巴西经济受到通货膨胀和增长停滞的困扰，再加上国内政治剧烈动荡，执政的左派政权陷入危机。于是，右翼军人于 1964 年发动政变上台实行专制统治。当时军政府的执政理念是，一面保持政治高压，一面推动经济发展，在安全－发展的二元模式下，实行促进经济增长的战略。军政府重用德尔芬·内托等一批著名经济学家，制订并执行了雄心勃勃的发展计划：利用国际上成本低廉的资本并鼓励国内私人投资发展工业生产，采取强有力措施刺激出口以换取外汇支撑机械设备和原材料的进口，完善消费信贷体系以确保满足中等阶层对耐用消费品的需求，提高国有企业经济实力使其在重工业投资和大型项目建设中发挥骨干作用。当时已出现复苏的世界市场使巴西经济获得有利的外部环境。在 1968～1974 年间，巴西经济持续高速增长，国内生产总值年均增长率高达 11.2%，工业更保持高达 12%～18% 的增长率，史称"巴西经济奇迹"。

在此期间，巴西经济发生了巨大变化。外国直接投资急剧增长，来自美国、欧洲和日本的一大批外国企业落户巴西，促进了巴西制造业生产的扩张和工业技术的提升。巴西工农业结构明显改善。经济发展对高素质专业劳动力不断增长的需求，促进了中等阶层的壮大。伴随着经济奇迹，巴西工业进入加速增长和多样化的繁荣期。巴西初步实现工业化，并以"潜在新兴经济强国"的发展前景引起世人瞩目。然而，社会各阶层并未均衡地分享到发展的成果，经济奇迹也造成了两极分化加重的消极后果。

大国谋略的三个层面

20 世纪 80 年代初，巴西就已成为西方第八经济大国，但后来好景不再，在经济列强排名榜上被挤得一次次跌落下来，一度降到第 15 位。近年巴西经济稳步增长，再次跻身十大经济体之列。被叫了几十年的"未来之国"真正开始了大国征程。随着宏观经济基础渐趋稳固，国力不断增强，巨大的发展潜力正在前所未有地释放出来。巴西正试图充分发挥这些优势，加速建设成为一个经济大国。巴西人开始认真探索民族崛起之路，一个大国谋略遂渐趋成型。以推动经济发展为后盾，通过三个层面谋划大国战略的意图日渐清晰。

（一）层面一：充分利用国内外有利因素，迅速增强经济实力

进入 21 世纪后，巴西抓住世界经济持续增长和初级产品需求与价格双双走高的国际机遇，积极推行多元外交，全面开拓国际市场。一面继续密切同美欧日的经贸关系，一面大力拓展与地区伙伴和新兴经济体的贸易往来及经济合作。这使巴西大得其益，出口、外资和外汇储备都取得迅猛增长，外债困境得到根本性缓解。同时，国内消费也因反通货膨胀、扶贫减困和促进就业政策奏效而持续旺盛。自 2004 年起经历两年恢复性增长后，2006 年巴西经济增长 4%，2007 年增长率更达 5.4%，2008 年尽管受金融危机后果牵累但仍增长 5.1%。2009 年世界性经济衰退使巴西经济增长蒙受意外挫折，现在巴西正全力避免经济陷于停滞，估计从 2010 年起巴西经济在经历短暂低潮后将恢复较快的增长。此轮增长是在非通货膨胀、经济社会均衡发展、区域和城乡差别以及贫富差别有所减轻情况下出现的。因此，巴西可能正步入一个可持续增长周期。按照巴西近年经济增长势头，估计巴西将至少可稳住其世界第八大经济体的地位。

巴西政府通过实施 2007~2010 年加速增长计划，力促公路、港口、能源和城市基础设施建设，以突破制约经济发展的瓶颈，投资总额达 2500 亿美元。巴西政府还实施国家科技创新发展计划，到 2010 年前共投资近 230 亿美元，旨在扩大和加强全国科

技创新体系，推动企业、战略领域和社会发展的研发与创新。近年巴西在东南沿海发现盐层下特大优质油田，石油储量可能因而递升至全球前 10 位。巴西石油公司拟投资上千亿美元，力促巴西尽快成为石油出口大国。

国力的增强使巴西有余力提升国防实力，促进军事工业、军事科技的发展。巴西新近公布一项国家防务战略，着眼于在未来10～15 年内，确保巴西"拥有足以维护本国自主性的威慑力量"。该计划将以自力更生为主，加速相关产业和技术研发中心的投资，促使军事发展与国家经济和科学技术的发展相辅相成，助推国家的现代化。

高科技产业呈较快上升趋势。生物技术和农牧业科技水平处于世界领先的地位，信息和微电子技术急起直追，电脑销量居全球第四，手机用户和网民数量均居世界第六。2007～2008 年巴西对外投资超 500 亿美元，正涌现出一批颇具实力的全球化跨国企业。

2009 年 7 月 15 日，卢拉总统在接见巴西通用汽车公司负责人时说，如果巴西能保持目前的经济增长速度，那么在未来 10 年内巴西将成为世界第五大经济体。

（二）层面二：积极推动地区一体化，巩固地区大国地位

21 世纪以来，尤其是卢拉主政后，巴西明显加强了推动南美团结和一体化的地区外交行动，力促南美地区实现经济、能源、基础设施以及社会和政治、外交、文化乃至防务等多领域的一体化。2004 年在巴西倡议下，南美 9 国建立了南美国家共同体，2007 年易帜为南美洲国家联盟，2008 年该联盟成员国发表《南美洲国家联盟宪章》，标志着南美一体化进入一个新阶段。同年 12 月，南美洲国家联盟特别首脑会议正式宣布成立南美洲国家防务理事会。2009 年 3 月，南美洲国家联盟成员国国防部

长就推动南美国家在军事领域建立互信机制达成一致。这标志着南美国家在推进防务合作方面取得进展。

尽管巴西政府奉行低调方针，但其借助南美一体化谋求大国地位的意图仍清晰可辨。据巴西政府要员的表述和分析人士的看法，巴西大力推动南美一体化的战略意图可以概括为：睦邻安邦，强国固本，主导南美，志在全球，将南美一体化视作实现其大国战略的地区平台。首先，借助南美一体化，营造和平、稳定的地区环境，为其推行大国战略提供安全保障。其次，借助南美一体化，提升企业竞争力和国家实力，加速建设经济强国，为其推行大国战略巩固经济基础。再次，借助南美一体化，加强地区主导地位，确立"地区领袖形象"，为推行其大国战略加大政治筹码。最后，借助南美一体化，谋求以南美地区领袖身份参与全球经济和政治决策，以实现其大国战略目标。不过，巴西实施上述方针的努力仍受到一系列因素的制约，实现其战略意图的路程将不会一帆风顺。

巴西国力逐渐增强和积极采取外交行动推动南美一体化，导致其地区领导作用得到美国的认可。美国视巴西为拉美地区领袖和地区冲突的调解人，认为其有力量抵消该地区民粹主义浪潮，有能力介入美国与委内瑞拉等地区内激进左派政府的关系。奥巴马说，美国将"通过加强与巴西的关系来增强与整个西半球的关系"。不难看出，美国可能会寄希望巴西在美国同拉美接近中发挥突出作用。巴西在推动地区一体化的同时，也对密切与美国的关系持积极态度，力图使巴西成为美国在拉美的最重要伙伴，从而借助美国之力获得更大的地区政治影响力。

（三）层面三：推行新兴大国联合之策，加速从地区走向世界

据巴西媒体披露，早在2003年卢拉执政之初，巴西政府就

曾有过促成巴中俄印和南非 5 国对话论坛的想法。这表明，巴西的战略谋划者已经敏感地悟到世界发展的大势。然而，当时巴西刚刚遭受了金融危机的打击，也正值卢拉上台伊始，经济和政治前景均不明朗。同时，世界经济政治格局和中美等大国关系的态势及中俄所处国际环境与今日大不相同。因此，巴西的上述建议因中俄反应冷淡作罢。倒是印度和南非比较积极，于是巴印南成立了一个三边委员会对话论坛，并于 2003 年 6 月在巴西举行了首次外长会议。2006 年 3 国在巴西举行第一次首脑会议，而后每年一次，现已举行了 3 次。巴印南 3 国对话逐渐形成机制，促进了 3 国之间的经济贸易关系的发展，也推动了 3 国在国际事务中的协调与合作，3 国还试图作为新兴国家的代表，为发展中国家"代言"。

虽然巴西在拉美地区的主导地位日益突出，但地区一体化进程受到诸多因素的制约，还不足以在巴西的主导下发出一个声音。巴印南三边委员会这个国际平台对巴西实现大国战略而言，也缺乏足够的政治分量。巴西欲加速走向世界，就需要一个更有影响力的国际平台。自 2003 年"金砖四国"① 的概念开始流行世界，巴俄印中 4 国越来越受到世人注目，而巴西近年也因其经济实力逐渐增强和政治地位有所上升而争得在"金砖四国"中的"名分"。与巴印南三边委员会相比，"金砖四国"显然是一个更大更可借重的国际平台。

---

① 高盛公司 2001 年一份研究报告中首次提出"金砖四国"的概念，其中包括中国、俄罗斯、印度和巴西 4 国。

"金砖四国"：实现大国战略的国际平台

实际上"金砖四国"的对话在几年前就已开始进行，2006年中俄印巴4国外长在联合国大会期间举行了会晤，2008年4国外长在俄罗斯叶卡捷琳堡举行了首次会晤。同年7月4国领导人在日本北海道洞爷湖出席8国集团与发展中国家领导人对话会议期间举行了会晤。2009年6月四国领导人在叶卡捷琳堡举行会晤，这是"金砖四国"首次举行的峰会。这次会议宣布，"金砖四国"下届峰会将于2010年在巴西举行。这标志着"金砖四国"论坛开始逐渐走上机制化的道路。

巴西对推动"金砖四国"对话很感兴趣，态度十分积极。巴西希望在政治上借重中国以及俄印的影响力，借助"金砖四国"这个大平台增大其政治分量，加大参与世界事务的决策，并加速由地区走向世界，由经济大国走向政治大国。

（一）在"金砖四国"综合实力对比中的地位：从尾部前移

几年前，巴西一直被看作是"金砖四国"的"尾巴"，甚至被质疑是否够格被纳入其中。这一概念的提出者吉姆·奥尼尔3年前也曾提及这种质疑，但他同时预言，巴西正处于迅速发展的前期，其发展前景非常看好。果然，近年来，巴西在保持宏观经济稳定的同时，实现了经济持续较快的增长。国际上认为，巴西已经走到新兴国家的前排，终于可与中俄印相提并论，而成为名副其实的"四大金砖"之一。有助于巴西巩固其在"金砖四国"中地位的主要因素是：经过十几年努力所取得的经济稳定，近年经济实力的迅速增长和未来巨大的发展潜力。

论经济实力，在"金砖四国"中，巴西显现日益增强的态势，尽管当前受到世界金融危机影响仍能保持经济基本面健康稳定，经过短暂的下滑后还可恢复较快的增长。据世界银行最新资料，2008 年巴西国内生产总值达到 1.61 万亿美元，已经超过俄罗斯，居全球第 8 位；人均 GDP 约达 8500 美元，高于中印，仅次于俄罗斯，但差距正在缩小。

从长远看，巴西具有相对较好的发展条件，发展潜力巨大，前景看好。一是巴西在人口、土地、资源和环境方面得天独厚，综合看应该超过俄罗斯，是 4 国中最具优势的国家，人均土地、资源占有量和环境优势远高于中印。二是巴西第一、第二、第三产业比重（大约为 9：25：66）比较均衡，农业现代化、工业化和城市化水平较高。三是国内国外两大市场也比较均衡，对外贸易占 GDP 比重约为 25%，家庭消费对 GDP 的贡献率高于 60%，国内市场潜力巨大，经济主要靠内需拉动。

不过，巴西消费和积累的比重严重失衡，投资率长期偏低；经济和社会发展严重失衡，尤其是贫富阶层和地区差别过大；科技和教育发展滞后。这些是制约其中长期发展的不利因素。另一方面，也应看到，近年来巴西在这些方面所做的持续努力已导致某些改观。据巴西权威机构和最大智库瓦加斯基金会的统计，在 2002~2008 年间，巴西中等阶层所占比重已由 44% 升至 52%。主要原因有三：一是政府的财政转移支付政策确保社会计划的实施；二是大力推行就业正规化；三是扭转教育落后状况的努力开始见效。近年随着国力加强和企业盈利率上升，巴西的投资率也略有提高，2008 年达到 19%。由此可知，制约巴西中长期发展的劣势开始出现逐渐弱化的趋势。

说到政治分量，巴西尽管在人口与面积、经济与政治以及科技与军事上都是无可争辩的地区大国，但尚缺乏具有足够世界影响力的突出筹码。因此，在"金砖四国"中，相对而言巴西的政治分量还不够大，在国际外交中的作用和在国际政治某些重要领域的参与度不如其他3国。中俄是安理会常任理事国，印度是维护南亚稳定最重要国家，而南亚是西方大国对外政策重点地区；中印是世界最大消费市场，俄罗斯是欧洲能源最大供应国；中国已是第三大经济体，印度经济增长速度远高于巴西。

目前，巴西一面扩大其地区影响力，一面正加速从地区舞台走向世界舞台。近年，在WTO谈判、全球气候谈判中越来越活跃。尤其是在应对此次金融危机方面，巴西在G20两次峰会及其他场合，与中俄印等新兴大国一起发挥了积极作用。

（二）对"金砖四国"未来发展的态度：力促机制化

关于"金砖四国"未来发展前景，巴西的态度很明确，即积极支持其机制化，但同时主张应循序渐进，不急于机构求全，不急于扩大成员。巴西外交部地区谈判司（负责"金砖四国"事务）司长吉尔贝托·莫拉在2009年6月"金砖四国"叶卡捷琳堡峰会前指出，巴西政府有兴趣使"金砖四国"机制化，主张"金砖四国"变成一个常设论坛，举行定期会议，可以成立特定领域的技术小组。比如巴西、印度和南非三边委员会从2003年开始建立以来逐步实现机制化，现已成立了16个技术小组。莫拉还说，巴西认为"金砖四国"有潜力变成一个可以讨论更广泛议题的机构，比如国际金融体系改革和联合国安理会改革等。"金砖四国"是一个旨在寻求共识、求同而非谈判的论坛。

巴西驻华大使、曾任巴西外交部副部长的胡格内说，巴西希望"金砖四国"机制化采取灵活渐进方式，在初期保持常设论坛并轮流在4国举行峰会，通过技术小组就合作问题进行定期磋商。他认为，"金砖四国"的发展应该循序渐进，首先应该保持由巴俄印中4国组成的集体，加强4国的相互信任，也许在将来"金砖四国"会发展到更高层次的机制化，会建立秘书处等机构，或许将来"金砖四国"会增扩新成员。但这些可能性都还比较遥远，现在要慢慢来，不要贪大求全。

以上主张表明，巴西的战略考虑是：通过"金砖四国"论坛固定化常设化，并将其提升到"一个世界性组织的地位"（胡格内大使语），使巴西直接同中俄印抱团，形成有足够影响力的国际平台，以助其增大政治分量，从地区大国走向世界大国。

（三）对"金砖四国"行动方针的主张：力主多元化力避排他性

巴西认为，"金砖四国"不应成为一个封闭的排他的组织，而是要同其他发展中国家保持更密切的对话交流，应代表发展中世界的利益。如果"金砖四国"能做到加强同广大发展中国家对话，那就不会受到发展中国家抵制。巴西认为，G20 更有代表性及包容性，更能适应未来新的世界格局，并高调主张 G20 取代 G8，因此非常看重"金砖四国"同 G20 的关系。巴西认为，"金砖四国"同 G20 并没有冲突，相反在面对金融危机以及世界金融格局重组方面，"金砖四国"加深在 G20 框架内的合作显得十分重要。

巴西强调，"金砖四国"也不能排斥同美国等发达国家的对话。对此，胡格内做过详尽的诠释：美国等发达国家的力量逐步削弱，而发展中国家的力量逐步增强，在这样一个格局中如何治理全球，是世界未来几十年发展中至关重要的问题，因为美国仍然是一个超级大国，其军事仍然十分强大，在接下来的一段时期内，美国仍然是全世界最大的经济体。在这样一种情况下，一个十分重要的课题是，如何让美国这个超级大国接受新的世界格局。为了建设一个在多边主义治理下的多极化世界，中国和巴西应该同美国加强合作，而不是同其对抗。中国和巴西都同美国有着相当紧密的关系，而且中巴两国都希望同美国保持更为紧密、更为积极的关系，因为一个更为开放的世界格局不能缺少了美国的参与。要建立一个新的世界格局，"金砖四国"就应该同美国、欧洲以及日本等发达国家保持对话。

由此可以判断，尽管巴西把"金砖四国"看作其实现大国战略所必须借重的国际平台，但巴西仍将奉行其多元外交方针，继续推动南美地区一体化并加强同其他发展中国家的关系，继续密切同美欧等发达国家的关系。显然，巴西意在利用一切可以利用的外交资源，加速奔向国强民富、民族崛起的目标。

结语 （兼谈对策）

新兴大国之间的对话与合作已成为鲜明的时代特色。新兴大国之间旨在加强磋商与协调的对话日益得到加强，呈现出多平台并存、相互交叉和逐渐机制化的特点，充分表现出发展中国家呼唤世界经济政治民主化和积极参与世界事务决策权的诉求。

"金砖四国"之间的对话及其机制化日渐受到世界的关注。"金砖四国"日益增强的经济实力和政治影响已成为不争的事实，由此揭示着世界多极化趋势进一步加强，表明世界力量对比出现更有利于发展中国家的变化，也反映出世界经济政治格局的未来走向。近年来，"金砖四国"之间的对话已经做了必要的预热，美国等西方大国也已不得不正视"金砖四国"的崛起。

在"金砖四国"中，对巴西而言，巴西与中国关系远比巴俄、巴印关系更为重要，在2009年1~6月期间，中国已取代美国成为巴西最大贸易伙伴。与此同时，巴西正期待中国扩大在巴西的投资。对中国而言，巴西与俄印不同，不是邻国，而是远交对象。巴西是俄印巴3国中与中国最少直接利益冲突的国家，也是对中国迅速强大最少政治戒心、妒忌情绪的国家，还是最有求于中国的国家。鉴于此，巴西可作为中国运筹与俄印及与其他大国关系的一个筹码。因此，宜支持巴西积极参与"金砖四国"的对话，支持巴西在国际事务中发挥更大作用。

同时，还宜洞悉巴西在中巴关系中的某些消极因素。第一，对巴西对中国知之不多和知之不深要有充分估计。巴西对华研究比较薄弱，缺少真正的知华派，整个社会和舆论对中国的了解很有局限，这使双方关系发展的基础和深度受到制约。宜设法在推动巴西广泛深入了解中国方面多做工作。第二，对巴西在对华关系中过于持实用态度也要有充分估计，防止因纠缠于锱铢必较而损害双方的长期和战略利益。第三，对巴西在全球事务合作中可能会具有的局限性要有充分估计。巴西政府的决策能力受其国内政治制度和联邦体制的局限，而其对华态度和在某些全球性问题上的主张也会受到美国的牵制。在推动"金砖四国"框架内的中巴合作时，对这些因素应予以充分考虑和积极应对。

（作者单位：新华社世界问题研究中心）

20 世纪巴西应对西方经济危机的得失及其启示[①]

陈才兴

一

19 世纪中叶以后，巴西同其他拉美国家一样，也把亚当·斯密的自由主义思想看作国家取得物质进步的理论基础。而欧洲的自由主义是在工业资产阶级反对封建主义和重商主义的斗争中产生的。当时在巴西还没有工业资产阶级，掌权者以自由主义为理论武器，鼓励和支持拥护政府的大种植园主从教会、公共部门和土著人那里获得更多土地，以生产更多面向世界市场的初级产品，主要是咖啡。同时，尽量减少殖民时期那种政府对经济的干预，降低对国内市场的保护水平，通过出口农产品，进口工业品，以取得经济快速增长。正如当时的巴西财政部长若阿金·穆尔蒂纽指出的："一个国家的经济目标不应该是少进口，而是应

---

① 本文系国家社科基金项目（批准号：00B002）的成果之一。

多出口、多进口。"① 这样，巴西出口型种植园制经济在欧美发达国家的插手和外国资本的渗入下，卷进了资本主义国际分工体系，并受到世界市场的制约。从 1837 年到 1929 年，作为资本主义经济特有产物的五次经济危机，每一次都对巴西经济造成巨大冲击，不仅大量出口商品积压，生产力倒退，大量人员失业，而且因外资减少而陷入金融困境、政局动荡等。危机也造成制成品进口减少，价格上升，刺激了巴西本地制造业的发展。但西方国家走出危机后，巴西执政者依旧坚持扩大初级产品生产和出口的方略，进口工业品，出口初级产品，生产方式变动不大，而且也没有像西方国家那样，通过危机消除一些不利于自身发展的落后东西，如淘汰一些落后的生产力、改善企业的经济管理水平等。然而，在西方国家一次又一次经济危机的冲击下，巴西现代制造业曲折、缓慢地不断发展，导致社会阶级结构逐渐发生了变化，中间阶层逐渐发展、壮大，并发生了经济发展模式和经济结构的转型，最明显的例子是在 1929 年的大危机之后。

　　大萧条对巴西经济的冲击特别巨大。危机使国际咖啡市场的需求锐减，咖啡的世界市场价格从 1929 年 9 月的每磅 22.5 美分跌至 1931 年 9 月的每磅 8 美分，这种下跌趋势一直延续到 1939 年。1929 年，巴西咖啡出口量为 1400 万袋，不及总产量的一半。仅从 1930 ~ 1934 年，就有 5000 万袋咖啡置于市场流通之外，其中被迫烧毁了 3400 万袋。面对出口部门的萎缩、出口利润的骤降、进口能力的突然衰退和国际资金渠道的堵塞，以及西方国家保护主义的不断加强，1930 年上台执政的巴西瓦加斯政府，一方面为保持咖啡业适度的收入和消费水平，实行咖啡保价政策，即由政府收购大量剩余咖啡投入库存，以免过分地供大于求造成国际市场价格进一步下跌；另一

---

① Joseph L. Love and Nils Jacobsen (eds.), Guiding the Invisible Hand: Economic Liberalism and the State in Latin American History, New York: Praeger, 1988, p. 119.

方面发出了在巴西进行工业化的战斗号角，并明确表示，巴西政府"对工业化的兴趣"。它不仅标志着"工业主义对农业统治地位的胜利"①，亦标志着民族主义思想取得了胜利，并成了国家工业化得以顺利推进的思想基础。

然而，要转向发展工业，首先必须尽快解决出口经济的局限性和国家功能的软弱性。前者不仅表现为国内劳动力和资金的不足，而且它严重受制于国外市场行情的变化。后者必须削弱传统的寡头势力，特别是过于强大的地方势力。②

为改变出口经济的局限性，新政府除把国家财政资金、劳动力等由农业出口部门转移至城市工业部门外，着手改组原有的政府机构，建立"国家经济行动新机构"。同时，为改变政府的软弱状态，增强国家功能，政府直接投资兴建工业公司，主要表现在钢铁工业的建设方面。

从此开始，巴西经济增长模式和经济结构发生了变化，从过去主要依赖咖啡出口带动经济增长的外向发展模式，逐渐转向"进口替代"的内向工业化发展模式，重点发展以基础工业为中心的民族工业，以寻求经济增长的"某种内生动力"。因此，到1939年，巴西制造业已取代农业，成为国民经济增长的主导部门。二战期间，巴西日用消费品工业得到进一步发展。1939年，巴西国内生产总值中制造业已占14%。至1946年，巴西制造业增加值为14亿美元，与当年农牧业的增加值14.2亿美元已相差无几。本国自己生产工业消费品以替代进口，已成了1930年大

---

① 伊拉里奥·托尔洛尼：《巴西问题研究》，圣保罗拓荒者书店，1983年，第125页。

② 如州、市可直接从国外获得贷款，而不必经联邦政府批准。州的武装力量比联邦政府的还强大，因此，联邦政府在国家政治生活中常处于严重的被动地位。各州所设立的财政关卡（税收政策）造成全国统一市场难以形成。有些州不仅经济实力强大，而且因传统上已形成地方割据势力，联邦政府的政策常受到他们的严重牵制。

危机后巴西执政者和广大人民达成的共识，也是他们应对西方危机冲击实现国家现代化的初衷。

二

二战后，巴西政府继续采取国家直接干预经济的方式，以应对西方危机。与过去不同的是，随着西方国家一次又一次危机的冲击，国家直接干预经济的力度不断加大，直至 1982 年后陷入了债务危机深渊。那么，巴西政府究竟是如何应对西方危机的呢？

1948 ~ 1949 年，西方国家普遍经受了战后首次经济危机。受此影响，巴西经济发展困难重重，1948 年制定的萨尔特计划仅执行一年，由于资金不到位而终止。经过 20 多年发展的进口替代工业，大部分设备已老化，其产品在国内已饱和，而要出口，又因质次价高，很难打入国际市场。特别是朝鲜战争结束后，世界市场上一些初级产品价格进一步下跌，而机械产品和耐用消费品的价格不断上涨，巴西经济发展困难越来越大，加上国有化触犯了一些大种植园主、大商业资产阶级和外国垄断资本的利益，他们勾结起来，加以阻扰。美国政府出于自身的利益，也希望巴西放弃民族主义的工业化政策，奉行“自由贸易、自由投资、自由企业”的三自由方针。显然，是要巴西退回到发挥自然资源“比较优势”的老路上去。

面对内外强大的压力，巴西政府在民族主义和民众主义思潮不断高涨的形势下，遵循发展主义理论，强调工业化要由政府来推动，必须加强国家对经济的直接干预，把二战前“自发的”工业化上升为“自觉的”工业化。于是，1956 年库比契克上台执政伊始，就成立了发展委员会，由总统府直接领导，负责制定国家发展计划。1956 年制定的《发展纲要》明确了国家应当优先发展的领域，其中包括能源、运输、食品、基础工业、教育五大方面。与《发展纲要》同期执行的是宏伟的建设新首都计划。为开发内地，1956 年巴西国会通过了"迁都巴西利亚的决议"，国家成立了"新首都都市化公司"，专门负责兴建新首都。同时，制定了一个"修建全国团结公路计划"，建立以巴西利亚为中心的交通网络。为了开发北部地区，1957 年巴西政府又将玛瑙斯市开放为自由贸易区。这一切为巴西工商业的发展创造了空前的投资机会，成为巴西经济发展的新动力。

从此开始，巴西产业政策发生了明显变化，工业发展主要由过去生产普通日用消费品，转向生产家电、汽车等耐用消费品，力图以国内消费转型，促进经济发展。政府的产业政策以发展重工业为主，加快发展过去依赖进口的资本货和中间产品的生产。通过工业品的国产化，减少国家经济对外部的依赖。为此，巴西政府不断强化国家对经济的促进作用，通过企业国有化，加强国家对经济发展的决策、领导和调节作用，逐渐确立国有经济在国民经济中的主导地位，以改变过去国家依赖初级产品出口收入，作为社会资本投入公共部门来促进工业发展的方式。同时，政府从全国角度来考虑巴西的发展，工业化进程从局部推向全国，从沿海城市向内地延伸。然而，就当时巴西的工业基础而言，要优先发展重化工业，既缺乏富有竞争力的经济体制和机制，又缺乏先进的技术、管理经验和人才。于是，巴西政府同其他拉美国家一样，以发展主义理论为指导，修正了民族主义经济发展政策，[1] 主张在维护国家主权的基础上利用外部资金，对外资开

---

[1] 在瓦加斯两次执政时期，巴西工业化进程是以民族主义思想为指导的。政府采取民族主义经济政策的核心是，国家的发展应以广泛动员自身的潜力为手段，自主、自强、独立地发展。因此，强调国民经济各部门的领导权和经济活动的决定权，应掌握在本国国有企业和私人民族企业之手。对外资虽持欢迎态度，但它在任何部门都不得占据统治地位。

放。这不但体现在资金的吸纳上，而且着重引进先进国家的机器、设备。1955 年 1 月 17 日，巴西政府颁布的第 113 号法律规定，与民族企业合资的外资企业，如进口有利于巴西国民经济发展的机器、设备，可免除外汇担保。这样，外资以年均 2 亿美元大量流入。到 1961 年末，流入的外资共达 511.1 亿美元，其中进入基础工业领域 379.4 亿美元，其余 131.7 亿美元投向轻工业部门。

巴西政府趁 1957~1958 年西方经济危机时，调整产业结构，淘汰一些落后的生产力之机，采取吸收外资的优惠政策，由国家直接介入并推动，靠大量吸收外国直接投资发展进口替代工业，经济发展果然迅速取得了成效。基础工业得到了快速发展，引进机器设备建立起来的汽车工业，产量大幅提高，从 1957 年的 3.5 万辆增加到 1960 年的 15.25 万辆。1956 年至 1960 年国民经济年均增长率为 6.8%，如从 1957 年算起为 7.8%，是巴西历史上以总统任期为比较单位的最高发展速度。

然而，库比契克政府靠国家大量投资和吸收外国直接投资，实现工业品巴西化，力图通过扩大内需来拉动经济高速增长，也出现了弊端。当国内消费品市场被民族工业品填补之后，工业发展面临着严重的市场不足问题。到 20 世纪 50 年代末，巴西生产的耐用消费品已基本实现自给，中间产品的自给率达到 80% 以上，资本货的自给率达到 50%[1]；不断提高进口关税和对进口替代工业采取的各种优惠，造成对资源配置的严重扭曲，极大地影响市场经济的效率，不仅工业品的出口竞争力低下，而且相对降低了进口工业品的价格；国内资源的机会成本急剧增加；对资本货进口实行补贴，这对劳动力的转移和对工人实际收入的提高极为不利；汇率高估，挫伤了农业出口的积极性，使初级产品出口

---

① 沃纳·贝尔著：《巴西的经济增长和发展》，纽约，1983 年，第 50~51 页。

萎缩。到60年代初，这种进口替代工业发展的种种弊端逐渐暴露，并出现了通货膨胀加剧、国民经济一些重要部门被外资所控制、农业生产发展滞后、贫富差距拉大、地区间发展越来越不平衡等难以克服的矛盾和问题。

总之，从整体上看，巴西经济和社会的许多基本问题仍然没有因工业快速发展而得到解决。在工业化发展过程中，农业生产得不到相应发展的结果，不仅使工业生产发展失去了基础，而且社会问题逐渐显现。1961年后，巴西经济增长速度减缓，开始陷入停滞和衰退之中。国际收支失衡、工人大批失业、粮食等日用品价格进一步上涨，这种经济危机加剧了社会冲突和政局动荡，最终导致军人在美国政府支持下，于1964年3月31日发动政变，推翻了进行激进改革的古拉特政府。①

军政府上台执政后，先修改宪法，扩大和强化总统和政府的权力，取消公民的政治权利，通过镇压等强制手段，以稳定政局。同时，起用一批经济学家和技术专家，制订政府经济行动纲领，实行"专家治国"。靠高度中央集权的政府领导，由政府计划确定每阶段重点发展的经济部门和地区。奉行"增长优先于分配"的经济方针，继续优先发展耐用消费品、资本货和中间产品部门，以及石油化工、核能、电子和飞机制造等新兴工业部门。为增强政府的宏观调控能力，改革国家经济管理体制，建立全国货币委员会和巴西中央银行，加强对货币和信贷的管理，并有效控制商品价格和物价上涨。为减少高通货膨胀对消费者的不

---

① 为解决经济危机，具有强烈民族主义意识的古拉特总统于1961年9月上台执政后，在国内民族主义运动不断高涨的形势下，采取了一系列更为激进的措施。政府颁布法令，限制外国公司从巴西汇出利润；建立巴西电力公司，实现电力国有化；石油和石油产品进口由国家垄断，没收美孚石油公司所属企业；进行土地改革，将约5000万公顷土地分配给无地农民。这些改革措施不仅触犯了大种植园主和大商业资产阶级的利益，也损害了以美国为首的外国垄断资本的利益，他们联合起来，强烈反对改革。

利影响及稳定民心，军政府采取了"物价指数化"和"工资指数化"等重要举措。军政府还采取军事行动方式大规模开发内地，发展北部交通网络、开发水电资源、加强马瑙斯自由贸易区建设等。军政府进一步高举发展大旗，提出高投资、高增长的口号，并指出巴西的经济发展方针必须是外向的，对扩大出口应给予特别关注，① 甚至提出了"出口即出路"的口号。这样，政府对宏观经济政策做了全面调整，出台了一系列鼓励出口的政策措施。如对出口工业品免征关税、对出口企业实行奖励和补贴性贷款、实行小幅度货币贬值机制、简化出口手续、建立"出口走廊"等。到 60 年代末，巴西"立足于自己的发展思想被抛弃，采取外向的发展模式。依据这种模式，巴西经济政策的重点从国内市场转向国外市场"。② 计划由工业品出口替代农产品出口，力图充分利用国外市场、资金和技术，试图通过发展外贸来带动整个国民经济的发展。为此，军政府决定放宽对外资和外企的限制，废除古拉特政府对外资限制的法令和国际资金转移必须交纳外汇保证金的规定。鼓励外资在新兴工业部门和技术、资本密集程度较高的部门投资设厂，并给予法律保障和税收优惠。还取消了禁止外国人开采铁矿的法令。

　　进入 70 年代，西方经济陷入了"滞胀"泥潭，并在石油危机冲击下爆发了两次大规模的世界性经济危机。面对这种不利局面，巴西军政府为减少失业、稳定政局，把濒临破产的一些中小企业收归国有，大力发展国有企业，加大对国有企业的投资力度，投资额从 1973 年占 GDP 的 2% 提高到 1977 年的 6.2%，主要在基础工业和战略部门，进一步发挥国有企业的作用。其目的

---

① 马里奥·西蒙森、罗伯托·坎布斯著：《现代巴西经济》，里约热内卢，1979 年，第 16 页。
② 米尔顿·布拉格·富尔塔多著：《简明巴西经济》，里约热内卢，1984 年，第 73 页。

不只靠国有企业促进经济发展，还在于促进社会发展。[①] 正如安尼巴尔·维拉诺瓦·维莱拉所指出的，巴西创建国有企业在经济方面"是将其作为把发展进程影响既定目标的一个补充工具"[②]。而在社会方面，是以国有企业的增加及其地区配置，来达到增加就业和促进落后地区发展的目的。

与此同时，军政府利用当时石油美元充盈、利率较低的机会，允许地方政府和企业直接从国外贷款，并扩大国外借款渠道，实施负债增长战略，出现了"疯狂地借钱，放肆地花钱"的狂热现象，幻想以源源不断的外部资金来确保其高目标、高投资、高速度。于是，长期债务从1970年的不足10亿美元，迅速上升到1982年的400亿美元，外债总额高达701亿美元。其结果巴西虽比较顺利地克服了西方1973～1975年危机对它的不利影响，而且其国内生产总值以史无前例的速度快速增长，出现了史称的"巴西奇迹"。[③] 但政府和国有企业都大举外债，大力兴建耗资巨大、收益期长的工程项目及其与之相关的公共部门，这不可避免地导致国内资源配置不合理，消费膨胀，出口停滞，经济增长放慢，最终于80年代初，在西方危机冲击下，陷入了债务危机深渊。

巴西的这场危机同西方国家发生的危机不同，是一场结构性危机。其经济发展出现了断裂，表明靠国家大量投资推动，采取倾斜政策，吸收大量外资，重点发展重化工业，以促进经济高速增长的粗放型发展模式已走到了尽头。因此，无论是经济高速增

---

① 国有企业肩负着如下职责：（1）国家对基础设施和公用事业实行垄断性经营和控制；（2）国家掌握基本物质的供应；（3）增加就业；（4）缩小收入差距；（5）促进地区发展；（6）稳定基本物质供应价格；（7）抗衡跨国公司势力；（8）为国家资本货工业发展创造需求。

② 安尼巴尔·维拉诺瓦·维莱拉著：《作为经济政策工具的政府企业》，巴西经济与社会研究所出版社，1984年，第17～18页。

③ 1968～1974年巴西经济的年均增长率为10.1%（其中1973年高达14%）。

长还是经济奇迹，都没有能够推动社会领域的相应发展。整个
80 年代，在国际债权人俱乐部的压力下，巴西政府竭尽全力促
进扩大出口，压缩进口，争取外贸盈余来偿还债务，成了"失
去的 10 年"。

三

20 世纪巴西应对西方危机的得失给发展中国家，特别是中
国以如下启示。

1. 不宜主要靠强化国家干预和吸收外资、重点发展重化工
业和新兴产业来扩大内需和出口，以促进经济增长，应对西方
危机。

20 世纪 30 年代，特别是二战后，巴西由于本国工业基础和
技术较落后，主要靠国家投资、大量吸收外资及采取各种优惠政
策，重点发展重化工业、生产耐用消费品、资本货和中间产品，
以扩大内需，应对西方危机。其弊端有：一是企业只是对外国产
品的简单模仿，迅速抢占国内市场从中获利，无意进行技术创
新。生产的大多是标上巴西的商标，实际上只是发达国家已淘汰
的二三流产品。一些关键部门被跨国公司所控制。外贸赤字不断
增加。靠政府优惠政策刺激工业品出口，大多是赔本买卖。二是
由于工业化发展过度依赖公共部门，政府机构不断扩大，行使金
融、社保和基础设施建设三大职能①，造成国家需要大量资金，

①　设立专门金融机构，为工业部门发展转移资金和提供补贴，为社会保障及教
育、住宅、卫生等服务部门重新配置资源，国家直接投资扩大运输、通讯、能源等
基础设施建设，并建立大批国有企业，特别是基础工业企业。参见：Stephany Griffinh
- Jones, Osvaldo Sunkel, Las Crisis de la Deuda y del Desarrollo en América Latina: El
Fin de una Illusión, Grupo Editor Latinoamericana, Buenos Aires, Argentina, 1987, p. 42.

以满足工业发展、社会服务和政府机构自身的需要，财政赤字不断增加。三是政府为减少失业、稳定政局，继续追求经济高速增长，由政府确定重点发展的行业和部门，并给予资金和各种政策性优惠，从而形成了政府和企业之间的"庇护关系"，以及滋生"寻租"和腐败的土壤。企业主可以不冒任何风险即可获取丰厚的利润。他们把关注的目光始终紧盯政府出台的各种优惠政策，而不是市场。四是这种从政府倾斜政策中获利的国内外企业主、中等阶层，甚至部分工人逐渐形成了利益相关的既得利益集团，他们反过来通过各种方式对国家决策施加影响，以保持或获取更大的利益。五是这种靠国家倾斜政策推进的粗放型工业化，虽能暂时躲过西方危机的冲击，甚至能出现一时的高速增长，但经济发展十分脆弱，是不能持续的。

2. 不能把扩大内需或促进出口仅仅作为应对西方危机、刺激经济增长的手段和工具。

二战后，巴西政府不把改善民生、经济成果共享作为经济发展的首要目标，忽视经济和社会协同发展。为追求 GDP 快速增长，把约 4/5 的国内外资金投入城市地区和工业部门。农产品出口挣来的外汇，主要也是用于装备现代化工业和充实城市地区的基础设施，直接投资农业部门自身发展的资金十分有限。由于农业劳动生产率低下，不仅农业的增长率长时期地低于国内生产总值和制造业的增长率①，甚至有些年份低于人口增长率，引起粮食和其他农产品的大量进口。在工业内部，比重也严重失调。②地区间发展不平衡不但没有减缓，相反有所扩大。由于经济结构

---

① 在库比契克总统任期内，农业生产年均增长率仅为 4.3%，而同期工业生产的年均增长率为 10.1%。

② 如高耗能型工业和面向出口型工业发展过快，燃料能源工业和国内市场大量需要的某些中间产品的生产相对落后，耐用消费品工业发展过快，为生产资本货物提供现代化装备的机器制造业、机床制造业和高精尖的化学品制造业比较落后。

和分配结构极不合理，巴西许多人由于购买力低下，实际上被排斥在市场之外，国内市场狭小。贫富差距拉大，社会矛盾十分尖锐。政局的不稳定反过来又影响了经济的发展，形成了恶性循环。

3. 有效应对西方危机的关键是支持和扶持能适应世界市场变化、善于捕捉市场机遇的本国企业。

二战后，在巴西，由于同大种植园主和传统寡头势力有着千丝万缕联系的私人工业垄断财团相对较为强大，而广大中小企业特别弱小，因此，政府在工业化发展过程中，没有把扶植当地企业当作首要的政策目标，不是以出口、经营管理、技术创新和应对危机的业绩作为给予奖励的量化指标，激励企业在国内外大市场激烈竞争中不断发展、壮大，而是把重点放在经济刺激政策上，通过政府行为做多、做大、做强国有企业。特别是进入发展重化工业阶段，走上了过度依赖外资的国家化道路。这样，在国家倾斜政策下发展、壮大起来的企业（无论是国有的还是私人的）都无法适应世界市场的变化，更谈不上捕捉世界市场机遇，应对西方危机了。反观韩国，政府始终把支持和培植本国企业在国内外市场竞争中快速成长作为其主要政策目标。政府引进外资的着眼点主要也是为了扶植出有竞争力、能捕捉市场机遇的当地企业。因为，在发展劳动密集型成品出口阶段，培育出了一批强有力的本国企业、高素质的企业家和工人队伍，因此，在 70 年代发展重化工业阶段，韩国同巴西一样也大举外债，但结局截然不同，企业能捕捉西方国家危机提供的产业转型机遇，在国际市场竞争中不断发展、壮大。这些具有竞争力的企业既为韩国工业化发展打下了坚实的基础，又为其产业升级和可持续发展提供了可靠的保证。由此可见，无论是调整经济结构，还是应对西方危机，主要靠的是能适应世界市场变化，善于捕捉市场机遇的本国企业，而不是政府。

4. 应对西方危机的首要任务仍然是转变政府职能，建立和完善现代市场经济体制和机制，走市场化改革之路。

二战后，巴西政府为实现经济继续快速增长，稳定政局，迅速赶上发达国家生活水平，在经济结构单一、发展起点很低、工业基础十分薄弱、现代市场经济很不发达的情况下，力图通过国家计划和政府强有力的直接干预，靠政府的经济政策倾斜及国有企业和公共部门的扩建，优先发展重工业和基础工业，以满足国内城市居民对耐用消费品的需求，走计划化而不是市场化的工业发展之路。反观韩国，在发展进口替代工业的基础上，政府营造公平竞争的市场环境，建立和完善现代市场经济体制和机制，鼓励企业展开自由竞争，并与企业一起了解本国同先进国家之间的技术差距，共同采取措施应对西方危机。无论是国有企业还是私有企业，都面对内外两个市场，寻找比较优势，让企业在内外市场激烈竞争中发展壮大，优胜劣退，走市场化发展之路。先从发展劳动密集型的轻纺工业开始，再到重工业、机器制造业，以及电子、汽车等新兴工业，不仅克服了西方危机的冲击，实现了产业结构的升级替换及经济的可持续发展，而且也带动了整个国家的现代化。

（作者单位：复旦大学国际问题研究院拉丁美洲研究室）

巴西的大国地位评估

牛海彬

由于美国在拉美的主导地位和巴西经济的起伏，长期以来巴西一直被视为具有成为大国潜力的国家，而非真正的大国。"潜在的大国"几乎是国际社会对巴西国际地位的基本评判。随着新兴大国崛起步伐的加快，有关国际体系内权力转移的学术探讨也主要针对中国和印度，而对身为"金砖四国"和 5 国集团成员的巴西却着墨不多①。这与巴西近年来在国际社会的活跃程度和影响力不相适应，也不利于中巴构筑和落实具有全球影响的战略伙伴关系，探索巴西的大国地位与前景显得很有必要。

实力与认知的变化

巴西的精英一直认为，凭借国家的规模、自然禀赋、人口、

---

① 关于"金砖四国"的注释见本书第 458 页。"5 国集团"是国外学术界针对近年来与 8 国集团进行对话的 5 个发展中国家的简称，包括中国、印度、巴西、墨西哥和南非。

经济发展水平和军事潜力，巴西是大国的候选者①。巴西将扮演地区和世界领导这样的关键角色已经在国民中深深扎根并超越了党派政治。20世纪70年代，随着巴西经济实力的增长，关于巴西的国际地位问题开始凸现。经济表现强劲的巴西获得"崛起的大国"、"觉醒的巨人"、"中等强国"、"地区大国"乃至"主要大国"等声誉②。但与这种声誉相伴随的是对巴西大国地位的不断质疑。比如单纯强调国家的禀赋并不能把巴西与墨西哥、印度尼西亚等国区分开来，缺乏大国的实际影响，军事力量较为有限，政治上在邻国中较为孤立等。极端的观点甚至认为巴西是被美国遏制的附属国或者是试图扩展至太平洋的掠夺成性的帝国主义国家。当然这种观点被认为是基于意识形态的和情绪性的反应，特别是那些不喜欢巴西1964年后的权威体制以及恐惧巴西权势潜力的人士常常如此。③ 但归根结底，大国声誉受损最关键的原因还是经济发展出了问题。要成为一个大国必须有可使国家欣欣向荣的经济基础，特别是工业生产能力。虽然在1967～1974年间巴西创造了年均增长10%的经济奇迹，初步建立了较为完整的工业体系，但受1973年石油价格上涨的影响，巴西经济背上了沉重的债务包袱，并在其后的30年里一直受外债和通货膨胀困扰。

巴西难以确立大国地位与影响也与该国国际身份复杂有关。通常认为巴西是一个兼具西方国家和南方国家特征的结合体。一方面，巴西是西方的一部分，无论是从文化传统还是民主制度来

① Ronald M. Schneider, Brazil: Foreign Policy of a Future World Power, Boulder: Westview Press, 1976, pp. 32–43.

② 参阅张凡：《发展中大国国际战略初探：巴西个案》，载《拉丁美洲研究》，2007年第1期，第21页。

③ See Riordan Roett, "Brazil Ascendant: International Relations and Geopolitics in the Late 20th Century", Journal of International Affairs, Vol. 29, No. 2, 1975, p. 139.

看都是如此。在历史上很长一段时间巴西的重要贸易伙伴主要是英国和美国等西方发达国家，与邻国的关系处于第 2 位①。拥有日本本土之外最大的日裔社区，有 700 万巴西人是黎巴嫩后裔，这些都被视为巴西作为西方世界一部分的证据，也是巴西软实力的重要内容。另一方面，巴西经济状况呈现出较为明显的发展中国家特征。巴西南部和东南部比较富裕，西北和内陆地方仍旧落后，初级产品铁矿、大豆和原油等是主要的出口创汇产品，国内贫富差距悬殊，腐败和失业问题较为严重。

这种复合身份常常导致关于外交政策主要对象的辩论，并在西方国家与南方国家间摇摆，这在一定程度上降低了巴西的全球影响力。巴西在历史上与西方国家保持着密切联系。巴西在帝国时期与旧共和时期分别与英国和美国保持了密切的经济联系，其间巴西主要关注的是与阿根廷的势力均衡以及与邻国的领土争端问题。1964 年上台的右翼军人政权为了摆脱经济困境，把国家与国际市场特别是北美紧密地联系在一起。这样巴西对邻国以及发展中国家的国际议程参与有限。20 世纪 70 年代，巴西重新定位国际身份，明确了较为先进的发展中国家的定位，开始强调与发展中国家开展密切合作，特别是发展与能源生产国的关系，走上独立于美国的发展核能的道路，在联合国投亲阿拉伯国家的票②。为了降低本国能源的脆弱性，巴西在 80 年代开始认真考虑发展替代性能源的可能性。

面临国内发展的挑战，巴西认识到大国之路还很遥远，巴西外交因而更倾向于从发展中国家的立场出发，重视外交事务实质

---

① See Robert D. Bond, "Brazil's Relations with the Northern Tier Countries of South America", WA. Selcher eds. , Brazil in the International System, Boulder: Westview Press, 1981, p. 124.

② Ronald M. Schneider, Brazil: Foreign Policy of a Future World Power, Westview Press, 1976, p. 2.

性的独立，奉行"负责任的实用主义"。巴西在国际体系中更加关注能源需求、资本需求和贸易机会①。20 世纪 80 年代末，基于国家有限的实力和资源，巴西把主要的战略资源都用在了民用事业的发展上，在国际事务中不再以追求威望为主，而改为追求成为国际合作中的可信赖伙伴。在 50～70 年代建立现代经济的基础上，经历了 80 年代末的债务危机，巴西在卡多佐政府的领导下又有起色，尽管卢拉政府在资本账户的可兑换以及政府在收入分配中的作用上有不同主张，但他继承了卡多佐时期的宏观经济纪律、市场经济以及对外开放经济等基本政策②。近年来，巴西在追求经济发展和社会公正的道路上有所进步，成功完成"千年计划"贫困人口减半的目标。按照汇率计算的国内生产总值排序，巴西在 2008 年以 1.7 万亿美元位居世界第八大经济体③。巴西在生物能源、热带农作物培育、矿业、支线飞机和生物医药等领域也取得了长足进步。此外，位于巴西水域的南大西洋大陆架油田的发现，使得巴西石油储量翻了 3 倍，国民经济更为多元化。当前的政治稳定和负责任的财政和金融政策有望长期持续④。巴西在 2007 年是仅次于中国的外国直接投资对象国。伴随着这些进步，巴西的大国梦和世人对巴西的大国地位认识再度升温。

随着巴西国力的不断增强和多极化趋势的发展，巴西希望能够以发展中国家领导的身份参与国际体系的核心决策过程，发挥更大的国际作用。卡多佐总统曾多次表示，巴西属于多极世界的

---

① Pual B. Goodwin Jr., Latin America, Dubuque：McGraw – Hill/Dushkin, 2004, p. 78.

② John Williamson, "Lula's Brazil", Foreign Affairs, Vol. 82, No. 1, 2003, p. 110.

③ http：//siteresources. worldbank. org/DATASTATISTICS/Resources/GDP. pdf

④ Juan de Onis, "Brazil's Big Moment", Foreign Affairs, Vol. 87, No. 6, 2008, pp. 110 – 122.

一极，希望成为联合国安理会常任理事国①。卢拉政府在开展多元外交方面采取了积极进取的态度，发展同南美国家的睦邻友好关系与发展同其他新兴大国的关系是巴西"大国外交"的两个重点②。巴西在南方共同市场的基础上，积极支持以南美国家联盟为代表的地区一体化，巩固了巴西的地区影响力。巴西与中国的战略伙伴关系，巴西与印度、南非共同发起"3 国集团"、领导组建"20 国集团"，并与德国、日本和印度组成共同谋求联合国安理会常任理事国席位的"4 国集团"。巴西经济与国际贸易市场、金融市场联系密切，巴西注重发展与美国、欧盟以及亚洲一些经济发展水平较高的国家的关系，积极争取国际货币基金组织的支持③。由此，巴西在国际舞台上展现出积极的姿态。

巴西的大国地位追求在争取联合国常任理事国席位受阻后，近两年来却在国际舆论、大国领导人的评论和新兴的国际领导协调机制中得到某种程度的认可。根据美国国家情报委员会的未来预测，到 2025 年按照国家力量占全球力量的比重大小依次为：美国、中国、欧盟、印度、日本、俄罗斯和巴西。届时，作为南美的首要大国，巴西可能将施展更大的地区领导，但是在南美之外的世界事务中，除了日趋增长的能源生产者和贸易谈判角色外，巴西作为大国的能力有限④。在肯定巴西的地区领导地位之余，该预测没有排除巴西在 2025 年成长为全球性大国的可能性。卢拉成为奥巴马执政后第 3 位造访白宫的国家领导人，双方讨论涉及更多的是地区性和全球性议题。在 20 国伦敦峰会期间，胡

---

① Gilbert Le Gras, The New New World, Longdon：Reuters, 2002, p. 7.

② 吴志华：《巴西的"大国外交"战略》，载《拉丁美洲研究》，2005 年第 4 期，第 11 页。

③ 张育媛：《卢拉政府外交政策浅析》，载《拉丁美洲研究》，2005 年第 2 期，第 54 页。

④ 该排名规则主要考察各国的国内生产总值、防务开支、人口和技术。ht-tp：//www. dni. gov/

锦涛主席在会见卢拉总统时指出中巴关系越来越具有全球性影响。此外，巴西还是 G8 + 5 对话会、发展中五国、金砖四国和 G20 的成员，在国际发展、气候变化、贸易谈判以及国际货币基金组织改革等全球问题领域发挥着领导协调作用。

不同于传统类型的新兴大国

尽管巴西的大国地位因其实力不够而备受争议，然而巴西外交却因对大国地位的孜孜以求而获益，即它一直秉持着全球的视角，并利用自身力量在地区政治和国际政治中通过参与多边行动和平展现切实的影响力。在冷战鼎盛的 20 世纪六七十年代，面对两极格局作为世界秩序的强势特征，巴西的国际政策强调认同美国和苏联的利益[①]。90 年代初，随着两极格局的终结，世界战略力量开始重新分化组合，经济全球化席卷全球，以及周边安全环境的改善，巴西转而推行"大国外交"，对外政策趋于活跃。

在国际战略方面，考虑到大国兴衰的经验和全球化的趋势，巴西在防务开支和军备建设上投入有限，更多资源用在了国家经济发展和服务于该目的的外交事业之上。巴西外交界素以精英色彩浓厚闻名于世，与邻国的纠纷主要通过和平方式解决，在邻国众多的情况下塑造了稳定友好的周边环境。从军费支出、海外驻军以及在国际贸易中的份额来看，巴西总体上缺乏影响国际体系的结构性权力。巴西没有核武装，海外军事行动主要表现为领导和参与联合国的维和行动。近几年巴西在世界贸易中的比重一直

① Carlos Estevam Martins, "Brazil and the United States from the 1960s to the 1970s", in Julio Colter and Richard R. Fagen ed., Latin America & the United States: the Changing Political Relations, Stanford: Stanford University Press, 1974, p. 298.

稳定在 1.5% 左右的水平。这种权力的局限促使巴西形成推动地区合作、注重国际组织、借重全球市场和重塑国际体系为主要特征的国际战略。这种战略使得巴西在国际体系中显得非常实用主义和高度国际化，在服务于本国发展利益的同时，也引发了国际社会对其到底能够为国际体系和全球问题解决提供何种公共产品的疑虑。

首先，在地区层面，巴西逐渐改变对地区事务的冷淡态度，积极推动地区合作，以此作为获得更大国际事务参与权的地区支撑。长期以来，巴西在西半球事务上保持低姿态，这既是为了减少邻国的疑虑，也因为巴西领导人志不在此。领导精英设想巴西将成为世界大国，而不是地区霸权国。然而，巴西对地区事务的淡漠并不能消解邻国对巴西权势的担忧，也不利于本国的经济成长。由于其葡萄牙文化背景、南美第一大国的地位以及数量众多的邻国，特别是 20 世纪 70 年代中期的能源危机和经济困境促使巴西与邻国的关系越来越受重视。巴西参与地区组织的最初考虑主要是借助多边关系化解地区国家对巴西权力的恐惧①。在此背景下，巴西领导创建了共同开发亚马孙地区的《亚马孙合作条约》。

1978 年，《亚马孙合作条约》的创建标志着巴西对地区组织的态度发生积极转变。巴西军政府在 1964 年至 1976 年间依赖军队和外资对亚马孙地区的开发曾引起邻国对巴西最终意图的高度疑虑。巴西外交部逐渐认识到单独开发亚马孙地区不仅成本巨大，而且仅同发达国家保持联系不能实现巴西的大国目标，与发展中国家特别是扩大与邻国的关系有利于实现本国石油供给和出口市场多元化的目标，通过经济合作不但可以加深与邻国的共同

---

① Robert D. Bond, "Brazil's Relations with the Northern Tier Countries of South America", WA. Selcher eds., Brazil in the International System, Boulder: Westview Press, 1981, p. 136.

利益，而且有助于巴西在国际社会获得更大的谈判权。在这种战略考虑下，巴西通过以经济合作为主导方式，辅之以文化和外交策略，有效降低了邻国对巴西在南美扩张的疑虑，以此为地区的和平与稳定奠定了更加可靠的基础①。

随着美国建立北美自由贸易区、推动美洲自由贸易区以及墨美进一步融合的地缘经济发展，巴西的地区战略在 90 年代把重点从拉美转向南美②。南方共同市场在这种战略的指导下应运而生，这是巴西加强与邻国关系的又一战略举措，也是巴西为自身构筑的参与经济全球化以及加强在南美洲领导地位的战略平台。这有利于巴西成为地区合作中最主要的大国，平衡北美经济的吸附力，并在国际生活中获得更大的独立性。巴西政府认为，按照发展日程、面临问题和所处环境的不同，西半球应该分成南美洲和北美洲来看，应促进南美洲国家的一体化进程，在此基础上再促进更为广泛的一体化进程③。卢拉政府继续推进地区一体化，深化南方共同市场，举行南美国家首脑峰会，促进地区基础设施建设，由此降低与墨西哥对地区领导权的争夺，并增强与美国在美洲自由贸易区谈判中的自主性。巴西公司如今已经遍布南美，而巴西本身也成为南美经济的重要发动机和移民目的地。

那种对巴西在地区合作中只是为了谋求本国利益的指责有失偏颇。事实上，巴西在追求地区领导地位的过程中提供了较多的公共产品，并制度化了这种领导地位。南方共同市场已经是南美地区最富影响力的地区组织，这与巴西对南方共同市场的战略支持分不开。

---

① See Riordan Roett, "Brazil Ascendant: International Relations and Geopolitics in the Late 20th Century", Journal of International Affairs, Vol. 29, No. 2, 1975, p. 149.

② 贺双荣：《巴西学者谈巴西外交战略》，载《拉丁美洲研究》，1999 年第 6 期，第 58 页。

③ 参阅路易斯·奥古斯托·德卡斯特罗·内维斯：《巴西——发展中大国及其国际战略》，载《拉丁美洲研究》，2005 年第 5 期，第 55 页。

从 90 年代，巴西开始致力于南美的基础设施建设，增加进口玻利维亚的天然气和委内瑞拉的石油，在阿根廷 2002～2003 年的经济衰退中表现出耐心和善意，以此促进地区的经济联系与繁荣。巴西不仅通过和平谈判解决了与邻国的边界问题，而且在秘鲁与厄瓜多尔的领土争端中发挥了调节作用，这说明巴西与邻国的政治互信有了实质性提高。在巴西的推动下，2004 年第三届南美国家首脑会议通过《库斯科声明》，决定成立以欧盟为发展方向的南美国家共同体，这标志着巴西在推动南美地区合作的道路上取得了重大突破。巴西在南美积极承担领导成本，促进地区稳定与合作，这在一定程度上制度化了巴西在南美的领导地位。

巴西虽以南美作为地区合作的战略重点，但并未画地为牢，而是积极在拉美乃至美洲积极发挥影响力。巴西在美洲自由贸易区谈判中担任双主席之一，对谈判的最终走向影响很大。由于美国在国内农产品市场开放度上不能满足具有农业竞争优势的巴西的期望，谈判在 2005 年宣告失败。在中美洲和加勒比地区，巴西积极推进与有关国家在开发生物燃料方面进行合作。巴西呼吁美国结束对古巴的贸易制裁，鼓励古巴重新回到美洲大家庭中来，主要表现在吸收古巴参加里约集团以及支持古巴重返美洲国家组织。巴西通过联合国维和行动以及食物援助在海地建立起影响力。作为奉行市场经济的温和左派领导人，卢拉总统被奥巴马政府在帮助美国改善与拉美左翼力量之间的关系方面给予厚望。在卢拉出访美国之前，哥伦比亚的保守势力甚至期望他对该国与美国发展自由贸易进行游说。[①] 新发现的特大型深海油田增加了巴西与美国在降低生物燃料进口关税谈判中的筹码，因为美国战略界希望通过从巴西进口原油降低对委内瑞拉石油的依赖。巴西

---

① 《奥巴马与巴西总统将在白宫会晤》，http://www.usatoday.com/news/washington/2009－03－14－obama－brazil－president_ N. htm

希望通过自身的努力，推动美国以一种建设性和发展的眼光看待拉美，而不是仅仅考虑毒品走私和有组织犯罪问题，这体现了巴西作为拉美利益代言人的重要角色。

其次，在全球层面，巴西注重国际组织、借重全球市场和重塑国际体系，力图为本国和发展中国家谋求更好的发展环境，并在应对全球性问题挑战中提供领导力。与墨西哥、中美洲和加勒比国家注重与美国的经济一体化的战略不同，巴西走的是一条在全球化中实现发展的道路。[①] 巴西在推动联合国安理会、国际货币基金组织和8国集团的改革，世界贸易组织多哈回合谈判以及新兴大国国际协调合作机制建设中非常活跃。巴西的贸易结构较为多元化，美国、欧盟和亚洲是其主要贸易伙伴，近年来巴西还加强了与中东、非洲国家的经济往来。巴西上述战略选择不仅仅是为本国创造更有利的国际发展环境，也有塑造更为公平合理的国际新秩序的战略考虑。

与多数发展中国家一样，巴西对多边机制的看法经历了由疑惧到倚重的转变。传统上巴西外交重视双边外交甚于多边外交，认为多边合作缺乏实质内容且不可信赖，多边外交主要被作为双边外交的补充形式。[②] 巴西领导人深信主权的至高无上，对超国家主义抱有疑虑，认为巴西只有在部分重要领域获得更多独立性之后才可能从相互依存中获利。巴西还认为主要国际组织的核心决策权和规则制定权集中在少数国家手中会危及本国的国家利益。尽管对国际机制抱有疑虑，但是与缺乏体系性物质能力的中等强国一样，巴西外交政策逐渐开始强调国际法和国际组织的重要性，并希望用基于规则、民主与和平解决争端的体系取代权力

[①] Leonardo Martinez-Diaz, Latin America: Coming of Age, World Policy Journal, Fall 2008, pp. 221-227.

[②] See Wayne A. Selcher, Brazil's Multilateral Relations: Between First and Third Worlds, Westview Press, 1978, p. 6.

导向的国际秩序，提升发展中大国在国际机制中话语权和决策权，强调运用多边主义增加自身作为全球行为体的重要性。越来越多的巴西精英认识到主权不在于提升本国不受外部影响的能力，而是提升有效参与各种国际机制的能力。

在国际安全领域，巴西在历史上最为突出的成就是参与盟军作战，在当代最为突出的成就则是积极参与联合国体系的维和与重建行动。巴西是联合国安理会中担任非常任理事国次数仅次于日本的国家。巴西在非洲讲葡语国家和海地的维和与重建成绩为它赢得了良好的声誉，回击了外界对巴西在联合国集体安全体系内提供公共产品能力的质疑。巴西还在其他多边场合谋求发挥积极作用，比如在巴西—印度—南非对话机制的框架下进行的反恐军事联合演习，巴西推动南美防务力量建设维护地区安全形势等。目前，巴西正在与法国合作加强包括建设核动力潜艇在内的军事力量，以便维护其深海石油能源、亚马孙森林安全和打击毒品走私等。巴西虽然没有核武器，加入了核不扩散协定，整体军力与主要大国仍有显著差距，但通过合理运用其有限的军事力量，巴西在国际社会树立起负责任大国的形象。

在国际经济领域，虽然占全球贸易的比重只有 1.5%，贸易对国内生产总值的贡献只有 25%，巴西却是世界贸易组织谈判中最为活跃的国家之一，通过加强与新兴市场国家的联系，成功把本国经济融入到世界经济成长之中，力图最大限度借重全球市场而非个别国家的市场。在 1980 年之前，巴西一直比较倚重发达国家主导的全球性贸易体制安排，国家经济建设的成功也使巴西更乐意做现存贸易体制的搭车者。① 在 1980 ~ 1986 年间，美

---

① See Robert D. Bond, "Brazil's Relations with the Northern Tier Countries of South America", WA. Selcher eds., Brazil in the International System, Boulder：Westview Press, 1981, p. 137.

国开始推动把服务业、知识产权和投资加入到贸易体制中来，这遭到巴西贸易保护主义势力的抵制，但此后巴西逐渐对知识产权开始持积极看法，并推动农业自由化。力图从国际贸易机制获益是巴西的既定战略，比如与印度在服务业以及与阿根廷等国在农业结盟，并利用体制内优势积极挖掘争端解决机制的作用等。巴西在 2003 年世界贸易组织坎昆部长会议上领导创建了 20 国集团，并成为多哈回合谈判中的关键成员。由于国际货币基金组织和世界银行的政策涉及发展中国家的经济发展，巴西认为应该增加发展中国家在其中的发言权，其领导人选也应基于个人才能和国际声望而不是国籍。

巴西的国际经济布局是全球性的，呈现出发展中大国和发达国家并重、贸易布局覆盖全球的特征。卢拉总统曾表示，"我们需要美国这样特殊的伙伴，欧盟那样强大的集团，但我们也需要与中国、印度、俄罗斯、南非、墨西哥这样的国家建立紧密的联系。"① 由于地缘和文化的联系，巴西与美国、欧盟的经贸关系一直比较紧密，但受制于美欧强势的保护主义立场，巴西作为农产品和生物燃料出口大国的优势难以体现。因此，巴西注重加强与发展中大国的关系以平衡对发达国家市场的依赖，有意识地加强了与中国、俄罗斯、印度和南非等国的经贸合作，进而将这种合作扩展到中东和非洲的葡语国家。中国在 2009 年已经超越美国成为巴西的第一大贸易伙伴。事实证明，巴西的战略选择是正确的。巴西从新兴市场国家对原材料供应的需求中获益很大，积累了高达 2000 亿美元的外汇储备，并在当前的金融危机中因自身的新兴市场地位而受到投资方的亲睐。与新兴市场国家的合作已经成为巴西经济发展中最具活力的部分。

---

① 周志伟：《卢拉政府外交政策评析及未来外交政策走向》，载《拉丁美洲研究》，2006 年第 6 期，第 45 页。

在应对全球问题挑战方面，国际社会对气候变化、粮食危机等全球问题的关注为巴西施展影响力提供了机遇。巴西是全球第七大温室气体排放国，同时它拥有"地球之肺"亚马孙森林面积的 70% 以及有利于经济环保的巨大生物燃料市场，这使得巴西深深卷入气候变化问题的产生和解决之中。巴西是京都议定书的签约方，与日本在推动后京都议程上保持着密切合作。巴西正在努力推动全球生物燃料市场的建立，这已经成为巴西与日本、美国、欧盟等关系中的重要议题。巴西在解决亚马孙森林面积减少问题上面临不少国内的困难和阻力，这难免影响到巴西在应对气候变化中的形象，但巴西正力图通过建立国际基金的形式借助国际社会解决该问题，这是一种富有建设性的思路。巴西拥有世界上最为广阔的可耕地面积，拥有非常成熟的农业生产和加工技术，并在国内外积极推动反饥饿行动，这为巴西赢得了世界性声誉。

上述战略反映了巴西重塑国际体系的雄心。作为当今国际体系中权力上升的国家，巴西更为关注国际机制的结构性缺陷，希望提高在其中的发言权和分配权，而不是仅仅关注国际机制的低效、腐败等技术性问题。巴西认为 1945 年确定的联合国需要反映当今的现实，需要进行包括安理会在内的一系列改革。[①] 巴西作为联合国的第十大会费缴纳者以及发展中国家最大的缴纳者准备承担作为联合国安理会永久性成员的责任和成本。[②] 在联合国创建建设和平委员会和人权理事会后，巴西认为联合国应该集中进行安理会改革。[③] 印度、巴西和南非对话论坛试图集三国之力

---

① 路易斯·奥古斯托·德卡斯特罗·内维斯：《巴西——发展中大国及其国际战略》，载《拉丁美洲研究》，2005 年第 5 期，第 56 页。

② http://www.mre.gov.br/ingles/politica_ externa/grupos/onu/index.asp

③ http://www.ibsa - trilateral.org/rioministerial.htm

在国际舞台上实现国家利益，并维护发展中国家的利益。① 巴西外交注重在多边"经济"谈判场合和国际组织中的拉锯、博弈，这被视为多边主义仍具有生命力的象征以及平衡美国单边主义的一种力量。② 巴西在三国对话论坛、"金砖四国"机制、发展中五国、G8＋5 对话机制以及 G20 中的积极作为表明，巴西在重塑国际体系的进程中正在成为日趋活跃的全球性国家。

结 语

巴西的大国梦正面临有史以来最佳的实现机遇。巴西的大国地位在原有的资源禀赋基础上，正在通过其地区和全球战略得以展现和巩固。在融入全球经济的过程中，巴西政府通过负责的经济政策建立了较好的国内经济基础，国内政治较为稳定，在地区和全球层面提供了一些较有影响力的公共产品，树立起巴西作为新兴大国的积极形象。巴西的新兴大市场为巴西在国际舞台上提供了有力的支撑。全球性议题重要性的上升，为巴西在新的领域发挥领导作用提供了宝贵机遇，巴西已经成为世界贸易、气候变化和国际发展等议题中的重要全球利益攸关方。巴西的大国地位在原有的资源禀赋和大国意识基础上，正在得到国家实力、国际战略和全球议题的全面支持。当然，巴西这种新获得的大国地位需要国内经济的持续发展以及国际责任的持续履行。

作为国际社会更受瞩目的全球新兴大国，中国非常重视与巴

---

① Chris Alden & Marco Antonio Vieira, "The New Diplomacy of the South: South Africa, Brazil, India and Trilateralism", Third World Quarterly, Vol. 26, No. 7, 2005, p. 1091.

② 张凡：《发展中大国国际战略初探：巴西个案》，载《拉丁美洲研究》，2007年第1期，第26~27页。

西已经建立的战略伙伴关系，这为两国关系的进一步发展奠定了良好的基础。在金融危机的背景下，中巴认识到加强彼此合作、推动与发达国家平等互动以及合作推动国际体系转型的宝贵机遇。中巴在双边货币互换、加强动物食品检验检疫以及能源开发等领域的协商与合作，既丰富了两国关系的内涵，也具有改善世界经济体系的长远意义。美国、德国、法国等传统强国均视巴西为地区和全球事务中的重要合作伙伴。巴西是具有重要战略支点地位的新兴大国，中巴战略伙伴关系在已有的机制性高层对话协调基础上，亟待注入更多地区性和全球性合作的内涵。值得注意的是，在多哈回合谈判以及应对气候变化等全球性议题中，中巴两国坚持维护发展中国家的权益不容置疑，但两国在具体政策上也有分歧，这些都需要在机制性战略对话中加深交流。

（作者单位：上海国际问题研究院国际战略研究所）

中国与巴西双边贸易关系的实证分析

钟熙维　刘文燕

一　引言

　　中国和巴西是分属东西半球两个最大的发展中国家。作为拉美最大的经济体，巴西同中国的贸易起步较晚，直到 2000 年才有明显增长。根据巴西发展、工业和外贸部公布的数字，2007 年中国超过阿根廷成为仅次于美国的巴西第二大进口来源国。在巴西出口市场排名中，中国位于美国、阿根廷之后列第 3 位。2009 年，中国已经超过美国成为巴西的第一大贸易伙伴。

　　在中巴双边贸易快速增长的同时，双边贸易中一个突出的问题是巴西对中国产品频繁采取反倾销措施。据中国商务部统计，自 1989 年 12 月巴西对中国产品发起第一次反倾销调查以来，截至 2005 年年底巴西共对中国产品发起了 21 起反倾销调查，涉及机电、五金化工、轻工、纺织、食品等十几种商品。巴西的贸易救济措施主要包括：反倾销措施、保障措施和特别保障措施。

　　伴随巴西国内弥漫着对"中国制造"的恐惧，一些学者也对中巴贸易进行了研究。Renato Amorin 认为，尽管中巴之间的双边贸易具有互补性，但是纵观巴西对其主要贸易伙伴的出口商品结构，并与中国的出口商品结构比较，可以看到双方的主要出口构成具有很大的重合性①。在中国，系统分析中巴贸易关系的文献较少。李爱军、张爱真通过出口相似度和显性比较优势分析，认为中国和巴西在第三市场上的竞争激烈程度下降，两国贸易产品具有很强的互补性②。贾利军通过比较中国与巴西出口产品的比较优势，认为中国与巴西第三类产品（矿产品、煤炭、焦炭、石油及其产品、汽油及其产品等）和第七类产品（各种机器设备及运输设备）的进出口具有较强的互补性③。

二 中巴双边贸易的现状及发展趋势

自 1993 年中巴两国确立了"战略伙伴关系"，两国经贸关系开始较为稳定地发展，但增幅不大。从 1999 年起，两国贸易增长势头非常强劲。

根据巴西发展、工业和外贸部公布的数字，2007 年中国同巴西双边贸易额达到 233.67 亿美元，比上年增长 42.55%，中国超过阿根廷成为仅次于美国的巴西第二大进口来源国。数字显示，2007 年中国对巴西出口 126.18 亿美元，比上年增长 57.9%；从巴西进口 107.49 亿美元，增长 27.9%。在巴西出口市场排名中，中国位于美国、阿根廷之后列第 3 位。

---

① Renato Amorin, "The New Axis of Trade: A Brief Assessment of Sino – Brazilian Economic Relations Since 2000". http://www.focal.ca/pdf/China_ Brazil.pdf
② 李爱军、张爱真:《中国与巴西的贸易互补性分析》，载《广西财经学院学报》，2007 年第 5 期。
③ 贾利军:《中国与拉美主要国家贸易互补性实证分析》，载《世界经济研究》，2005 年第 11 期。

中巴双边贸易的发展态势可以通过贸易结合度指数得到反映。贸易结合度指数是指一国对某一贸易伙伴国的出口占该国出口总额的比重与该贸易伙伴国的进口总额占世界进口总额的比重之比，常被用于衡量贸易伙伴间贸易联系的紧密程度，其数值越大，表明两国在贸易方面的联系越紧密。常用的计算公式如下：

$$TCD_{ab} = \frac{\dfrac{X_{ab}}{X_a}}{\dfrac{M_b}{M_w}}$$

在上式中：TCD_{ab} 表示 a 国对 b 国的贸易结合度；X_{ab} 表示 a 国对 b 国的出口额；X_a 表示 a 国的出口总额；M_b 表示 b 国的进口总额；M_w 表示世界的进口额。如果 $TCD_{ab} > 1$，则表明 a、b 两国在贸易方面联系密切；如果 $TCD_{ab} < 1$，则表明 a、b 两国在贸易方面联系松散。

表1　1998~2006 年中巴贸易结合度（TCD）

年份	中国对巴西的贸易结合度	巴西对中国的贸易结合度
1998	0.512342	0.665787
1999	0.480322	0.470069
2000	0.552386	0.549654
2001	0.556447	0.816582
2002	0.604665	0.89632
2003	0.749523	1.111172
2004	0.886748	0.902447
2005	0.879227	0.892515
2006	0.966153	0.892598
平均	0.687534	0.799682

资料来源：作者根据联合国统计署贸易数据库（http://comtrade.un.org/）数据整理计算得出。

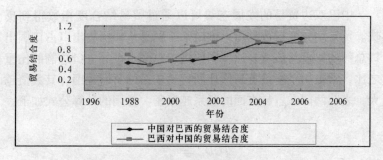

图 1　1998～2006 年中巴贸易结合度走势

资料来源：作者根据联合国统计署贸易数据库（http：//comtrade. un. org/）数据整理计算得出。

　　表 1 测算了 1998～2006 年中国和巴西的贸易结合度，表明 1998～2006 年，中国对巴西的贸易结合度都小于 1，平均为 0.69，这表明中国出口对巴西市场结合不紧密，其主要原因是中国的经济高速发展，外贸规模急剧扩大，中国的出口增幅巨大，远远高于世界同期水平。巴西经济经过改革也获得了迅速发展，但是其进口规模总体上还非常小，在世界中所占的比重也微不足道。另外，中国实行市场多元化政策，鼓励出口，中国的贸易对象主要是美国、日本、欧盟、韩国等，而同巴西的贸易额占出口总额的比重很小。所以中国对巴西的贸易结合度并不大。值得注意的是，从 2000 年开始，中国对巴西的贸易结合度不断增长，说明中国企业对巴西市场的开拓富有成效。

　　1998～2006 年，巴西对中国的贸易结合度平均为 0.80，小于 1，这说明巴西出口与中国市场结合也不紧密。2000 年到 2003 年，巴西对中国的出口结合度明显上升，2003 年的贸易结合度大于 1，说明巴西对中国市场的开拓富有成效。2003 年之后又呈现下降趋势，这可能是因为到 2003 年时，巴西已经度过金融危机，货币贬值效应也越来越小。从巴西经济发展政策来看，其内向化程度较高。巴西的外贸依存度仅为 20%，远低于全球的平均水平 40%。巴西贸易总额占全球的 1%，世界排名第 24 位。巴西企业的国际化水平也较低①。根据巴中企业家协会的研究报告，巴西产品在中国具有竞争力，只是巴西企业家开拓中国市场较晚②。

总之，中巴贸易结合度几乎都小于 1，说明到 2006 年，两国经贸联系还不够紧密。从总体趋势来看，中巴贸易结合度有上升趋势，说明中巴之间贸易关系渐渐紧密。

三 中巴出口结构性比较

根据 HS 的 4 位数编码，对中国和巴西的进出口产品结构和出口国别构成进行以下分析。

（一）出口产品的构成

2006 年，中国 10 大（HS4 位编码）出口商品总值占其出口总值的 28.9%，其中自动数据处理设备及其部件出口 930.6 亿美元，占出口总值的 9.6%，同比增长 21.8%%；无线电话、电报、广播电视发送设备、摄像机出口增长 42.8%，出口额达 441.6 亿美元，占出口总值的 4.6%；集成电路及微电子组件出口额为 215.6 亿美元，占出口总值的 2.2%，同比增长 47.6%；电视接收机，包括视频监视器及视频投影机大幅增长 54.2%，

---

① 陈家瑛：《新华社资深记者陈家瑛谈巴西经济、中巴关系及巴西观感》，载《拉丁美洲研究》，2007 年第 4 期，第 77 页。

② 商务部国际贸易经济合作研究院：《国别贸易报告》，商务部国别数据网（http：//countryreport. mofcom. gov. cn）。

出口额近 130 亿美元，占出口总值的 1.3%。①

从中国 10 大出口商品类别来看，前 10 类商品中，6110、6204 属于第 11 类（纺织原料及纺织制品），8471、8473、8517、8525、8528、8529、8542 属于第 16 类（机电、音像设备及其零件、附件），9013 属于第 18 类（光学、医疗等仪器、钟表、乐器），10 类商品都属于 25~96 章（5~21 类），即都为工业产品。HS 编码有 22 个大类，98 章，而中国 10 大类出口商品集中于其中的 3 类（11 类、16 类、18 类），5 章（61 章、62 章、84 章、85 章、90 章），表明中国在出口规模很大的商品种类上集中度相当高，且能看出纺织品和机电产品是中国的出口支柱产品。

2006 年，巴西 10 大类（HS4 位编码）出口商品总值占其出口总值的 35.0%，其中铁矿砂及其精矿，包括焙烧黄铁矿出口 89.5 亿美元，占出口总值的 6.5%，同比增长 22.6%%，仍保持在出口的第 1 位水平；原油等能源产品出口大幅增长 65.5%，出口额达 68.9 亿美元，占出口总值的 5.0%，由 2005 年的第 4 位上升到第 2 位；食糖出口大幅增长 57.4%，出口额为 61.7 亿美元，占出口总值的 4.5%，由 2005 年的第 5 位上升到第 3 位；大豆出口比 2005 年增长 6.0%，出口额仍达 56.6 亿美元，占出口总值的 4.1%，排名下降 2 位；汽车出口增长 4.6%，出口额近 46 亿美元，占出口总值的 3.3%，排名下降 2 位；肉类出口达 31.4 亿美元，占出口总值的 2.2%，同比下降 13.1%，排名下降 2 位。②

2005 年，巴西出口 10 大类有包括 2601（铁矿砂及其精矿，

① 商务部综合司、商务部国际贸易经济合作研究院：《国别贸易报告》（中国），2006 年第 4 期，商务部国别数据网（http://countryreport.mofcom.gov.cn/record/view.asp? news_id=5250）。

② 商务部综合司、商务部国际贸易经济合作研究院：《国别贸易报告》（巴西），2007 年第 1 期，商务部国别数据网（http://countryreport.mofcom.gov.cn/record/view.asp? news_id=5903）。

包括焙烧黄铁矿）在内的 8 大类进入 2006 前 10 名，巴西的铁矿石储量为 110 亿吨，占全球铁矿石总储量的 6.49%，且品位高，在 2005 年和 2006 年出口中都位列第一，其他 7 大类排名都发生了变化，说明巴西出口商品种类比较稳定，但数量变化较大。

从巴西 10 大类出口商品类别来看，前 10 类商品有 4 个品目属于 1~24 章（1~4 类），为农副产品，6 个品目属于 25~96 章（5~21 类），为工业产品。农产品是巴西外贸出口的主打产品，据巴西农业部统计，2006 年，巴西农产品出口增长 13.4%，达494.2 亿美元，创历史新高。

（二）出口国别的构成

中国主要出口市场为美国、中国香港和日本。2006 年，中国对上述三个国家和地区的出口占中国出口总额的 46.5%，同比分别增长 24.9%、24.8% 和 9.1%。与 2005 年同期相比，除对日本的增幅为 9.1% 以外，对出口的前 10 位出口市场的增幅都达 2 位数，意大利达到 36.7%，新加坡达到 39.4%。[①]

日本、美国、欧盟和港澳地区是中国的传统市场，这些国家和地区消费水平高，购买力强，市场容量大，是中国产品的主销市场。1991 年，中国出口市场的集中度很高，日本、欧共体、美国、香港四大市场占中国出口总额 77.4%。至 2003 年，四大市场份额下降到68.5%，到 2004 年，这一数字又下降了 10 多个百分点，四大市场的份额趋向均衡。新兴市场发展很快，十几年来，中国对东盟、韩国、台湾地区、拉美、非洲、大洋洲、中东以及独联体和东欧国家的出口额增长了 4~8 倍。但由于新兴市场原有贸易额基数较低，所以尽

---

① 商务部综合司、商务部国际贸易经济合作研究院：《国别贸易报告》（中国），2006 年第 4 期，商务部国别数据网（http://countryreport.mofcom.gov.cn/record/view.asp? news_ id = 5246）。

管发展很快，其总体市场份额仍然不大。

巴西主要出口市场为美国、阿根廷和中国。2006 年巴西对上述三个国家的出口占巴西出口总额的 32.4%，同比分别增长 8.7%、18.1% 和 22.9%。与 2005 年同期相比，除对美国、荷兰、墨西哥和智利增幅未达到 2 位数，对出口的前 10 位出口市场中其他 6 个市场的出口都以 2 位数增长，特别是委内瑞拉更高达 60.4%。中国成为巴西前 10 位出口市场中增长近次于委内瑞拉的国家，增长率达 22.9%。[①]

2006 年，巴西出口目标市场全面增长，除保持美国、欧盟和阿根廷原有传统市场外，还不断向中东、拉美、亚洲和非洲扩展。目前，巴西已基本形成美国、欧盟、拉美和亚洲"四足鼎立"的贸易格局。但由于美欧市场面临竞争和技术壁垒，近年来巴西特别注重提升与本地区国家的经贸关系。2006 年，巴西对安第斯共同体（委内瑞拉、厄瓜多尔、秘鲁和玻利维亚）出口 87.5 亿美元，增长 51.4%，增长率比 2005 年提高 12.5 个百分点，占其出口总额的比重也由 2005 年的 4.9% 提高到 6.4%。[②] 2006 年，巴西从安第斯共同体进口 31.1 亿美元，增长 60.7%，占其进口总额的比重由 2005 年的 2.6% 上升到 3.4%。[③]

比较中国和巴西前 10 位出口市场，重合的有美国、日本、荷兰、德国和意大利。对这 5 国的出口占中国出口总额的 39.6%，占巴西出口总额的 31.7%。其中，中国对美国、日本和欧盟的出口分别占出口总额的 21.0%、9.5% 和 17.4%，分别增长 24.9%、9.1% 和 25.3%；巴西对美国、日本和欧盟的出口分别占出口总额

---

① 商务部综合司、商务部国际贸易经济合作研究院：《国别贸易报告》（巴西），2007 年第 1 期，商务部国别数据网（http：//countryreport. mofcom. gov. cn/record/view. asp？news_ id =5899）。

② 同上。

③ 同上。

的 17.8%、2.8% 和 21.4%，分别增长 8.7%、11.7% 和 14.8%。这说明中国和巴西在对美、日、欧的出口中都占了相当的份额，而中国对美、日、欧的出口比巴西集中度相对要高。中国凭借地缘优势和其他因素，对日本的出口份额远大于巴西，但巴西企业也在积极而富有成效地开拓日本市场，增长率达 11.7%。值得注意的是，中国和巴西对安第斯共同体出口份额分别为 0.5% 和 6.4%，出口额分别为 49.8 亿美元和 87.5 亿美元，增长率分别高达 68.0% 和 51.4%。安第斯共同体是拉美地区一个重要的区域经济一体化组织，说明中国和巴西都加紧了对拉美地区的市场开拓，在拉美地区的出口竞争将进一步加强。

四 中巴贸易竞争性分析

（一）显性比较优势指数（RCA）比较

显性比较优势指数（RCA）是巴拉萨（Balassa，1965）首创的国际竞争力测度工具，又称"相对出口绩效指数"（index of relative exportperformance，REP）。它表达了一国总出口中某类商品的出口所占比重相对于世界贸易总额中该商品贸易所占比重的大小。它可用公式表示为：

$$RCA_{ik} = \frac{\frac{X_{ik}}{X_i}}{\frac{W_k}{W}}$$

在公式中，RCA_{ik} 代表 i 国在 k 类商品上的显性比较优势指数，X_{ik} 为 i 国 k 类商品的出口额，X_i 表示 i 国所有商品的出口额，W_k 表示 k 类商品的世界出口总额，W 表示所有商品的世界出口总额。RCA_{ik} 大于 1，说明该国该类商品的出口相对集中，该国在这类产品上具有一定的比较优势，RCA_{ik} 小于 1，则相反。更细的分析则认为，若 RCA_{ik} 指数大于 2.5，表明该经济体的该商品具有极强比较优势；若 RCA_{ik} 指数小于 2.5 而大于 1.25，表明该经济体的该商品具有较强比较优势；若 RCA_{ik} 指数小于 1.25 而大于 0.8，表明该经济体的该商品具有中等比较优势；若 RCA_{ik} 指数小于 0.8，表明该经济体的该商品具有较弱比较优势。

表 4　1998～2005 年中国出口商品的比较优势

年份	SITC0	SITC1	SITC2	SITC3	SITC4	SITC5	SITC6	SITC7	SITC8	SITC9
1998	0.88	0.48	0.57	0.50	0.31	0.57	1.17	0.65	2.91	0.00
1999	0.87	0.37	0.65	0.34	0.15	0.54	1.19	0.71	2.85	0.03
2000	0.92	0.33	0.57	0.31	0.15	0.53	1.25	0.80	2.79	0.06
2001	0.83	0.34	0.52	0.34	0.13	0.51	1.20	0.87	2.57	0.07
2002	0.77	0.31	0.45	0.29	0.07	0.45	1.18	0.96	2.45	0.06
2003	0.70	0.25	0.37	0.27	0.06	0.42	1.15	1.08	2.32	0.06
2004	0.59	0.23	0.31	0.24	0.06	0.41	1.19	1.14	2.21	0.05
2005	0.56	0.19	0.30	0.19	0.06	0.44	1.22	1.20	2.23	0.06
2006	0.58	0.16	0.24	0.14	0.10	0.43	1.26	1.23	2.23	0.07

资料来源：作者根据联合国统计署贸易数据库（http://comtrade.un.org/）数据整理计算得出。

因为一分位的 SITC 产品中的 0～4 类出口产品是初级产品而且主要是农产品，可以看出 1998 年中国农产品就不具有比较优势，自 1998 年以来的 9 年间，RCA 几乎是逐年下降的。具体来说，SITC0（食品及活动物）在 1998～2001 年具有中等比较优势，2002～2006 年具有较弱比较优势。SITC1（饮料及烟类）、SITC2（非食用原料）、SITC3（矿物燃料、润滑油及有关原料）的比较优势值在 9 年中呈明显的递减趋势，都呈较弱的比较优势。SITC4（动植物油脂及蜡）的 RCA 非常小，经过一段时期的下降后近年来小幅上升。

　　SITC6（按原料分类的制成品）和 SITC8（杂项制品）是中国及全球 SITC 一分位产品出口的重心，SITC6 和 SITC8 主要是劳动密集型产品，中国由于劳动力资源十分丰富，出口更集中于这两类产品，出口值约占总值 50% 以上。SITC6 是资源密集程度较高的制成品，最近几年 RCA 变化趋势是上升的，由中等比较优势到较强比较优势；SITC8 的 RCA 变化趋势则是下降的，由极强比较优势到较强比较优势，说明此类商品正受到东南亚各国同类商品的竞争，传统劳动力优势正在减弱。

　　SITC7（机械及运输设备）主要是资本密集型产品，比较优势值逐年增大，从 1998 年的 0.65 到 2006 年的 1.23，在 9 年中稳中有增，这说明中国在机械和运输类商品中越来越显现出一定的比较优势，这是一种趋势，也就是说中国具有比较优势的商品正在向高级化方向发展。

表5　1998～2005 巴西出口商品的比较优势

年份	SITC0	SITC1	SITC2	SITC3	SITC4	SITC5	SITC6	SITC7	SITC8	SITC9
1998	3.09	2.90	4.62	0.12	3.61	0.63	1.32	0.59	0.43	0.71
1999	3.51	1.99	4.81	0.12	3.76	0.64	1.42	0.56	0.46	0.91
2000	3.12	1.82	5.03	0.16	2.75	0.70	1.46	0.67	0.51	0.76
2001	3.44	1.79	4.97	0.38	3.37	0.56	1.28	0.66	0.47	0.79
2002	3.37	1.77	5.02	0.55	3.67	0.57	1.35	0.60	0.44	0.77
2003	3.36	1.64	5.38	0.55	4.27	0.56	1.41	0.58	0.40	0.57
2004	3.52	1.74	5.03	0.46	3.85	0.55	1.36	0.64	0.39	0.56
2005	3.50	1.83	5.02	0.48	3.32	0.57	1.32	0.67	0.36	0.68
2006	4.05	1.70	4.77	0.61	2.69	0.63	1.27	0.63	0.33	0.70

　　资料来源：作者根据联合国统计署贸易数据库（http：//comtrade. un. org/）数据整理计算得出。

　　巴西的农业资源非常丰富，被誉为"21 世纪的粮仓"。巴西出口的大豆、玉米和大米及鸡肉、牛肉等农畜产品在国际市场上占有非常重要的地位。先进的农牧业技术在其中也发挥了重要作用。农产品是巴西外贸出口的主打产品，也是贸易顺差的主要来源，几乎占巴西外贸顺差的 95%。在 SITC0（食品及活动物）、SITC1（饮料及烟类）、SITC2（非食用原料）、SITC3（矿物燃料、润滑油及有关原料）和 SITC4（动植物油脂及蜡）5 类中，除了 SITC3 的 RCA 在低位中持续上升外，其他几类产品大部分都具有极强的比较优势。2006 年，SITC0 ～ SITC4 类产品的出口额分别占出口总额的 18.44%、1.32%、16.39%、7.68% 和 1.02%。总体来说，巴西的农产品竞争力很强。

巴西在制成品方面没有比较优势，SITC5 ～ SITC9 类中，除了 SITC6（按原料分类的制成品）具有中等比较优势外，其他 4 大类均不具有比较优势，即在国际贸易中处于劣势。SITC6 在工业制成品中占 12.21%。总体来说，巴西的制成品在贸易中竞争力不强。

中国在劳动密集型产品和资本密集型产品等制成品上有比较优势，而巴西以农产品为主的初级产品上有显著的比较优势，中巴在比较优势上具有明显差异，为相互间的专业化分工和贸易关系的进一步加强奠定了基础，同时也说明中巴贸易互补性强于竞争性，双边贸易发展空间广阔。

（二）贸易特化系数（TSC）比较

为了更深入揭示中巴双边贸易的竞争性，本文借助贸易特化系数对其加以衡量。贸易特化系数（Trade Specialization Coefficient，TSC）反映的是一国某产品净出口额与该产品进出口总额之比。其计算公式如下：

$$TSC_i = (X_i - M_i) \times (X_i + M_i)$$

公式中：TSC_i 表示中国和巴西之间 i 产品的贸易特化系数；X_i 表示中国对巴西出口 i 产品的金额；M_i 表示中国从巴西进口 i

产品的金额。一般认为当 $-0.25 < TSC_i < 0.25$，表明中国与巴西处于产业内互补状态；当 $TSC_i > 0.8$ 时，表明中国在 i 产品方面竞争力强；当 $TSC_i < -0.8$ 时，表明中国在 i 产品方面竞争力弱；这两种情况均表明中国与巴西处于产业间互补状态。

笔者根据联合国国际贸易标准分类（SITC）的二位数字编码，计算了中国和巴西的双边贸易特化系数。

表6 2006 年中国和巴西双边贸易的特化系数

产业内互补 $-0.25 < TSC_i < 0.25$			中国竞争力强的产品 $TSC_i > 0.8$			中国竞争力弱的产品 $TSC_i < -0.8$		
SITC	TSC	进出口总额	SITC	TSC	进出口总额	SITC	TSC	进出口总额
05	0.003874	119168065	32	0.999998	220705503	01	-0.99976	119604674
55	-0.02714	6997220	41	1	929042	02	-0.98894	661287
57	-0.00516	184894971	52	0.912755	87464711	06	-0.98296	128291750
64	-0.22638	46962166	54	0.949128	103096629	11	-0.83372	233396
71	-0.09472	197144389	56	0.999975	18833664	12	-0.99661	231807524
			62	0.860012	106265053	21	-1	272410
			65	0.974621	584421147	22	-0.99998	3019753114
			69	0.915404	314546350	23	-0.85834	27876847
			75	0.993112	466063819	24	-0.99969	203202513
			76	0.978187	1577327524	25	-0.99721	538820332
			77	0.877244	868644060	27	-0.93353	144213293
			81	0.997052	26564800	28	-0.99965	5727122098
			82	0.983163	17802170	33	-0.99082	896805386
			83	0.998634	107422343	42	-0.99996	134896938
			84	0.999629	314707308	61	-0.98681	523777447
			85	0.889458	77867460			
			87	0.915092	240682252			

续表

产业内互补 $-0.25 < TSC_i < 0.25$			中国竞争力强的产品 $TSC_i > 0.8$			中国竞争力弱的产品 $TSC_i < -0.8$		
			88	0.909553	78426449			
			89	0.981437	367447425			
			93	1	105861			

资料来源：作者根据联合国统计署贸易数据库（http：//comtrade. un. org/）数据整理计算得出

表 6 表明：

1. 2006 年，中国和巴西具有产业内互补关系的双边贸易总额为 5. 56 亿美元，占两国双边贸易总额的 2. 74% ；具有产业间互补关系的双边贸易总额为 172. 77 亿美元，占两国双边贸易总额的 85. 15% 。可见，产业间互补已成为两国贸易关系的主要特征。产业内互补和产业间互补关系的双边贸易总额占两国双边贸易总额的 87. 89% ，说明两国的互补性很强，潜在的贸易机会也很大。在产业间互补的产品中，中国竞争力强的 20 章产品占 32. 29% ，巴西竞争力强的 15 章占 67. 71% ，说明巴西优势产品贸易规模大，相对集中。

2. 在中巴双边贸易涉及到的总共 61 章产品中，中巴产业内互补的只有 5 章，所占份额也很小。中巴两国的产业内互补集中在蔬菜及水果（05 章），精油、香料及盥洗、光洁制品（55 章），初级形状的塑料（57 章），纸及纸板、纸浆、纸及纸板制品（64 章），动力机械及设备（71 章）。

3. 巴西在初级产品，即 SITC0 ~ SITC4 类产品上的竞争力显著，属于 SITC0 ~ SITC4 类的产品占 95. 52% ，占中巴双边贸易总额的 55. 07% 。在对外贸易方面，巴西向中国出口的主要是大豆及其副产品、铁矿砂及冶金产品等自然资源型产品。

4. 中国在制成品，即 SITC5 ~ SITC9 类产品上的竞争力最显著，属于 SITC5～SITC 9 类的产品占 96.3%。在中国竞争力强的产品中，SITC7 类机械及运输设备类产品贸易额为 29.1 亿美元，占 52.2%，说明中国机械及运输设备类产品贸易量大，竞争力强。中巴双边贸易中涉及到的 SITC8 类杂项制品的 8 章，中国都具有强的竞争力。中国向巴西出口的商品主要是机电产品、高新技术产品、服装、煤、焦炭、纺织品、自动处理设备及零部件等。

五　结论

从以上的分析看出，中国和巴西两国经贸联系还不够紧密，但两国贸易关系总体趋势是逐渐趋紧。中国在劳动密集型产品和资本密集型产品等制成品上有比较优势，而巴西以农产品为主的初级产品上有显著的比较优势，中巴贸易互补性强于竞争性，且主要是产业间互补，双边贸易发展空间广阔。中国政府应该更加重视同巴西的贸易关系，利用两国的优势互补，创造更好的条件以促进双方经贸关系健康快速地发展。

（作者单位：华中科技大学现代经济学研究中心）

巴西崛起与中国对巴西政策分析

周志伟

2009 年是中国与巴西建交 35 周年。与 35 年以前的世界局势相比，当前的国际政治经济的各个层面都发生了巨大变化，在这种国际环境中，中国和巴西两国的发展模式都实现了重大变革，中国经济从 20 世纪 70 年代末逐步实现改革开放，巴西也从 20 世纪 80 年代末开始转变进口替代发展模式。经济发展模式的转型带动了国家实力的改变，如今的中国已成为带动世界经济增长的"火车头"，巴西在走出"失去的 10 年"后也步入一个新的增长周期。中巴两国都成为新兴经济体的主要代表，两国在当前的国际格局中发挥着越来越重要的作用。本文试图从巴西崛起的角度出发，总结中国对巴西的政策，并就当前的中巴关系提出一些粗浅看法。

一 对巴西崛起的分析

早在 20 世纪初期，巴西便提出"世界大国"的战略规划，但"巴西崛起"成为一个备受关注的概念还源于奥地利作家斯蒂芬·茨威格①在 1941 年出版的著作《巴西：未来之国》（Brasil, País do Futuro）。茨威格在该书中通过对巴西历史、经济、文化、城市生活等多视角观察，对巴西的发展潜力得出如此结论：“如果世界上真正存在所谓的天堂，那么它应该距离这里不远。”该书虽非学术著作，但却是首部预测巴西未来前景的著作，巴西由此从拉美一隅走向世界。正因如此，当如今巴西国内再次规划国家前景时，此书依然是被引用次数最多的著作之一。

自 20 世纪 30 年代实施进口替代工业以来，巴西便实现了比拉美其他主要国家更快的经济增长。1931～1950 年，巴西年均增长率约为 4.6%，高出墨西哥（4.1%）、阿根廷（2.9%）和智利（2.7%）的增长水平。自 20 世纪 50 年代开始，巴西经济进入一个经济快速增长的黄金阶段。1951～1980 年的 30 年间，巴西年均经济增长率达到了 6.8%，其中 1968～1973 年“经济奇迹”时期达到了 11.2%，1973 年甚至创下了 14% 的增长纪录。②伴随着经济的快速增长，巴西政府先后制定了一系列国家目标计划，其中，创造“经济奇迹”的梅迪西政府（1969～1974 年）在 1970 年 10 月 1 日公布的“政府行动基础和目标方案”（Programa de Metas e Bases para a Ação do Governo）明确提出“到 20 世纪末融入发达国家行列”的目标③。与此同时，国

---

① 斯蒂芬·茨威格（Stefan Zweig, 1881～1942 年），奥地利著名作家。希特勒上台后，茨威格于 1934 年移居英国，1938 年加入英国籍，1940 年移居巴西。1942 年 2 月 22 日，由于不堪忍受法西斯对欧洲的蹂躏，茨威格与第二任夫人在里约热内卢近郊的佩特罗波利斯（Petrópolis）寓所内服毒自杀。茨威格去世后，巴西总统瓦加斯下令为其举行国葬。

② A. C. Pinheiro, I. Gill, L. Severn, M. Thomas, "Brazilian Economic Growth in 1900–2000: Lessons and Policy Implications", in Third Annual Conference on Global Development Network, Rio de Janeiro, Brasil, 2001.

③ Núcleo de Assuntos Estratégicos da Presidência da República, "Projeto Brasil 3 Tempos: 2007, 2015 e 2022", Cadernos NAE: Processos Estratégicos de Longo Prazo, No. 1, 2004, p. 101.

际学术界掀起了一股"巴西崛起"的研究热潮，关注重点多为经济高速增长的可持续性，以及经济潜力的实现可能性。

但是，石油危机使得巴西"经济奇迹"戛然而止。不断攀高的油价、国际资本的短缺、国际市场对初级产品需求的下降等多重因素，使巴西经济的繁荣周期从 1974 年开始进入末期①。1974～1978 年，巴西年均经济增长率下滑至 6.7%。进入 20 世纪 80 年代，经济转入负增长，1981 年为 -3.1%，1983 年为 -2.8%。两次石油危机和随后的债务危机使巴西长期积累的弊病迅速显现：1973～1984 年，巴西外债余额从 125.7 亿美元增至 910.9 亿美元；债务总额占 GDP 的比重从 15.9% 增至 43.1%；通货膨胀率从 14.9% 猛增至 220.6%。②

经济形势的恶化使得巴西淡出了人们关注的视线，"巴西崛起"等提法被"永远的未来之国"所取代。政治体制变革后，巴西经济在萨尔内政府时期（1985～1989 年）实现了年均 4.5% 的增长率，但通货膨胀率却从 1985 年的 235% 增至 1783%。宏观经济的混乱一直延续到 1994 年雷亚尔计划的实施。该计划实施的当年，通货膨胀率便从 1993 年的 2489% 降至 929%，1995 年降至 22%，1996 年回落到 1 位数（9.1%）。③

20 世纪 80 年代末开始的经济模式调整以及 1994 年实施的雷亚尔计划，推动了巴西经济从封闭走向开放，但更重要是实现了巴西宏观经济的稳定，进而使得巴西进入一个新的增长周期。

---

① Renato Cancian, "Governo Geisel (1974 – 1979)：'Distensão', Oposições e Cri-se Econômica", Página 3 Pedagogia & Comunicação, Conjunto Nacional, 26 de junho de 2006. http://educacao.uol.com.br/historia – brasil/ult1689u71.jhtm

② Núcleo de Assuntos Estratégicos da Presidência da República, "Projeto Brasil 3 Tempos：2007, 2015 e 2022", Cadernos NAE：Processos Estratégicos de Longo Prazo, No. 1, 2004, p. 107.

③ 苏振兴主编：《拉丁美洲的经济发展》，北京，经济管理出版社，2000 年，第 315～317 页。

尽管自 1995 年以来的这个经济增长周期远不及 20 世纪 60～70 年代，但经济增长质量以及经济发展可持续方面却大大优于前一阶段。正是在这种宏观经济形势不断改善的环境下，巴西的发展潜力再次引起世界的关注。2001 年 11 月，高盛公司在的一份题为《全球需要更好的经济之砖》（The World Needs Better Economic BRICs）中首次提出"金砖四国"（BRICs）的概念，并在 2003 年的《与金砖四国一起梦想：通往 2050 年的道路》（Dreaming with BRICs：The Path to 2050）报告中对巴西、俄罗斯、印度和中国的发展前景做出了大胆的预测，"巴西崛起"由此再次成为热议话题，学术界普遍称之为"巴西的第二次崛起"。根据笔者的理解，可以从以下几个方面理解现阶段的巴西崛起现象。

（一）可持续的经济适中增长

从 1994 年雷亚尔计划实施以来，巴西经济逐步进入一个速度适中的增长阶段。从 1995～2008 年，巴西经济增长率仅在 1998 年出现 0.1% 的负增长，多数年份（8 年）的经济增幅超过 3%。另外，这一阶段的经济增长体现出较强的阶段性特点：卡多佐第一任期（1995～1998 年），经济年均增长率约为 2.4%，卡多佐第二任期（1998～2002 年），年均增速仅为 2.2%。自 2003 年执政以来，卢拉政府继续将初级财政盈余目标制、浮动汇率和控制通货膨胀作为其经济政策的三大支柱，谨慎的财政和货币政策促使巴西进入自 20 世纪 70 年代"巴西经济奇迹"以来最快、最长的经济增长周期。2003～2008 年，巴西经济年均增长率达到 4%，其中 2004 年实现了 5.7% 的增长，创下了自 1994 年（5.9%）以来的最快增速，巴西重回世界经济 10 强行列。人均 GDP 则从 2002 年的 2859 美元增至 2008 年的 8298 美元，实现了连续 5 年的适中增长，其中 2007 年的人均 GDP 增幅达到 5.2%，创下了 1986 年（5.4%）以来的最快增速。[①]

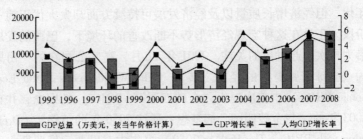

图 1　1995～2008 年巴西 GDP 增长情况

资料来源：Banco Central do Brasil，"Boletim do Banco Central do Brasil"，Relatório Anual 2008, p. 16.

虽然 1995～2008 年 3.1% 的年均 GDP 增速不及 1951～1980 年 6.8% 的增速，更不及"经济奇迹"时期 11.2% 的增长水平，但现阶段的巴西经济增长质量要强于此前的任何一个阶段，卢拉为此得出"当前是巴西共和国建立以来经济形势的最佳时期"[②] 的结论，并且得到了巴西国内外经济学家的认同。巴西应用经济研究所（IPEA）著名经济学家阿曼多·卡斯特拉·皮涅罗认为，如果把社会指标、通货膨胀、地区经济一体化等因素考虑在内，巴西经济的确处于有史以来的最佳阶段。[③] 概括而言，当前巴西经济增长质量的提高反映在以下几个主要方面：（1）通货膨胀处于可控范围。以利率控制通货膨胀是雷亚尔计划实施以来巴西

①　Banco Central do Brasil，"Boletim do Banco Central do Brasil"，Relatório Anual 2008, p. 16.

②　Café com Presidente，"Brasil Conseguiu Combinar Estabilidade Econômica com Crescimento"，Agência Brasil, 18 de Junho de 2007. http：//cafe. radiobras. gov. br/Aberto/Cafe/Presidente

③　Eduardo Cucolo，"Não há 'Milagre Econômico' Dizem Analistas"，Globo. Com, 18 de Junho de 2007. http：//g1. globo. com/Noticias/Economia ＿ Negocios/0，，MUL54396－9356，00. html

经济政策的基本点，虽然高利率限制了巴西经济活力的发挥，但在控制通货膨胀方面取得非常明显的效果，从1996年通货膨胀率降至1位数以来，通货膨胀一直处于可控范围之内，并且巴西当前的通货膨胀率也是"金砖四国"中最低。（2）外债负担减轻，偿债能力大大改善。2005年巴西外债总额一度降至1873亿美元，随后3年巴西外债总额有小幅攀升，但外债占GDP的比重仍维持下降趋势，到2008年降至14.7%，远远低于1999年的45.4%，而偿债率也从1999年的116.6%降至2008年的20%。（3）外贸、外国直接投资和外汇储备增长迅速。1995～2008年，巴西外贸总额增长了将近4倍，尤其从2001年开始，巴西扭转了长达6年（1995～2000年）的贸易逆差局面，贸易顺差从2001年的26.8亿美元增至2007年的400亿美元。① 外国直接投资方面，由于宏观经济形势的好转，三大国际投资信用评级机构相继将巴西提高至"投资级"，外国直接投资从2003年的101亿美元增至2008年的450.6亿美元（为1947年以来的最高值，占GDP的2.9%）。外汇储备方面，2007年2月，巴西外汇储备首次突破1000亿美元大关，到2008年10月，巴西外汇储备便超过了2000亿美元，巴西成为外汇储备世界排名第7位的国家，充足的外汇储备为稳定巴西经济形势提供了保障。

　　与1951～1980年经济增长周期相比，现阶段低通货膨胀、低外债、高储备、多元化贸易的经济增长模式更具有可持续性，加之近几年巴西在能源、资源等优势的进一步显现，巴西的经济实力总体呈现上升的趋势。宏观经济的改善和相对优势的发挥，巴西在应对当前国际金融危机上拥有更大的回旋余地，而这一点

---

　　① Ministério do Desenvolvimento, Indústria e Comércio Exterior, "Panorama do Comércio Esterior Brasileiro 1994 – 2008". http://www.desenvolvimento.gov.br/sitio/interna/index.php? area = 5

恰巧是在历次危机中巴西都未能做到的。正由于此，巴西重新赢得了国际关注，并且认为此次巴西崛起的特点是"在经济稳定的前提下的适中增长"。高盛公司在对巴西经济的评估中提出，"在 2050 年之前，只要巴西能保持年均 3.6% 的增长，便能达到此前高盛对巴西的预期（2050 年世界第五大经济体），巴西需要的不是经济奇迹，而是避免危机"①。

（二）地区大国角色的体现

20 世纪 90 年代中期开始，巴西调整了本国的地区战略，以"南美大国"的身份取代"拉美大国"。② 自 2003 年以来，卢拉政府一直将南美置于其国际战略最优先位置。巴西外长阿莫林明确表示，"虽然我们也将自己看成是拉美国家，但更确切的说是南美洲国家"。南美一体化政策与巴西长期的国家利益是一致的，实现与南美国家和平共存、推动地区发展是巴西履行其国际角色的重要方面。③ 正是基于上述战略考虑，卢拉在 2003 年 1 月 1 日的就职典礼上着重强调了南美洲的重要性，并明确提出巴西外交最优先的目标是建立一个"基于民主和社会公正的稳定、繁荣和统一的南美洲"④。概括而言，当前巴西政府的南美战略包括巩固与阿根廷的战略关系，加强南方共同市场建设，推进南美洲一体化三大内容。

---

① Fernando Dantas, "Brasil Será a 5a Economia do Mundo em 2050", O Globo, 26 de Janeiro de 2006.

② Maria Regina Soares de Lima and Mônica Hirst, "Brazil as an Intermediate State and Regional Power: Action, Choice and Responsibilities", in International Affairs, Vol. 82, No. 1, 2006, pp. 29 –30.

③ Celso Amorim, "Brazil's Multilateral Diplomacy", in Remarks at the Second National Conference on Foreign Policy and International Politics, Brazilian Embassy in Washington, 27 de November 2007.

④ Luiz Inácio Lula da Silva, "Discurso na Sessão de Posse no Congresso Nacional", Discursos, Artigos, Entrevistas e Outras Comunicações do Mre, 1 de Janeiro de 2003.

自 20 世纪 80 年代中期以来，巴西和阿根廷关系是朝着稳定合作的方向发展，改变了历史上全面对立的状况。现阶段巴西和阿根廷两国的外交共识进一步深化，两国政府都强调对方是本国对外政策的优先目标，强调南方共同市场在各自政府对外政策中地位的不可替代性，这为两国加强战略伙伴关系提供了有利环境。两国政府不回避双边关系中的"分歧"，但都强调"分歧"不等于"对抗"，这反映出巴西和阿根廷双边关系的基础得到根本改善。

南方共同市场是巴西国际战略的核心内容，是巴西提升国际身份、履行更全面角色的重要途径。[①] 对巴西政府来说，南方共同市场的重要性在于它为巴西的国际参与提供了重要平台，巴西希望凭借南方共同市场加强南美洲地区的合作，使南美地区成为一个利益整体，进而加强自身在国际事务中的地位。自创立至今，虽然南方共同市场面临诸多困难，但在规模、区内贸易、机制建设、成员国受惠不均的改善等方面还是取得了重要进展。

巴西政府在地区一体化方面的设想是实现南方共同市场和安第斯共同体的整合，进而实现整个南美洲一体化。政治一体化的加强是近年来南美洲一体化的重要特点。2004 年 12 月，在第三届南美洲国家首脑会议上，南美洲国家共同体宣布成立；2007 年 4 月，在第一届南美国家能源峰会上，南美洲国家共同体更名为南美洲国家联盟；2008 年 12 月，南美洲国家联盟领导人特别会议决定成立南美防务委员会，加强成员国在防务、军事训练和装备等方面合作。除此之外，在巴西、委内瑞拉等国的积极推动下，南美洲地区一体化取得其他一些成果，如成立南方石油公司，铺设南美输气管道，开设南方电视台，建立南方银行等。

---

① Amaury de Souza, "América do Sul: Tão Perto, Tão Longe", in CEBRI 10 Anos: Desafios da Política Externa Brasileira, CEBRI, 25 de Janeiro de 2009, p. 53.

客观地说，现阶段是巴西谋求地区领导国角色的最佳时期。首先，从 20 世纪 80 年代后半期开始，巴西与阿根廷之间的"地区大国"之争趋于调和，两国经济合作以及经济危机的重创使阿根廷逐渐淡出这场竞争。其次，从 2004 年巴西进入较快增长周期开始，巴西不仅重新夺回"拉美第一经济大国"的位置，而且逐步拉开了与本地区其他国家的经济差距，地区经济大国的地位得到巩固。再次，巴西与委内瑞拉在当前地区一体化上的竞争并不是一种"零和博弈"，而是两国在发展道路、一体化模式上的差异。虽然查韦斯"反美反帝"的旗帜和"石油美元"手段收到了一定效果，但并没有削弱巴西在地区事务中的作用，相反，在某种程度上更加凸显巴西在本地区的重要地位。

巴西的地区大国地位不仅在一体化等地区事务中得到体现，而且也可以从世界主要国家、集团对巴西的态度有所反映。首先，巴西是美国政府协调美拉关系、维护西半球局势稳定、南美地区力量均势的重要选择。其次，通过建立"战略伙伴关系"，欧盟将巴西作为加强欧盟与南方共同市场、南美洲关系的桥梁。鲁本斯·巴尔博扎认为，欧盟将巴西升格为"战略伙伴"意图在于通过巴西提升欧盟与南美洲、南方共同市场的联系，帮助巴西强化地区领导国的角色，推动该地区的社会进程，加强与巴西在国际安全、能源、运输、科技等问题上的对话和合作。① 再次，其他发展中大国与巴西日益密切的关系也反映出巴西在本地区的特殊地位。

（三）国际事务中的新兴力量

巴西历来有着参与国际事务的传统和热情，从 20 世纪初的

---

① Rubens Barbosa, "Parceria Estratégica com a União Européia", in O Estado de São Paulo, 24 de Julho de 2007.

国际海牙会议到第二次世界大战后期的联合国创建，巴西为融入世界权力中心付出了屡败屡试的努力。但囿于综合实力的不足和国际体制的刚性结构，巴西的国际影响力并没有获得实质性的增长，也没有得到大国的普遍认同。20 世纪 90 年代后半期，巴西在实现经济稳定和步入稳步增长的同时，加大了国际事务参与力度，卡多佐和卢拉两位总统为此推行高频且务实的"总统外交"、"贸易外交"、"乙醇外交"和"文化外交"等实践，且收获了不错的效果，巴西外长塞尔索·阿莫林将巴西现阶段外交定性为"积极而自信"（ativa e altiva）① 的国际参与。

第一，通过强大的外交攻势，巴西的"入常"要求获得多数发展中国家和英国、法国、俄罗斯等 3 个安理会常任理事国的支持，国际社会对巴西"入常"的认同度达到了历史最高点。

第二，成为国际多边贸易谈判中的重要力量。巴西政府认为世界贸易组织（WTO）是巴西能发挥重要作用的国际多边机构，因此，"参与 WTO 多边机制一直是巴西对外政策的重要目标"②。通过积极参与 WTO 谈判和坚定的谈判立场，以及在谈判中联合发展中国家的能力，巴西成为 WTO 多哈回合谈判的关键力量。相比而言，巴西在 WTO 中的声望要比 4 年前强很多。③

第三，成为国际金融体系改革的新兴力量。全球金融危机爆发后，巴西呼吁对国际金融体系实施改革，将新兴经济体纳入全球经济决策中心。与此同时，巴西主张"金砖四国"加强合作，

---

① Paulo Roberto de Almeida, " Uma Nova ' Arquitetura ' Diplomática? – Interpretações Divergentes sobre a Política Externa do Governo Lula (2003 – 2006)", Revista Brasileira de Política Internacional, Vol. 49, No. 1, 2006.

② Celso Amorim, "Palestra aos Alunos do Instituto Rio Branco", in Discursos, Artigos, Entrevistas e Outras Comunicações do Mre, 6 de Agosto de 2008.

③ Celso Amorim, "Entrevista à Revista ' América Econimia '", in Resenha de Política Exterior do Brasil, Ministério das Relações Internacionais, NO. 99, 2 de Semestre de 2006, p. 481.

推动国际新秩序的建立。巴西的主张不仅得到发展中国家的响应，而且一些发达国家表示支持巴西加入 G8，这体现了巴西在国际金融体系改革方面的重要性得到许多国家的认可。

第四，在诸多国际事务中扮演重要角色。巴西在世界减贫问题上发挥着"排头兵"的作用，卢拉政府将"零饥饿计划"国际化的做法塑造了巴西的国际新形象。随着远海油田的系列发现，巴西蜕变成"南美洲的中东"，加之其先进的生物燃料技术和丰富的农业资源，巴西在未来世界能源版图和粮食安全中的地位将会愈发得到凸显。

经过近几届政府的努力，巴西的声音在国际舞台上有了更大的声张，而国际社会也给巴西贴上了"发展中国家代言人"、"南美领导国"、"新兴大国代表"等标签。虽然巴西"积极和自信"的国际战略缺少强大的综合国力作支撑，但敢于牵头的外交作风也不失为一种提升国际影响的途径，并且它在团结发展中国家方面也的确发挥着重要作用，而发展中国家整体力量的增强为国际秩序和格局的变革提供了可能性，这也是符合巴西等发展中国家的战略利益和目标的。

二 中国对巴西政策的演变

国家是国际关系中的基本行为体，国家实力的变化自然能引发国际关系多层面的联动。从"拉美地区大国"到"南美地区强国"，再到国际影响力日益上升的"新兴大国"，巴西综合国力的改变无疑是中国在制定对巴西政策中必须考虑的因素。另外，中国综合实力和国际影响力的上升，以及国际格局的变动都是推动中国对巴西政策变化的重要因素。根据笔者的理解，中国对巴西政策的演变具有以下几个主要特点。

（一）政治关系"阶梯式"递进

20 世纪 70 年代后半期正是"冷战"最严峻的阶段，由于国际环境和两国政治体制的巨大差异，加之中巴两国相距遥远且相互了解甚少，两国在建交后较长时期内相互接触较为谨慎。用一位巴西学者的话来说，就是中巴之间的交流呈现出逐步发展势头，但是双方接触仍表现得小心翼翼。① 在这一阶段，中国对拉美政策的重点是争取拉美国家对中国政府的承认和支持，扩大并巩固中国在拉美地区的外交阵地，遏制台湾在拉美地区的外交空间。作为拉美地区的大国，巴西在中国对拉美的全盘战略考虑中的地位非常重要。虽然从 1974 年开始巴西走上"负责任的实用主义"（pragmatismo responsável）外交路线，但意识形态外交思想的残留依然制约着中巴关系的发展，直到建交 10 年后（1984年），菲格雷多才成为首位访问中国的巴西总统。4 年后，萨尔内总统访问中国，在萨尔内与邓小平的这次历史性会晤中，双方提出了 21 世纪将是"太平洋世纪"和"拉美世纪"，这种富有远见的共识促成了中巴两国关系由此走上快速发展的轨道。

20 世纪 90 年代，"冷战"结束为中巴关系的发展创造了有利的国际环境，加之佛朗哥政府（Itamar Franco，1992～1994年）修改了科洛尔政府（Fernando Collor de Mello，1990～1992年）时期"脱离第三世界、融入第一世界"的外交方针，并提出了外交"去政治化"（de-politicization）的主张，加强了与中国、印度、俄罗斯等地区大国的关系，中巴双边关系由此进入稳步快速发展的阶段。从这一阶段开始，中国国家领导人访问巴西的级别和频率有了明显的提高，高层互访的增加提升了两国政府

---

① 张宝宇：《中国、巴西战略伙伴关系发展达到新水平》。http://ilas. cass. cn/old/waiwanglatin/zhuanti_ bg/ zhongba/zhangby. htm

间的政治互信，并促成中巴两国在 1993 年建立了"战略伙伴关系"。战略伙伴关系的确立反映了中巴两国提高了对方在各自外交中的地位。由于两国经济改革的不断深化和改革成果的体现，中巴两国的经济潜力得到进一步显现，并且通过经济的多边外交实践，两国的地区和国际影响力都有了较大的提升，这是促成中国建立"战略伙伴关系"最根本原因。但从 20 世纪 90 年代初到 2003 年，中巴双边关系主要还是倚赖经贸关系的拉动，虽然两国在 1999 年联合研制并发射了第一颗地球资源卫星，但中巴关系局限在这几个有限的"合作点"上，战略伙伴关系没有得到完全的体现。

从 2003 年开始，尤其是从两国领导人在 2004 年成功互访并签署《联合公报》以后，中巴双边关系进入快速发展的阶段。在这一阶段，卢拉政府始终将发展与中国的关系置于巴西对外政策的优先位置，而中国国家主席胡锦涛、全国人大委员长吴邦国相继在巴西国会发表演讲，阐明了中国对包括巴西在内的拉美地区的政策立场，这都体现了中巴双边关系水平的升级，战略伙伴关系基础的夯实。2004 年，胡锦涛主席在巴西国会演讲中提出的"中巴加强战略伙伴关系，不仅有利于两国繁荣进步，而且有利于维护世界和平、促进共同发展"①，准确地概括了中巴关系的实质和发展方向。2009 年 2 月，中国国家副主席习近平在访问巴西时表示，"中巴作为两个重要的新兴大国，进一步加强合作，其意义超越双边范畴，越来越具有全球性、战略性影响"②。这是中国对当前和未来中巴关系的进一步定位，预示着中巴关系具备了大国关系的含义和意义。2009 年 5 月，卢拉称

① 吴绮敏、张川杜：《国家主席胡锦涛在巴西国会发表重要演讲》，载《人民日报》2004 年 11 月 14 日，第 1 版。
② 罗春华、吴志华：《习近平会见巴西总统卢拉》，载《人民日报》2009 年 2 月 21 日，第 1 版。

自己对中国的第二次国事访问为"自己任内最成功的一次访问"[1]，也反映出了巴西对中巴关系发展现状的认同。

另外，在中巴关系迅速发展阶段，双边互动的机制化得到加强。自2004年中巴两国签署建立中巴高层协调与合作委员会的谅解备忘录以来，双方已在该机制下建立包括政治、经贸、科技、航空、文化、农业、能源矿产和教育在内的8个分委会。2006年两国还建立了立法机构定期交流机制，2007年建立并启动了战略对话机制。对话渠道的丰富不仅有助于促进两国间的相互了解，而且也为中巴双边关系的深化提供了更大的空间。

(二) "经贸优先"政策成果显著

虽然中巴两国建交存在着政治上的考虑，但经贸领域首先为两国关系的发展打开了局面，并且随着两国经济的稳步发展，经贸关系成为带动中巴关系的重要动力。

建交35年以来，中巴经贸关系经历了质的飞跃。1974年，中国双边贸易额仅为1742万美元，虽然在1985年中巴贸易额一度达到12亿美元，但在1993年之前一直在10亿美元之内徘徊。[2] 1993年，中巴贸易额增至10.8亿美元，自此开始，中巴贸易进入快速增长阶段，仅在1998年和1999年出现两年的负增长。

从1999年起，两国贸易增长势头强劲，从1999年的18.5亿美元增至2008年的485亿美元，10年时间增长了将近26倍。

---

[1] Café com Presidente, "Presidente Lula Faz Balanço da Viagem à Arábia Saudita, China e Turquia", Radiobras, 25 de Maio de 2009. http://cafe. radiobras. gov. br/Aberto/Cafe/Presidente

[2] Ministério do Desenvolvimento, Indústria e Comércio Exterior, "Estatísticas de Comércio Exterior". http://www. desenvolvimento. gov. br/sitio/interna/interna. php? area = 5&menu = 566

2009 年 3 月，中国首次超过美国成为巴西第一大出口目的地国家；4 月，中巴双边贸易额达到 32. 3 亿美元，超过巴美双边贸易额 28. 1 亿美元，中国取代美国保持了 70 多年的"巴西最大贸易伙伴"地位，而巴西也成为当前中国的第九大进口来源国。巴西工业、发展和外贸部外贸局局长韦伯·巴拉尔表示，中国成为巴西最大的贸易伙伴是一个"历史性的变化"，中国因此成为继葡萄牙、英国和美国之后，巴西历史上第 4 个最大贸易伙伴国。① 另外，两国贸易结构正趋于多样化，巴西的支线飞机等高技术、高附加值产品在巴西对中国出口中的比重有了一定的增加。

（三）科技合作创南南合作典范

早在 1982 年，中巴两国就签署了科学技术合作协定。1985 年，两国通过签署《两国政府关于核准研制地球资源卫星的议定书》，将航天作为中巴科技合作的重点项目，并分别于 1999 年、2003 年和 2007 年联合研制并成功发射了 3 颗地球资源卫星。地球资源卫星的合作发射，不仅结束了中国和巴西的资源卫星数据依赖他国卫星的历史，而且彰显了两国高科技领域的实力，两国在航天领域的合作成为新时期南南高科技合作的典范。

在航空科技合作方面，中巴也取得了很好的实效。2003 年 1 月，中国航空工业第二集团公司所属原哈尔滨飞机工业集团航空工业股份公司与巴西航空工业公司共同组建了哈尔滨安博威飞机工业有限公司。2003 年 12 月，在中国制造的首架 ERJ145 飞机下线并成功首飞。截至 2009 年 1 月底，巴西航空工业公司已向中国市场交付支线飞机 46 架，占中国目前在册支线飞机总量的

---

① Eduardo Rodrigues, China Passa Estados Unidos Como Principal Parceiro Comercial do Brasil, O Globo, 5 de Maio de 2009.

一半以上，中国已成为巴西支线飞机的第二大海外市场。

（四）中巴在国际事务中的合作日益加强

中国和巴西是分属东、西半球的最大发展中国家，同时也是"金砖四国"的主要代表，这决定了两国面临相似的发展机遇和挑战，同时也承担着为发展中国家谋求利益的共同责任。中巴两国都奉行多边主义的外交原则，都主张国际关系民主化和世界多极化，都呼吁建立国际政治经济新秩序，打破由发达国家制定的国际旧规则。从这种意义上说，新时期的中巴关系已具备更广泛的国际含义，这也是迅速发展的中巴关系为何能吸引越来越多国际关注的原因所在。

作为两个新兴大国，中巴两国都有改革当前国际秩序、实现多极国际格局的意愿和潜力。另外，两国在诸如国际金融体系改革、粮食安全、能源安全、全球气候变化、联合国千年目标等重大国际事务上也有着相近立场，共同意愿和相近立场是中巴两国扩大在国际事务中的双边合作的基础。近些年来，两国政府在联合国、世界贸易组织、国际货币基金组织、世界银行、20 国集团、G8 +5 峰会等国际多边机构和对话论坛中的合作日益密切，尤其是经过多次非正式的会晤后，"金砖四国"成功举办了首届首脑峰会，这为中巴两国提供了另一个直接开展对话与合作的渠道。通过"金砖四国"这个新平台，中巴两国可以和其他发展中国家（尤其是与发展中大国）实现更大范围的合作，提升发展中国家在国际事务中的整体发言权，并有助于推动世界政治经济新秩序和国际多极格局的建立。

三　对中巴关系的几点建议

经过 35 年的发展，中巴双边关系建立了较为牢固的基础，两国关系也迎来历史最好的发展时期，并且也保持着很好的发展势头。当前的金融危机和国际格局的现状为两国创造了更广泛的合作机遇，而共同面临的新挑战则更凸显中巴合作的重要性和迫切性。随着两国经济的发展和两国政府对中巴关系的重视，中巴关系将进入一个持续快速发展的阶段。并且也可以预计，未来的中巴关系也将被赋予更多的国际含义，而且成为未来大国关系中的重要一环。着眼于未来的中巴关系，笔者在中国制定和调整对巴西政策方面有以下几点思考。

第一，明确巴西对中国政策的出发点。首先，卢拉政府的外交决策层认为，在当前"霸权结构"的国际体系中，中国由于日益上升的国际影响力已成为"中心国家"，而巴西属于"外围大国"行列，处于"中心"与"外围"两者之间。其次，巴西的外交精英对中国的发展潜力有了很高的预期，巴西著名外交智库巴西对外政策协会的一份调查显示，96% 的协会成员认为"中国在未来 10 年内成为大国"，支持率超过了巴西（88%）、印度（73%）、德国（64%）、俄罗斯（48%）等国。再次，巴西对"中国机遇论"的认识有所增强，认为快速增长的中国经济为巴西产品提供了广阔市场，为巴西外资来源的多元化和经济结构的转型创造了条件。另外，对于未来世界格局，巴西外交决策者的判断是，中国能够像美国、欧盟一样成为单独的一极。而中国的国际地位上升为巴西开展更广泛的国际参与创造了更有利的环境。由此可见，巴西的精英阶层对华政策的考虑重点不只是停留在"经贸互惠"层面，更多在于中国可以成为巴西崛起所倚重或借重的力量。

第二，在重要问题上给予对方适当支持。"入常"问题一直是近两届巴西政府的外交优先目标之一，同时也是当前和未来中巴关系不可回避的重要内容。2005 年，"四国提案"受挫后，巴西国内（尤其是在野党）对卢拉政府的"亲华"政策提出了质疑，认为卢拉在对华政策上"热情有余而成效甚微"，巴西政府对中国市场经济地位的承认未获得中国对巴西"入常"的支持。① 反对党的批评使卢拉在发展对华关系上面临较大压力，因此中巴关系也在当时处于一个短暂的低谷阶段。尽管通过积极的事后沟通和协调，两国基本化解了在"入常"问题上的分歧，但中国对巴西"入常"的含糊态度依然是巴西朝野争论的焦点之一。

从前一波的联合国改革中可以看到，安理会改革不只是面临现有常任理事国的"权力让渡"问题，而且还面临着候选常任理事国"席位竞争"问题。除此之外，它还面临着千丝万缕的利益争端。因此，笔者认为，在巴西"入常"问题上，中国可以考虑给予对方一个明确的态度，但在联合国安理会改革的具体方案上坚持本国的原则和立场。事实上，中国在联合国安理会改革问题上的立场与支持巴西"入常"并不矛盾，如果中国能够在"入常"问题上给予巴西支持，不仅能减轻巴西现政府在推动对华关系上的压力，而且也能提升双边关系和两国在国际事务上合作的水平。在这一问题上，笔者认为英、法、俄等国在巴西"入常"问题上的策略值得我们借鉴。

第三，改善中巴贸易结构，加大对巴西的投资。中巴双边贸易在近 10 年来增长迅速，尤其中国在巴西外贸中所占份额有了

---

① 周志伟：《卢拉政府外交政策评析及未来外交政策走向》，载《拉丁美洲研究》，2007 年第 6 期，第 46 页。

大幅提高。互补性强的贸易特点虽有助于中巴两国实现"双赢"目标，但同时也面临以下几个问题：（1）双边贸易有可能因经济增速不一（甚至某行业的发展水平）而出现较大起伏；（2）双边贸易可能因为产品的相对饱和而面临增长"瓶颈"局面；（3）可能出现利益集团受益不均的问题，在评估中巴贸易上，巴方的农业集团和工业集团之间便存在针锋相对的立场；（4）有可能滋生"新殖民主义"、"中国依附"等论调，等等。目前，巴西已认识到提升中巴贸易结构的重要性和迫切性，并已制定了旨在改善中巴贸易结构的"中国议程"。笔者认为，中国也应该加强对这一问题的重视，不能将改善中巴贸易结构看成只是巴方份内的任务。

与快速增长的中巴贸易相比，中巴间的投资关系要滞后得多。以中国投资巴西为例，截至 2008 年 9 月，中国在巴西实际投资 2.1 亿美元，仅占巴西外国直接投资总额的 0.05%[①]，投资额度与中巴两国经济地位和双边关系现状很不相符。当前全球金融危机为中国投资巴西提供了有利的条件。首先，巴西的投资环境有了明显改善，这一点从国家信用等级提升、国家风险指数降低等方面可以得到反映。目前，巴西已成为跨国企业最青睐的四大投资目的国之一。[②] 另外，巴西正在酝酿的利率、税收、外汇等政策调整，以及基础实施的扩建都有助于国内投资环境的进一步改善。其次，巴西是一个对外资和国际信贷依赖较高的国家，国际金融危机使其外国直接投资和国际信贷都面临较大幅度的缩水，这为中国企业投资巴西创造了很好的机遇。再次，巴西对中国的投资寄予很高期望，中国企业加大对巴西的投资不仅可以深化两国经贸关系，也有助于中国企业开发并抢占巴西这个潜力巨

---

① 巴西发展、工业和外贸部网（http://www.mdic.gov.br/）。
② 中国驻巴西大使馆经济商务参赞处网。

大的市场。

第四，加强中巴学术交流。在中巴建交初期，民间外交曾发挥着非常重要的作用。中巴两国建立战略伙伴关系以来，首脑外交推动了两国关系的迅速发展。着眼未来的中巴关系，笔者认为应加强两国学术界的对话与交流，这种兼具"精英交流"和"智库交流"性质的学术对话是提升中巴关系水平的另一条途径。

虽然巴西是中国与南美大陆开展文化交流较多的国家之一，并且巴西已成立了2所孔子学院，但两国间的文化交流形式总体较为单一，尤其是教育领域的交流则更为有限，远不及中国与发达国家和一些发展中国家之间的同类交流水平，这种状态不但与中巴关系现状不相匹配，而且也不利于中巴关系的未来发展。崛起中的巴西是一个多元文化的国家，其高等教育和学术研究在拉美地区居于前列，加强与巴西的文化教育交流，不仅有助于我们更好地认识巴西国情，而且还能够培养出更多从事中巴关系研究的专家和学者型外交家。更为重要的是，巴西非常重视智库在政策制定中的作用，很多政府官员（包括总统）都曾在大学、智库中任职，与这些学术机构保持着密切联系。因此，通过机制化的学术对话与交流，两国能够更好地把握对方的政策走向，更好地推动两国在多领域的合作。

第五，扩大两国在国际事务上的合作。近年来，中巴两国在国际事务中的合作呈明显上升趋势，这反映了两国在某些国际事务上利益趋同的特点。2009年5月，卢拉在访华期间曾明确表示，"一个公正、公平的国际秩序是不可能从天而降的。发展中国家要想在国际舞台中发挥更重要的作用就需要携起手来开展经常性对话"①，这体现了巴西政府加强南南合作（尤其是与发展中大国合作）的强烈愿望。笔者在研究中发现，巴西政界和学术界认为中国的外交作风"过于谨慎"，并且对中国在"金砖四国"合作上的谨慎作风颇有微词。按照笔者的理解，南南合作是中国政府一贯的外交战略，也是中国整个国际战略中的重要一环。事实上，中国在能源、粮食、气候、环境、国际体系改革等问题上都面临程度不一的国际压力，因此迎合巴西等发展中大国加强南南合作的意愿，不仅符合中国的外交原则，而且也可以减轻中国所面临的国际压力。另外，加大与巴西等发展中大国在国际事务上的协商和合作力度，还有助于增强发展中国家的整体力量，实现发展中国家的利益最大化，同时有利于中国的长远利益的实现。

总之，与中巴两国建交的 35 年前相比，国际政治经济格局、中巴两国的发展模式、世界各国的实力对比都发生了不同程度的改变，这些变动中的因素在给国际关系带来深刻影响的同时，也给中巴的发展提出了一些新议题。当前的金融危机和国际格局的变革为两国提供了广泛的合作空间，与此同时，共同面临的新挑战则凸显中巴合作的重要性和迫切性。可以预期，中巴关系仍将保持持续且快速的发展趋势，具有更丰富国际含义的中巴关系将成为未来大国关系中的重要一环。

（作者单位：中国社会科学院拉丁美洲研究所国际关系研究室）

---

① Luiz Inácio Lula da Silva, "China and Brazil: Terms of endearment", China Daily, May 19, 2009, p. 9.

浅析加强中国与巴西经贸
关系的机遇与挑战

孙岩峰

中国与巴西正式建交 35 年以来，中巴关系也经历了一个由浅入深、由点及面的过程，尤其是两国的经贸关系发展更是突飞猛进，特别是在 2002 年之后，随着全球化日益深入和中西两国各自经济高速发展，双边经贸关系达到了一个历史新高度。但是，近年来在双边贸易额大幅增长的同时，我们也在投资、贸易保护、环境、劳工等领域看到一些"不和谐音"。因此，如何看待中巴经贸关系现阶段的机遇和挑战，对于我们进一步贯彻"走出去"战略有着重要意义。

一 加强中巴经贸关系的有利机遇

（一）双方良好的政治关系是推动经贸关系发展的坚实基础

中国和巴西已建立了相当程度的政治互信。两国都有被殖民的痛苦历史，都有广阔疆域和众多人口。两国对内都着重加强经济发展、改善民生，对外都坚持独立自主，不干涉别国内政，寻求建立一个有利于发展中国家的国际政治、经济新秩序。同时两国也面临相似的发展问题和国际环境，因此，两国在战略利益上没有任何冲突和对立，这种在世界性大国之间罕有的特点，是巩固和推动两国战略合作关系的最重要支点之一。近年来，两国从高层领导人到学者、商人，不同层面的双边交流日益活跃，从政治、经济到文化、科技，合作领域也不断拓展。这种良好氛围是保证双边经贸合作的最重要保障。

（二）高互补性的经济和贸易结构是双方贸易增长的最大动力

巴西是拉美最大的国家，资源丰富，市场广阔，工业体系和基础设施完备，劳动力素质较高，尤其石油和矿产品更是世界的矿产宝库。截止 2005 年初，巴西探明的石油储量为 14.46 亿吨，在南美地区仅次于委内瑞拉。更重要的是近年来在东南部沿海发现了大量海上石油，由 TUPI、GUARá、IARA 和 CARIOCA 构成的地块区域油气储量至少有 500 万桶，加上邻近地区的，储量可能超过 1000 亿桶。巴西还是西半球仅次于美国的第二大煤炭资源国。铁矿储量预计 180 亿吨以上，品位平均为 65%。锰储量 1.5 亿吨，占世界储量的 8% 左右。铝土矿储量 25.1 亿吨，位居世界第 3 位，占世界铝土矿储量的 7.8%。此外，巴西的铜、镍、铀、铌等大宗矿产品以及战略矿产品都具有较大储量和较高品位。而中国在机械、轻工、电子等领域具有相当的优势，双方贸易结构非常互补。正是基于这一互利模式，从 2002 年到 2008 年，中巴贸易额增长了 10 倍。从 2002 年起，中国超过阿根廷成为巴西第二大进口来源国，2008 年中国成为巴西第二大贸易伙伴，2009 年前 4 个月，在国际金融危机前景依然漂浮不定的背景下，中国又超越美国成为巴西最大贸易伙伴。

从贸易结构上看，巴西对中国的出口主要集中在基础产品。以 2007 年为例，以铁矿、大豆、木材、皮革以及其他矿石为主的原材料出口占到双边贸易额的77%，以纸浆、纤维素、钢铁产品为主的半加工品占到15.9%。而中国对巴西的出口产品中，家用电器、机械设备、电子产品、玩具成衣占到最主要比重。这种贸易结构，尽管有不合理之处，但充分反映出两国经济机构的差异和各自的相对比较优势。而且这一结构短期内不会出现明显变化，即使是全球金融危机，这一过程也只是出现短暂波动，如巴西对中国铁矿石出口，在2008年底到2009年初出现下滑，但随着中国经济回暖向好和国际铁矿石需求回升，中巴铁矿石交易再次升温，而且全球经济落底复苏有望，基础产品需求恐将重新走热。因此，这一相对稳定的经济和贸易结构将在长时间内支撑中巴两国贸易发展。

（三）投资领域成为中巴深化经贸关系的潜在机遇

巴西在工业制造、农业，尤其是基础设施领域，需要大量投资，面对国内投资储蓄率较低和发债成本逐渐提高的实际情况，巴西将招商引资的重点放在外来资金。而中国目前具有充足的外汇储备和丰富的基础设施建设力量及经验，双方在这方面有良好的合作前景。特别是2007年初巴西公布的经济加速增长计划（PAC），就是以第11488号法律的形式，将增加基础设施投资作为一项长期国策确定下来。该增长计划的重点集中在能源项目，如电力开发（侧重水电开发）、石油开采、可再生能源（生物能源）、民生住宅以及配套的运输、卫生等领域。该计划预计在未来5年里，在基础设施领域的183个项目中投资5039亿雷亚尔（约合2800亿美元），其中，能源工业预计投资2748亿雷亚尔，相当于总投资的54.5%，石油和天然气领域占1780亿雷亚尔，包括海上石油开发810亿雷亚尔，东南部天然气项目250亿雷亚尔，位于里约热内卢的石化工厂210亿雷亚尔，在伯南布哥州的冶炼厂100亿雷亚尔，轮船采购410亿雷亚尔，生物柴油项目

7. 5 亿雷亚尔。此外，国家还给予本计划中各项目 20% 的税收优惠。这些项目对于中国企业、中国资本来说，都是巨大的机遇。2009 年 2 月国家副主席习近平访问巴西以及巴西总统卢拉访华所推动的巴西石油公司与中国国家开发银行签署的 100 亿美元"贷款换石油"融资协议，正是这一机遇的充分体现。

二 扩大双边经贸合作的问题与挑战

（一）双方相互认知的差距

两国相距遥远，语言、法律、文化、风俗习惯各异，两国民众和媒体对彼此了解和传播不足。尤其是巴西普通民众对中国信息的了解，主要通过西方媒体，导致很多人对中国的认知和印象有所偏差。同时，部分媒体出于炒作的习惯，过分扩大了中巴双边关系中一些暂时性的问题或负面因素，往往对民众造成误导。比如，巴西"争常"失败后，部分媒体为配合政府推卸责任，不断迁怒于中国，造成双边政治关系的短时间冷淡。

（二）法律风险

由于中巴两国采用不同的法律体系，而且两国在执法力度上也不尽相同，因此对于中国企业进入巴西市场构成一个潜在风险。巴西各项法律法规条文繁多，对投资人来讲，短时间内了解和熟悉相关法律，相当困难。特别是巴西有关环境保护、税收和劳工制度的法律，已经成为限制和阻挠中国投资的"难关"。中国企业缺乏懂外语同时通晓当地法律的人才，因此在项目谈判、审查和实施过程中都相对盲目，很多项目在谈判结束进入实施阶段，才遇到"环境许可证审批关"，项目实施到一半时遇到"劳工关"，开始正式投产遇到"税收关"。尤其是巴西非政府组织发达，仅环境领域的非政府组织高达数万，而且还有各种社区和行业组织，这些组织活动能力巨大，并善于利用媒体，一旦面临中国企业遇到上述问题，如无充分准备，很难顺利解决。2006年中国宝钢与巴西淡水河谷公司谈判达成协议，合资建设一个年产750万吨的钢铁厂，但最终因环境许可证审批遇到问题而停滞。

（三）贸易政策风险

巴西经济结构和宏观经济措施基本保持稳定，各项经济措施很少出现"朝令夕改"，但执政的劳工党政府并非国会第一大党，很多法令措施不得不依靠民主运动党等盟友的支持。此外，巴西国会内"游说"活动猖獗，因此政府的各项政策措施极易受到各种利益团体的影响，围绕一些对华贸易和投资项目也很容易受到国内政策和政治斗争的影响。如巴西最大的工业团体圣保罗工商会就曾对卢拉政府对华给予"市场经济地位"提出强烈不满，并施加压力，迫使政府对华商品采取了包括反倾销和特殊保护在内的贸易保护措施。

（四）第三方因素风险

美国对中国企业进入拉美的能源矿产领域表示严重关切。美国在拉美拥有深厚的经济利益，而且经过长期"耕耘"，美国企业，尤其美国资本，通过各种渠道和人脉关系，与巴西金融、商业、企业界形成"你中有我，我中有你"的局面。因此，中国企业在发展与巴西企业，特别是开展矿产、石油领域的合作时，需要充分考虑到美国因素，避免给美国制造和炒作"中国威胁论"提供口实。此外，欧盟、俄罗斯等第三方力量也利用美国全球力量下降和中国拓展中拉关系的顾虑，全力进入巴西等拉美市场，对我构成强力竞争，中国企业应对此有所预案。

（五）社会治安风险

随着巴西城市化进程加快，大量贫民进入城市，加上失业率较高、枪支毒品泛滥等因素，近年来社会治安每况愈下，抢劫、凶杀、绑架、焚烧公车、袭警等各种恶性犯罪事件频繁发生，大规模有组织犯罪呈上升势头。但警方打击犯罪的能力明显不足，而且联邦、地方警察部门各自为战，相互配合欠缺。此外，警察内部腐败横行，贪赃枉法屡见不鲜。目前，保证中国公民海外安全是对外政策的一个重点，因此中资企业进入巴西，应充分考虑到巴西社会治安的复杂性和艰巨性。

总之，目前在已经取得成绩的基础上应进一步加强中巴经贸关系。中巴双方强烈的合作愿望以及巴西的丰富资源，是促进两国经贸关系"上台阶、提档次"的重要保证，但也应充分意识到巴西国内外现有的不利因素以及一些潜在风险，中国企业在制定向巴西"走出去"战略时，应妥善规划、综合布局、全面依托、稳扎稳打，将中巴经贸打造成发展中大国之间的典范。

（作者单位：中国现代国际关系研究院）

中国与巴拉圭的关系

杨建民

巴拉圭位于南美洲南部，总面积为 406750 平方千米，人口 5670238 人[1]，东、南、西面与阿根廷接壤，北面和东北面是巴西，西北与玻利维亚为邻，是南美洲的两个内陆国之一。[2] 巴拉圭是台湾当局 23 个"邦交国"之一，也是南美洲唯一和台湾有"外交关系"的国家，同时也是在当前与台湾保持"外交关系"领土面积最大的国家。[3]

一 巴拉圭的外交政策

自独立以来，巴拉圭的外交就开始受到其两大邻国巴西和阿根廷的严重影响。和乌拉圭一样，巴拉圭也处于巴西和阿根廷之间的缓冲地带，缓冲国的地位削弱了巴拉圭的主权。作为南美洲最大的两个国家巴西和阿根廷，一直对巴拉圭这个内陆国家各有

---

① 2003 年巴拉圭人口普查数字。
② 南美洲另一个内陆国是玻利维亚。
③ "Republic of China - Paraguay Relations". http：//en. wikipedia. org/wiki/ Republic_ of_ China_ %E2%80%93 Paraguay_ relations

所图。从历史上看，巴拉圭的外交政策经常是追求在这两个大国之间保持平衡。由于巴拉圭在地理上处在不邻海的位置，曾在历史上走过两个极端，一是实行孤立主义政策，二是向外进行扩张。

在冷战时期，斯特罗斯纳政府在外交政策方面奉行两个主要原则：一是不干涉别国内部事务；二是不与社会主义国家发展外交关系（唯一一个例外就是南斯拉夫）。也正是因为第二条原则，斯特罗斯纳政府与台湾"建交"，结成"反共联盟"而不承认中华人民共和国。[①] 1959 年古巴革命胜利后，巴拉圭以古巴支持本国激进分子为由断绝了与卡斯特罗政府的外交关系。1980年，巴拉圭与革命刚刚成功的尼加拉瓜桑地诺解放阵线政府断交。在冷战时期，巴拉圭参加了以美国为首的西方阵营，参加了美洲国家组织和 1947 年的美洲国家互助条约。

20 世纪 90 年代，巴拉圭"还政于民"后，建立了资产阶级民主制度，加上冷战结束等国际形势的重大变化，外交方面主张实行对外开放和多元化政策，宣称愿同世界所有国家发展友好合作关系。在国际事务中，主张维护国家主权、人民自决、不干涉别国内政、反对在国际关系中使用武力或以武力相威胁等原则，主张通过谈判解决国际争端。重视与拉美国家、特别是南方共同市场成员国的关系，努力参与地区事务和地区一体化。积极发展同美国、西欧国家的关系。逐步调整对前苏联各加盟共和国、东欧和古巴的政策。1989 年，罗德里格斯将军推翻了斯特罗斯纳35 年的独裁统治，他曾以民选总统的身份宣称要承认中华人民共和国。而当时台湾当局在同意进一步开放市场、从巴拉圭进口更多商品的条件下，保住了与巴拉圭的"外交关系"。1995 年，巴拉圭在中国香港设立了总领事馆（1997 年 5 月撤馆）。1996

---

① "Republic of China – Paraguay Relations". http://en.wikipedia.org/wiki/Republic_ of_ China_ %E2%80%93 Paraguay_ relations

年与社会主义古巴建立了领事关系，1999 年 11 月 8 日恢复同古巴中断了 39 年的外交关系，2000 年 9 月与古巴建立了大使级外交关系。

巴拉圭还参加了许多国际性组织，包括联合国及其相关组织、国际复兴开发银行、77 国集团、国际货币基金组织、美洲开发银行、国际农业开发基金、国际海事组织、国际卫星组织、国际金融公司、国际刑警组织、国际奥林匹克委员会、拉丁美洲经济体系、拉美一体化协会、南方共同市场、拉美禁止核武器组织、美洲国家组织、世界劳工组织、世界知识产权组织、世界气象组织、世界卫生组织、世界贸易组织和世界旅游组织等。

二　中国与巴拉圭的关系

中国与巴拉圭没有外交关系，但自 20 世纪 90 年代以来双方贸易和人员往来有所增加。1995 年 1 月，应全国人大外委会的邀请，巴拉圭参议院外委会副主席、前外长迪奥赫内斯·马丁内斯访华，钱其琛副总理兼外长会见了马丁内斯。6 月，应巴拉圭参议院外委会的邀请，中国全国人大外委会副主任委员杨振亚率团访问巴拉圭，巴拉圭总统瓦斯莫西会见了代表团。9 月，外交部副部长李肇星会见并宴请了出席联合国第四次世界妇女大会的巴拉圭政府代表团团长、总统府妇女部部长克里蒂娜·穆尼奥斯和代表团主要成员。10 月，应外交学会邀请，巴拉圭总统府军事办公厅秘书长埃斯特万·阿基诺和外交部亚非司司长埃斯特万·贝多亚访华。1996 年 6 月，巴拉圭参议院外委会主席冈萨雷斯率团访问中国。1997 年 9 月，钱其琛副总理兼外长在出席联合国大会期间应约会见了巴拉圭外长梅尔加雷霍。10 月，李肇星副外长会见了来华参加南方共同市场与中国对话的巴拉圭副外长布里托斯。

1998 年 5 月 15 日，江泽民主席致电祝贺库瓦斯当选巴拉圭总统。9 月 23 日至 10 月 2 日，应外交学会的邀请，巴拉圭执政党红党参议员、参议院党团领袖奥克塔维奥·戈麦斯访华，钱其琛副总理会见了戈麦斯。11 月 12 日，在第五十三届联合国大会上，巴拉圭投票支持中国竞选经社理事会成员。1999 年 4 月，巴拉圭前外长马丁内斯参议员和参议院农业委员会主席尼柯波罗夫相继访华。2000 年 7 ~ 8 月，巴拉圭审计长弗雷特斯访华。8 月 31 日，中联部致电祝贺巴拉圭真正激进自由党候选人佛朗哥当选副总统。2001 年 5 月，巴拉圭众议院外委会主席阿丰索率团访华。7 月 29 日至 8 月 8 日，应致公党中央邀请，巴拉圭参议院副议长路易斯·米格尔·古安内斯率参议员代表团访华，全国人大常委会委员长李鹏，全国政协副主席、致公党中央主席罗豪才分别会见古安内斯。9 月 4 ~ 11 日，应中联部邀请，巴拉圭真正激进自由党主席米格尔·萨吉尔率团访华，中共中央政治局委员、书记处书记罗干会见了萨吉尔，中联部副部长蔡武与萨吉尔举行工作会谈。同年 7 月，中国现代国际关系研究所学者应邀访巴；11 月，中国驻圣保罗副总领事李春华利用参加在巴拉圭首都举行的东亚 - 拉美合作论坛国际研讨会赴巴访问，会见了巴拉圭议会领导人和友好人士。2003 年 12 月，巴拉圭亲爱祖国党领导人佩德罗·法杜尔访华，回国内后即向政府建议与中国大陆建立正式外交关系，建议议会与中国全国人大建立一个友谊委员会。2004 年 4 月 24 ~ 27 日，应亲爱祖国党邀请，由中联部副部长蔡武率领的中共代表团访问了巴拉圭。访问期间，代表团分别会见了巴拉圭议会参众两院领导人及各主要政党议会党团领袖，并与各政党领导人和议员进行了会晤。来自红党的众议长马谢尔表示，愿意发挥议会第一大党的作用，促进对华关系。巴拉圭最大的反对党真正激进自由党总书记费利克斯认为，巴拉圭政府在对华关系上缺乏长远眼光。虽然亲爱祖国党与中国建交的建议在议会没有获得通过，但也说明巴拉圭国内有识之士已经注意到与中国建立正式外交关系的必要，中巴关系发展前景广阔。2008年10月，巴拉圭参院外委会主席、前外长迪奥赫内斯·马丁内斯访问中国。2009年4月，中共中央政治局委员、全国政协副主席王刚在北京会见了由亲爱祖国党主席佩德罗·法杜尔率领的巴拉圭亲爱祖国党代表团。

近年来，中巴贸易发展非常迅速。2004年，中巴贸易总额达到29320万美元，比上年同期增长111%。其中中方出口额23491万美元，进口额5829万美元，比上年同期分别增长86.2%和357.6%。[①] 2008年，中巴贸易并未受到金融危机的影响，双边贸易额继续大幅增长。根据中国商务部公布的统计资料，2008年1~10月，中巴贸易总额为69856万美元，比上年同期增长81.1%。其中中方出口额67580万美元，进口额2276万美元，比上年同期分别增长83.1%和37.7%。[②] 目前，中国主要进口棉花、大豆等，主要出口纺织品、电器和小五金。中国已经成为巴拉圭最重要的贸易伙伴之一，巴拉圭农业部门非常希望能够开拓中国这一潜力巨大的市场，但是由于两国没有建立外交关系，成为影响双边贸易发展的一大障碍。巴拉圭商界和政界的有识之士都在呼吁政府尽快同中国建交。

三 巴拉圭与中国台湾的关系

1957年7月8日，巴拉圭与台湾建立了所谓的"外交关

---

① http：//gcs. mofcom. gov. cn
② 中国商务部网：http：//zhs. mofcom. gov. cn/aarticle/Nocategory/200812/20081205966046. html

系"，台湾在亚松森设有"大使馆"，在东方城设有"总领事馆"。巴拉圭是南美大陆唯一与台湾保持"外交关系"的国家，而台湾又希望借巴拉圭打开南方共同市场的大门，因此格外重视与巴拉圭的"邦交"。巴拉圭和台湾签有经贸、科技、教育、投资、军事等协议。

表 1　1957～2002 年巴拉圭和台湾签署的主要"外交"文件一览表

时　间	主要"外交"文件
1957 年 7 月 8 日	"中巴'建交'公报"
1961 年 8 月 18 日	"中巴文化专约"
1962 年 5 月 11 日	"中巴贸易及经济合作条约"
1968 年 6 月 7 日	"中巴友好条约"
1973 年 2 月 15 日	"中巴经济技术合作议定书"
1974 年 8 月 3 日	"中巴观光协定" "中巴投资协定"
1986 年 4 月 24 日	"中巴引渡条约"
1987 年 3 月 9 日	亚松森和台北缔结姊妹城市
1990 年 6 月	"中巴科技教育合作协定"
1992 年 4 月	"中巴相互投资保障协定"
1992 年 4 月 28 日	"中巴避免双重课税协定"
1995 年 9 月	"中巴贸易及经济合作条约修订议定书" "亚松森新城规划研究合作意向书" "'中华民国对外贸易发展协会'与'中巴企业联盟协会'合作备忘录" "加强农业技术合作计划谅解备忘录"
2002 年 8 月 21 日	"中巴两国'外交部'有关设立咨商及协调机制谅解备忘录" "两国政府外交及公务护照互勉签证协定"

　　资料来源：根据《2003 世界年鉴》编制，台湾"中央通讯社"编，台北。

在政治上，巴台关系密切，高层互访频繁。1994 年 5 月，李登辉利用参加哥斯达黎加新任总统就职典礼的机会，在圣何塞会见了巴拉圭副总统塞法特。8 月，台"经济部长"江丙坤访问巴拉圭，参加了台巴第七届经济合作会议。10 月，台"外长"钱复率团访问巴拉圭，并在巴拉圭主持了台湾驻中南美洲国家"使节"第十次工作会议。巴拉圭卫生部长努涅斯和参议院外委会副主席马丁内斯分别于 3 月和 7 月应邀访台。1995 年 8 月和 1996 年 7 月，巴拉圭总统瓦斯莫西应邀访台。1996 年 8 月，台"外交部长"章孝严和"经济部长"王志刚率团访巴。1997 年 9 月，李登辉访巴。1998 年 11 月 28 日至 2 月 2 日，巴拉圭外长佛罗伦汀访台，拜会了台主要领导人。1999 年 9 月，巴拉圭总统冈萨雷斯携外长访台，签署了多项协议。2000 年 5 月，巴拉圭外长阿吉雷出席了陈水扁的"就职仪式"。7 月，冈萨雷斯总统夫人一行访台。同年联合国大会期间，巴拉圭再次公开支持台"重返联合国"。2001 年，双方交往更为频繁，除陈水扁访巴外，台"立法院"副院长、"立法院侨务委员会"委员长、陆军司令等相继访巴。巴拉圭副总统、众议长、外长、武装部队司令、两位副外长以及新任众议院外委会主席等应邀访台。2001 年，巴拉圭再度推动台成为世界卫生组织观察员的提案并首次联署台"重返联合国"的提案。2002 年 1 月，台"副总统"吕秀莲访巴，获巴拉圭亚松森国立大学荣誉博士学位。2003 年 8 月，吕秀莲再度访巴，参加巴拉圭总统杜阿尔特的就职仪式。2004 年 5 月，巴拉圭总统杜阿尔特率代表团访台。2006 年 5 月，台"总统"陈水扁率"经济信息部长"、"外交部长"以及企业家一行访巴。2007 年 6 月，吕秀莲参加在巴拉圭举行的台巴"建交"50 周年纪念活动。2008 年 8 月，台"总统"马英九访巴，参加巴新总统卢戈的就职典礼。

20 世纪 90 年代，台湾开始支持巴拉圭的经济发展计划，提供直接经济援助。2002年1月吕秀莲访巴时再次向巴赠送2架直升机（计划为6架，2001年已赠2架），同年8月，巴拉圭总统冈萨雷斯回访台湾。台湾还加强对巴的经济援助，2001年向巴提供400万美元的"无偿援助"；2003年正式启动赠款2000万美元援建的巴议会大楼工程，并于同年11月拨款320万美元支持巴拉圭新外交部大楼的建设。2004年5月20日，巴拉圭总统杜阿尔特参加了陈水扁的"就职典礼"，并提出1.25亿美元援助要求。

由于台湾大搞"金元外交"，而巴拉圭又无力偿还到期贷款，截至2009年初，巴拉圭累计欠台湾贷款4亿美元。台湾的"金元外交"受到岛内越来越强烈的反对，财政也越来越拮据。台湾经济的持续恶化，使岛内民众批评台湾当局花钱"固邦"的声音越来越大，"金元外交"越来越不得人心。

在经贸方面，台湾与巴拉圭在各个层面的关系都非常密切。2007年台巴贸易总额为7901万美元，较2006年小幅增长0.1%，其中台对巴出口额6301万美元，较上年同期减少10%，自巴进口额1600万美元，较上年大幅增加95%。2008年1~4月台巴贸易总额为2369万美元，较2007年同期小幅减少1.4%，其中台巴出口额2126万美元，增长2.9%，自巴进口总额仅243万美元，减少27.7%。① 台湾销往巴拉圭的主要产品包括聚缩醛、机器零附件、车辆零附件、银、自黏性塑膠板片、贵金属、针织品、空气压缩、乙烯聚合物等。巴拉圭对台湾的主要出口产品为黄豆油、木材及其制品、冷冻牛肉、银、铁废料、棉花、原木、铜废料、茶萃取物、机器零配件等。

在投资方面，台湾在巴拉圭投资的主要行业包括塑料制品、CD－R及DVD－R光碟片、塑料模具、矿泉水、木材加工、电

---

① 台湾驻巴拉圭"使馆"资料。

扇、建材、皮件及畜牧业等。据统计资料显示，自 1990 年至 2008 年 6 月台湾在巴拉圭累计投资方案有 27 件，投资金额为 8525 万美元。至目前为止，巴拉圭赴台投资案件有 5 件，金额为 94.5 万美元，分别从事食品饮料、视听唱片、进出口贸易及图书批发业。

在文化方面，台巴关系也比较密切，每年都有学者交流和派遣留学生的计划。2003 年 11 月成立巴台奖学金学生同学会，每年举办一次年会，主要联系巴拉圭曾经在台获得奖学金的学生，提升其对台湾的向心力。其他活动还包括"原住民文化节"、"中华传统文化节"、"游学访问团"和各类书画展等文化交流活动。2008 年 4 月台湾在巴拉圭举办"华语能力测验"试测，亚松森地区报考人数为 115 人，东方城的报考人数达 143 人。

由于巴拉圭是台湾在南美洲唯一的"邦交国"，双方又签有投资保障协定和租税协定，目前许多台湾企业都以巴拉圭作为进入巴西市场的主要通道。台湾也力图以多种形式推动与巴拉圭的经贸关系。在第八届"中巴经济合作会议"上，双方签署了有关推动东方城工业区建设的谅解备忘录，由台湾的"国际合作基金会"向工业区提供贷款。到 2002 年，这个会议已经召开了十三届，有 7 家企业在上述工业区落户。台湾的"中华民国对外贸易发展协会"积极推动和组织岛内企业与巴拉圭企业进行产销、技术合作和共同投资。1994 年 4 月，在该协会的推动下成立了"中巴企业联盟"，1999 年 1 月，在亚松森设立了台湾贸易中心。目前，台湾企业在巴拉圭的主要投资项目有木材加工、塑料袋和塑料加工、电扇装配、矿泉水、时钟、圣诞树等。

四 两岸关系的新发展与中巴关系的前景

中国的统一是必然的，巴拉圭与中国建立正常的外交关系也是必然的。当然，巴拉圭可能在中国两岸统一之前与中国建交。在巴拉圭卢戈政府之前的历届政府，在每次联合国大会上都要提交提案或支持台湾"重返联合国"，但这一政策在巴拉圭红党执政 61 年下台后终结。在 2008 年 8 月，台湾"总统"马英九出席巴拉圭总统费尔南多·卢戈的就职典礼前几天，卢戈总统明确表示巴拉圭将不会在同年举行的联合国第六十三届大会上提出台湾"重返联合国"的提案，表明巴拉圭新领导人对台湾外交政策出现重大转变。

另一方面，中国两岸关系出现了新发展。2008 年 5 月，国民党候选人马英九赢得台湾"总统"选举，"台独"势力在一定程度上得到遏制。两岸执政党领导人实现了会晤，确立了国共两党以及大陆和马英九之间的互动基调与框架。2008 年底，两岸实现了"大三通"，两岸关系重新回到为全中华民族整体利益而求同存异，谋求两岸关系实质性突破的伟大征程上来。巴拉圭总统卢戈虽然在竞选中就打出了变革的旗号，有与中华人民共和国建立正式外交关系的愿望，在他就职后的 2008 年 9 月 6 日，巴拉圭外交部长明确表示政府要与中华人民共和国建立外交关系，[①] 但在其就职前后两岸关系的新变化又使这一愿望遭到两岸的冷处理。台湾与巴拉圭的关系还需要继续观察，两岸关系的发展仍然会对今后的中巴关系产生重要影响。

（作者单位：中国社会科学院拉丁美洲研究所政治研究室）

---

① "Agencias, Paraguay planea establecer relaciones diplomáticas con China". http://www.aporrea.org/internacionales/n120171.html

查韦斯执政时期的中委关系

王　鹏

委内瑞拉总统查韦斯在20世纪90年代末执政以来，中委关系日趋紧密。两国以能源合作为基轴，不断扩大双边经贸往来，在农业、科技、基础设施等领域展开合作。在中国与拉美诸国的关系中，中委关系因为查韦斯政府的激进执政路线和委内瑞拉的丰富石油资源而广受关注。与委内瑞拉的关系充分体现中国外交的稳健务实风格。中国既能够以比较独立的姿态应对与委内瑞拉相关的问题，又能够规避争议，成功地把经贸合作确定为这一双边关系的基调，推动委内瑞拉成为重要的能源安全合作伙伴。

一　查韦斯执政以来的中委关系

中国和委内瑞拉在1974年建交。1981年，委内瑞拉总统路易斯·安东尼奥·埃雷拉·坎平斯对中国进行正式访问。这是委内瑞拉国家元首首次对中国进行的正式访问。2001年4月，中国国家主席江泽民对委内瑞拉进行国事访问。这是中国国家元首首次对委内瑞拉进行正式访问。此后，国家副主席曾庆红在2005年访问委内瑞拉，国家副主席习近平在2009年访问委内瑞拉。

中委关系在查韦斯执政之后急速升温。在埃雷拉总统之后执政的卢辛奇、佩雷斯和卡尔德拉 3 位委内瑞拉总统均未在执政期间访华，查韦斯却在执政第一年即对中国进行访问。此后 10 年间，他又 5 次访华（2001 年、2004 年、2006 年、2008 年和 2009 年）。这种访问密度在拉美国家元首之中无人企及。目前，两国签订的双边合作协议已达 260 个，其中 80% 都是在查韦斯执政时期签订的。两国在 2001 年建立了共同发展的战略伙伴关系（早于中国与墨西哥和阿根廷建立战略伙伴关系的时间）。

双边贸易额在查韦斯执政时期实现持续、快速的增长。2001 年，两国进出口贸易额为 5.89 亿美元；2008 年，贸易额达到 88.10 亿美元，同比增长 81.2%，创历史最高纪录。[①] 委内瑞拉已经成为中国在拉美的第五大贸易伙伴，中国则是委内瑞拉的第五大贸易伙伴。在两国贸易中，中国主要出口机械设备、电器、电子产品、计算机技术、通信技术等，进口原油、铁矿砂、氧化铝、钢材等。委内瑞拉在 2004 年 12 月宣布承认中国的完全市场经济地位，并坚定支持中国加入美洲开发银行。

两国政府已经建立高层官员的定期交流机制。2001 年 4 月，国家发展计划委员会主任曾培炎与委内瑞拉外长达维拉在北京签署《中委关于成立高级混合委员会的谅解备忘录》。委内瑞拉人民政权计划和发展部与中国国家发展和改革委员会牵头协调双边合作，2009 年下半年在委内瑞拉举行第八次混委会，旨在进一步推动两国合作项目的执行。

查韦斯政府积极加强中委关系的原因何在？第一，委内瑞拉

---

① 商务部：《进出口商品国家（拉丁美洲）总值表（2001 年 1～12 月）》（http://3w.mofcom.gov.cn/table/jcktj_2001/zygb/zygb2001_12d.html）；《2008 年 1～10 月进出口商品国家（地区）总值表》（http://zhs.mo－fcom.gov.cn/aarticle/Nocategory/200812/20081205966046.html）。

和中国都倡导推动世界走向多极化，赞同多边主义，坚持不干涉别国内政和国家间相互尊重的原则；两国都不满现行国际经济秩序，致力于推动国际经济新秩序的建立。这种对外战略的共识使查韦斯政府倾向于把中国视为扩大委内瑞拉国际影响力、制衡霸权国家的重要伙伴。第二，查韦斯政府非常钦佩中国取得的巨大经济发展成就，希望通过加强与中国的合作探索一条更符合本国状况的发展道路。第三，查韦斯政府希望实现能源出口市场多元化，以摆脱目前石油出口过度依赖美国市场的被动局面，增强委内瑞拉在石油业乃至政治上的独立性。在这一过程中，查韦斯政府把石油需求不断扩大的中国视为一个理想的合作伙伴。

中国政府重视中委关系的原因何在？石油需求是推动中国加强与委内瑞拉关系的一个重要原因。经济的蓬勃发展迫使中国不断扩大石油进口。为保障石油工业安全，中国需要实现石油供应来源的多元化，降低对中东地区石油供应的依赖程度。在这一过程中，中国希望通过加强与委内瑞拉的合作使自身的全球石油合作布局更为完整。因此，中国的石油进口来源多元化战略与委内瑞拉的石油出口市场多元化战略实现完美契合。

二 以能源合作为基轴的多领域合作

作为世界第二大石油进口国，中国谋求实现能源供给的多元化。拉美是全球重要的石油产区之一，委内瑞拉则是拉美石油资源最为丰富的国家之一。该国石油探明储量为 143 亿吨（2008年），占全球储量的 7.9%，是全球第五大石油储量国；[①] 石油产量为 256.6 万桶/日（2008 年），占全球石油产量的 3.4%，在拉

---

① BP: Statistical Review of World Energy 2009.

美仅次于墨西哥位居第二。[①]

中国在 20 世纪 90 年代成为石油进口国之后，对作为石油出口国的委内瑞拉的关注程度增加。1996 年，中国总理李鹏访问委内瑞拉，两国政府签订了开展石油合作的协定。1997 年 6 月，中国石油天然气总公司在委内瑞拉的国际招标中，以 3.58 亿美元获得英特甘博和卡拉科莱斯两块老油田的开采权。这是中国在委内瑞拉的首个重大能源投资项目。

在查韦斯总统执政的 10 年间，中委两国签订了一系列能源合作协议。两国企业提出一系列能源、石油和石化合作的计划。尤为重要的是，两国在 2001 年 5 月签署《中华人民共和国国家发展计划委员会与委内瑞拉玻利瓦尔共和国能源和矿产部能源 10 年（2001 ~ 2011 年）合作谅解备忘录》，为两国开展能源合作绘制了蓝图。中国从委内瑞拉进口原油量稳步增长，从 2001 年的 5.56 万吨激增至 2008 年的 646.71 万吨。[②] 委内瑞拉已成为中国第四大石油供应国。委内瑞拉希望在 2009 年把出口中国的原油数量提升至 50 万桶/日，在 2013 年达到 100 万桶/日。

中委能源合作不仅针对石油供应，更注重建立和加强生产链的合作。两国将建立合资企业，在奥里诺科石油带进行勘探；建造运输原油和石油产品的巨型油轮；在各自境内联合建设炼油厂。此外，中国将向委内瑞拉转让技术和进行人员培训。两国在近年签署的一系列协议还包括：委内瑞拉将从中国购买 18 艘巨型油轮；两国成立合资公司，在奥里诺科河石油带勘探石油；在中国广东建设加工能力达 2000 万吨的合资炼油厂，提炼来自委内瑞拉的重油；成立合资远洋运输公司，向亚洲市场（主要是

---

① BP: Statistical Review of World Energy 2009.

② 田春荣：《2006 年中国石油进出口状况分析》，载《国际石油经济》，2007 年第 3 期；田春荣：《2008 年中国石油进出口状况分析》，载《国际石油经济》，2009 年第 3 期。

中国）输送原油。

2008 年爆发的金融危机对世界主要产油国造成较大冲击。委内瑞拉面对石油出口收入缩减和投资资金短缺的两大压力。中国利用自身资金储备丰厚的优势，抓住机遇，力求在国际能源合作领域实现一轮跨越式发展。2009 年 2 月，中国与委内瑞拉签署金额为 40 亿美元的"贷款换石油"协议。中国国家开发银行向委内瑞拉国有石油公司 PDVSA 提供 40 亿美元贷款，以换取委内瑞拉稳定供应原油的承诺。

无论从保证中国经济持续发展的战略高度，还是从中委两国经济的互补性和互利互惠出发，两国能源合作和贸易的长期发展，既符合中国充分利用"两种资源，两个市场"的方针，也有利于委内瑞拉扩大国际市场，特别是亚洲市场。

中委两国在加强能源合作的基础上不断走向多领域合作。在金融领域，中委两国在 2007 年设立中委联合融资基金作为双边合作的资金保障。基金的资本总额为 60 亿美元，其中 20 亿美元来自委内瑞拉，40 亿美元来自中国。2009 年，两国将基金的额度增至 120 亿美元。该基金由委内瑞拉的经济社会开发银行（Bandes）管理，用于发展基础设施、能源项目和社会项目。

在农业领域，两国既有传统农业项目（如委内瑞拉全国灌溉体系建设项目）合作，也有农业加工领域的拓展合作。中国石油企业与委内瑞拉国家石油公司农业分公司合作，制订委内瑞拉农业发展项目计划。在通讯领域，中国企业帮助委内瑞拉建设光缆网和生产移动电话。中兴公司与委内瑞拉企业合作生产的手机已经开始在委内瑞拉销售。在制造领域，两国合作实施委内瑞拉科技工业园区项目，中国帮助委内瑞拉生产电脑和石油钻机以及扩建造船厂。在航天领域，两国顺利完成"委内瑞拉卫星 1 号"项目的合作。2005 年两国签署卫星项目合同，2009 年 1 月中国向委内瑞拉移交卫星的操控权。该卫星将用于委内瑞拉国内通信和广播服务。该项目是两国在航天领域的首次合作，也是中国首次向拉丁美洲用户提供整星出口和在轨交付服务。在基础设施领域，中国帮助委内瑞拉建设和更新全国铁路网，实施国家住宅计划。

在一批重大合作项目的实施过程中，中国向委内瑞拉转让技术，并负责培训委内瑞拉的工程技术人员。例如，根据石油钻机合作协议，中国将向委内瑞拉转让制造技术，并为其培训人员。委内瑞拉将实现石油钻机的制造和组装，最终拥有完全自主制造的石油钻机，填补石油机械生产领域的空白。

三　中委关系面对的挑战

在经济全球化大潮的推动下，远处西半球的委内瑞拉成为中国的重要合作伙伴。能源合作已经成为两国合作的基轴。如果委内瑞拉能够成为一个稳定可靠的能源供应国，中国将能够有效地降低对中东地区石油供应的依存度，推动实现能源供应来源多元化和提升国家能源安全保障能力。另一方面，中国对石油的强劲需求有助于委内瑞拉实现石油出口市场多元化，从而加强其经济安全。但是，中委能源合作会将面对以下重大挑战。

第一，运输路途遥远，运输成本高昂。对于从委内瑞拉的大西洋海岸向位于西太平洋的中国海岸运输石油的海上航程，巴拿马运河是一个严重的瓶颈。30 万吨级巨型油轮无法通过该运河，不得不绕道合恩角或好望角，单程运输时间可能长达 45 天。委内瑞拉表示将建设一条通往哥伦比亚太平洋港口的输油管道，以方便向中国运输石油。但是，由于委内瑞拉与哥伦比亚的关系在近年持续紧张，这条输油管道无法在短期内建成使用。

第二，中国缺乏提炼委内瑞拉原油的设施。中国石油业界人士指出，中国石油企业具有全球一流的炼油技术，完全能够对委内瑞拉石油进行提炼加工。① 不过，中国需要为此升级炼油厂设施乃至修建专门的炼油厂。目前，两国已经就合作修建炼油厂签署多项协议。

第三，由于从委内瑞拉运往中国的原油完全依靠海运，如何保障从委内瑞拉到中国的跨太平洋海运线的安全将是中国面对的一个重大战略问题。

第四，如何克服委内瑞拉政局和政策变动带来的不利影响？目前，中国在全球层面的国际能源合作中处于劣势，因而需要通过加强与能源出口国的双边关系进行弥补。在委内瑞拉，反对党普遍具有比较浓厚的亲西方色彩，与查韦斯阵营的矛盾尖锐。一旦反对党执政，查韦斯政府奉行的强有力对华外交很可能难以延续。此外，查韦斯政府掀起的"国有化"浪潮增加了中国在委内瑞拉石油合作项目的开发成本和风险，给中国企业带来新的挑战。

第五，如何平衡中国的能源利益与霸权国家的关系？中国在委内瑞拉以及其他拉美国家保障石油利益的过程中，仅仅考虑如何与目标国开展双边能源外交以获得市场准入是远远不够的，必须顾及霸权国家的反应。从能源角度看，美国是委内瑞拉最大的石油出口目的地。如果委内瑞拉不断扩大对华石油出口，势必减少对美国的石油出口，损害美国的石油安全。在这种情况下，如何做到既深化与委内瑞拉的能源合作，又避免因为争夺委内瑞拉石油而与美国激化矛盾，将是一个值得研究的重大议题。

美国对中拉关系在近年的升温抱有疑虑，对中委关系的担

① 陈波：《中国石油进口的现状和前景》。http：//www.ccwe.org.cn/journal/8/17.pdf

忧更是显而易见。美国担心中国与委内瑞拉合作损害自身在拉美的利益。查韦斯政府通过加速扩大对华石油出口实现石油出口市场多元化，以此作为强化抗衡美国的一个战略步骤。美国不得不面对委内瑞拉减少对美国石油供应的可能后果。美国媒体不时刊登文章，声称中国向委内瑞拉出售雷达、战斗机等武器，威胁西半球安全。美国军方甚至怀疑"委内瑞拉卫星 1号"项目有军事用途，认为这颗卫星很可能用来搜集美国的军事情报。

中国不认为中委关系的加强将对美国的利益构成根本性的损害。在能源领域，委内瑞拉实际上对美国存在一种结构性依赖。美国对委内瑞拉石油需求巨大，其购买力充分；两国地缘相邻，石油运输成本相对低廉；美国拥有提炼委内瑞拉石油的充裕技术能力。查韦斯政府曾表示，美国未来仍将是委内瑞拉的重要原油出口市场。就现状而言，中国只是委内瑞拉为贯彻石油出口多元化战略而寻找的合作伙伴之一。日本、印度、俄罗斯、巴西等国都是委内瑞拉石油的有力角逐者。

从总体看，经贸合作成为中委关系的基调，中委合作是以经济利益而非政治—军事利益为导向的，中国无意通过委内瑞拉扩展自身对西半球的影响力。中国处理与委内瑞拉关系时一直遵循一条稳健务实的路线。中委两国同为发展中国家，却对全球化道路有着极为不同的选择。中国倾向于积极参与国际竞争，在参与现行国际体制的基础上对其进行改造；查韦斯领导下的委内瑞拉具有强烈的反全球化色彩，反对自由贸易，倾向于另辟一种基于团结互惠的国际合作模式，并为此推动成立"美洲玻利瓦尔替代计划"（现更名为"美洲玻利瓦尔联盟"）。查韦斯政府对现行国际经济秩序的抨击集中在国际货币基金组织和世界银行，把它们斥为发达国家干涉发展中国家的工具，寻求建立一批替代性的国际多边金融机构。查韦斯在 2007 年宣布，委内瑞拉退出上述

两大金融机构。与之相反，中国对两机构的看法比较积极，并在
2009 年支持国际货币基金组织增资，提高它在应对金融危机中
的救援能力。

（作者单位：中国社会科学院拉丁美洲研究所政治研究室）

试析中国与玻利维亚关系的发展空间

吴洪英

　　玻利维亚不仅是拉丁美洲历史悠久的文明之地，还是世界著名的矿产品出口国。尽管中国与玻利维亚建交时间仅有 24 年，但中国与玻利维亚存在着较强的经济互补性，拥有一定的合作基础，加上近年双方加强合作的愿望不断强烈，玻利维亚已成为中国在拉美日益重要的经济合作伙伴，还正在成为中国在拉美重点投资的对象。中国与玻利维亚两国应抓住机遇，大力拓展双边关系的发展空间。

一　中玻关系发展渐进佳境

　　虽然中国和玻利维亚正式建交较晚，但双方交往则始于 20 世纪 60 年代。早在 1960 年玻利维亚参议院就曾派代表团访华。80 年代初，玻利维亚议员团、总工会代表团和政党代表团还相继访问中国。这些访问与交往无疑为中玻正式建交"起了开拓功效。① 1985 年 1 月，玻利维亚副外长克雷斯波约见中国驻阿根廷大使魏宝善，希望同中国谈判建交问题。7 月 9 日，中国常驻联合国代表团黄嘉华大使和玻利维亚常驻联合国代表古姆西奥·格拉尼尔大使分别代表各自政府在纽约签署了《中国与玻利维亚建交公报》，决定自即日起两国建立大使级外交关系。

建交 24 年来，两国关系发展大体上经历了三个阶段。

第一阶段：1985~1992 年，为双边关系初步发展阶段。通过外长级交往和签署合作协议来为双边合作构建基本合作框架。1986 年 5 月，玻利维亚外长贝德雷加尔率领代表团访华，这是玻利维亚第一个官方重要代表团正式访华。访华期间，两国外长签署的《中玻文化合作协定》、《中玻经济技术合作协定》、《中玻经济合作协定》及有关工程项目换文等 4 个文件，为中玻两国的经济合作构建了基本框架，指明了大体的合作方向。

第二阶段：1992~2006 年，为双边关系加快发展阶段。通过元首外交进一步加强往来与交流，拓展了新的合作领域。1992 年 5 月，玻利维亚总统帕斯访华，中玻签署了《中玻经济合作协议》、《中玻投资保护协定》等 8 个文件，标志中玻两国合作的政治意愿不断加强，合作的经济领域也不断扩大。1997 年玻利维亚总统桑切斯访华，会见了中国国家主席江泽民、总理李鹏和政协主席李瑞环，显示中玻双方高层非常重视两国的友谊与合作，

第三阶段：2006 年以来至今，为双方关系全方位拓展阶段。通过政治交往、贸易往来、经济合作和科技文化交流，中玻关系迈入一个新的历史阶段。尤其玻利维亚左翼领导人莫拉莱斯上台后，积极发展与华关系，目前中国与玻利维亚关系渐渐进入历史

① 李明德主编：《拉丁美洲和中拉关系——现在与未来》，北京，时事出版社，2001 年，第 545 页。

佳境。

政治上，双方交往明显增多，政治互信逐渐加强。自建交以来，玻利维亚已经有 3 位总统先后来华访问，尤其是现任总统莫拉莱斯刚当选总统还未正式上任就来华访问，并是中玻建交 24 年来第一位到大使馆作客的总统，充分显示出玻利维亚政府对发展与华关系的强烈愿望和巨大期待。中国政府官员近年也频繁访问玻利维亚。2006 年 10 月，国家开发银行行长陈元访问玻利维亚，与玻利维亚外长达成共识，中玻经济合作着眼于长远发展。2006 年 11 月，全国人大常委会副委员长顾秀莲访问玻利维亚，进一步加强了双边政治关系。

经济上，双边贸易不断增加，经济联系有所密切。从 2004 年起，双边贸易增长明显加快，从 2003 年的 1872 万美元迅速增至 5310 万美元，较上年增长了 284%。2006 年突破亿元大关，达到 1.05 亿美元，创历史纪录。2008 年头 9 个月突破 2 亿美元（图 1）。

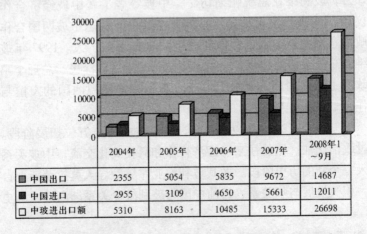

	2004年	2005年	2006年	2007年	2008年1~9月
中国出口	2355	5054	5835	9672	14687
中国进口	2955	3109	4650	5661	12011
中玻进出口额	5310	8163	10485	15333	26698

图 1　2004～2008 年中国和玻利维亚的进出口额（万美元）

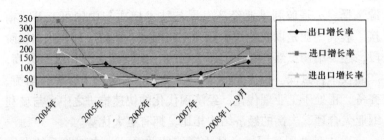

图 2　2004~2008 年中国和玻利维亚贸易额增长率（%）

　　科技文化上，双方交流逐渐增多，相互了解有所增加。近年，中玻双方互访的科技、教育和文化代表团不断增多，普通民众之间的交往与接触逐渐频繁。此外，中玻在国际事务中相互支持与合作也在增加。

　　显然，中玻在政治、经济和文化等方面关系的加强为双方关系拓展发展空间奠定了良好的基础。

二　拓展中玻关系的有利条件

　　中国是世界上最大的发展中国家，玻利维亚是拉丁美洲中等规模的国家，双方经济互补性较强，合作意愿见长，因此，两国拓展双边关系的发展空间的可能性不断增大。

　　1. 中玻两国较强的经济互补性，为中玻关系的拓展提供了客观的支撑。一是玻利维亚拥有突出的资源优势。石油探明储量为9.29亿桶，天然气为52.3万亿立方英尺，是拉美第二大天然气生产国；矿产资源十分丰富，锡、锑、钨、银、锌、铜、镍、铁、黄金等储量位居世界前列；拥有1亿多公顷的土地，约一半以上被赤热带和亚热带森林覆盖，木材出口是玻利维亚出口创汇的重要来源之一。这些资源均可为中国经济发展提供所需战略资源选择。二是玻利维亚经济发展与技术梯次与中国可互补、衔接。玻利维亚是以农业和矿业为主的国家，正处于现代化初级阶段，经济结构虽然齐备，但不太合理，经济发展的梯级不太高，产品技术含量低。相比较而言，中国经济结构较为合理、均衡、齐备，正处于工业现代化、经济现代化的快速推进之中，与玻利维亚欠合理、失衡的经济结构相比，拥有更大优势。

2. 中玻两国高层越来越重视彼此关系，为中玻关系的发展空间提供了主观的保证。目前，玻利维亚莫拉莱斯政府对华友好，并明确表示"玻利维亚人民视中国为可信赖的朋友和伙伴，发展对华关系是我任内优先政策目标之一"，多次强调希望与中国发展合作，认为这是玻利维亚经济发展的最大希望。早在1997 年 3 月，中国国家主席江泽民在会见来访的玻利维亚总统桑切斯就表示，中国政府十分重视发展与玻利维亚的友谊与合作，愿意与玻利维亚政府共同努力，构筑面向 21 世纪长期、稳定、全面的友好合作关系。2006 年 1 月，胡锦涛主席与来访的玻利维亚当选总统莫拉莱斯达成 4 点共识，旨在加强双边高层交往，推动双边经贸和投资合作，标志着中玻两国高层非常重视发展双边关系。

3. 中玻关系的不断密切，为拓展中玻关系发展空间提供了重要的基础。近年，中玻两国政治关系不断加强，贸易交往不断增多，经济合作不断密切，科技文化交流频繁，这一切不仅为两国进一步拓展双边关系奠定了较好的基础，还为拓展两国关系发展空间搭建了一个有利的平台。

4. 中玻两国经济需求在增加，成为两国进一步合作的重要推力。目前，玻利维亚处于工业化和现代化的初级阶段，一方面迫切需要大力拓展海外市场，实现能源、资源出口市场的多样化，规避经济风险；另一方面，迫切需要吸引大量外国资本，改造本国落后的工业和进行基础设施建设。尤其大型国有企业大多为二战前后建立起来的，技术设备陈旧落后，效率低下，环境污染严重，非常需要外来资本对其进行更新换代，提高发展水平。同时，尽管中国经济受到全球金融危机的冲击，但仍处于增长上升态势，需要在全球范围寻求更多的战略资源，需要进一步扩大海外市场，需要增加海外投资对象，玻利维亚无疑是可以考虑的合作伙伴。

三　制约中玻关系发展的不利因素

尽管中玻关系的发展存在着很大的发展空间，但仍然也存在着一些制约这种发展的不利因素。

1. 地理上，玻利维亚是一个高原国家，地形复杂，地势起伏，三分之一地区地处 3700 米以上的高原，素有"南美洲屋脊"之称。由于多高山峻岭，交通运输较为困难。玻利维亚地理上处于封闭状态，是南美仅有的两个无出海口的国家（另一个是巴拉圭），出口产品需借助他国地上或空中通道，因此，对外贸易时常受到与他国关系的影响。这些先天的不足时常让中国投资者望而却步。

2. 玻利维亚发展水平较低，投资环境有待改善。由于地理与历史原因，玻利维亚农业发展水平不高，工业较为落后，经济基础十分脆弱，经济布局不太合理，长期形成的过分依赖矿业的经济格局仍未改变。矿产品不仅是最重要的出口产品，还是最重要的出口创汇来源，矿产品出口收入占玻利维亚出口总收入的近一半。由于发展资金严重短缺，基础设施长期落后、陈旧，经济发展存在严重困难，至今仍是南美洲最贫穷的国家之一。这些也制约着中国企业的投资愿望。

3. 政局时常不稳。从民主政治成熟度来看，玻利维亚民主政治尚处于发展之中，政党政治还不成熟。由于政党纷争激烈、社会抗议强烈，导致 2003 年和 2005 年两位总统被迫辞职。现任总统莫拉莱斯虽在 2006 年 1 月的选举中以压倒性优势上台，但采取的较为激进的国有化、税制改革、土地改革、宪制改革等措施触犯了既得利益集团的利益，尤其富裕的东部 4 省的利益，中央与东部 4 省的关系一度相当紧张，东部 4 省还相继举行自治公投；总统与反对派之间的关系也相当紧张，反对派经常举行抗议示威游行，有的抗议活动甚至演化成社会骚乱。2008 年在英国经济学家情报社发表的《全球民主指数》中，玻利维亚在 167 国中排名 76 位，被列入 52 个"有缺陷的民主国家行列"。而且近年来玻利维亚贫富差距扩大加快，基尼系数与上世纪 90 年代初整个拉美地区相比上升了 7.1%（拉美平均上升 1.7%），社会矛盾不断积累并激化。因此，近年来玻利维亚政局与社会局势时常动荡不定，明显影响外资的流入。这些也造成中国企业担心自己的利益难以得到保证

4. 投资政策多变。尽管为了吸引外国资本，玻利维亚政府于 1990 年 9 月 27 日颁布了《玻利维亚投资法》，旨在为外国投资者提供优惠政策与宽松环境。但 2006 年莫拉莱斯上台后，为了让国家掌控能源资源，颁布了一系列能源国有化投资法规，如 2005 年 5 月 17 日 3058 号法律、2006 年 5 月 1 日 28701 号法律、2007 年 5 月 6 日 29122 号法律。这一系列能源国有化措施，不仅引起国外内既得利益集团的强烈不满与诋毁，纷纷撤资或转移投资，而且外资与玻利维亚的纠纷也明显增多。国际资本不太看好玻利维亚，2006 年 8 月标准普尔将玻利维亚国家信用等级评为 B－，评级展望为负面；2006 年 11 月穆迪评定玻利维亚国家信用等级为 B3；惠誉对玻利维亚的主权风险评级为 B－。这些影响了中国企业对玻利维亚进行投资的决策。

不过，近来莫拉莱斯总统在对待外资方面的立场已经有所软

化，并多次重申玻利维亚政府将保障外国资本在玻利维亚的合法权益，而且承诺创造良好的投资环境。玻利维亚石油能源部长维勒加斯对外资"喊话"："国有化为在玻利维亚的外国石油公司提供了更多法律保证。"

四 拓展中玻关系发展的几点建议

比较而言，中国与玻利维亚的关系稍显滞后，密切程度远不如与智利、委内瑞拉、巴西和墨西哥等拉美主要大国的关系。但从发展空间看，中玻关系的发展起点低、潜力大，发展的前景更为看好。因此，为了拓展中玻关系的发展空间，特提出如下建议。

第一，加强两国高层往来，增进彼此政治互信。尽管中玻两国近年高层互访有所加强，但仍显不多，互动不够。中玻两国应加强高层交往，培养个人友谊，增进相互了解，增强彼此政治互信，尤其中方应加强对玻利维亚政府的工作，使其保持发展与华关系的热情与意愿，使其坚定恪守"一个中国"的政策立场。

第二，扩大贸易规模，加强经济合作。中玻两国双边贸易起点低（长期徘徊在400万美元左右），贸易规模相对有限（2007年双边贸易额仅占中拉贸易额的0.14%），对此双方应设法通过改善双边贸易结构、增加贸易种类、提高贸易产品附加值，将双边贸易规模做大、做实。通过密切贸易联系来增进双边经济关系。同时，鉴于建交以来中国政府向玻利维亚政府提供的多次经济技术援助取得了良好的经济和社会效益，中方应继续保持对玻方的经济援助，扩大两国经济合作的领域与范围。

第三，增加投资，夯实经济关系。鉴于天然气、矿业、石油业、旅游业是玻利维亚未来发展的四大支柱产业，中方应加强对这些领域和基础设施等的投资，以投资带动中玻经济关系跃上新的台阶。莫拉莱斯的经济顾问曾表示，玻利维亚非常有兴趣和中国共同开发将天然气转化成生物柴油的项目，此举不仅对玻利维亚有利，而且可以满足南美国家的巨大需求，从此"摆脱玻利维亚自西班牙殖民 513 年来只能出口原材料的历史"。玻利维亚外长也指出，玻利维亚具有丰富的资源优势，而中国具有资金和技术的优势，双方可以结成战略伙伴关系，在平等互利的基础上进行广泛的合作，求得共同发展。因此，目前应是我拓展玻利维亚市场的良好时机，中方应充分落实 1992 年中玻签署的《中玻保护投资协定》，增加彼此的投资领域与规模。

第四，加强民间往来，增进了解与认知。尽管中玻建交 24 年，但双方除官方交往较多外，民间交往相当有限，对对方的国情、法律、税制和人文风情仍缺乏深入了解。因此，除加强政府、议会、政党、企业界交往外，还应大力推动两国新闻界、学术界、工会和民间的交流，尤其应加强两国青年一代的接触与交往，增进相互了解与互信。对中方而言，从中央到地方的各级媒体应加大对玻利维亚以及拉美的关注与报道，大学和研究机构应加强对玻利维亚问题和拉美问题的研究，在高等教育课程设置中应增设拉美历史与文学课程，注重培养西班牙语人才，增加中央电视台西班牙语频道的覆盖面，扩大向玻利维亚出口图书与音像制品，开设孔子学院，加大推广汉语力度。中玻双方应经常举办"文化周"和艺术节，推动中国人了解玻利维亚，也让玻利维亚人更好地了解中国。

（作者单位：中国现代国际关系研究院）

中国企业在厄瓜多尔投资的
机遇与挑战

李 萌

位于南美洲西北部的厄瓜多尔因赤道横穿国土而素有"赤道之国"之称，境内自然资源丰富，以石油和天然气为主的矿藏资源在拉美占相当大比重，是南美第五大产油国，日产原油50万桶，也是拉美重要的石油出口国。目前，厄瓜多尔国内政局稳定，左翼领袖科雷亚领导的政府面对全球性经济危机采取了一系列应对措施。自1980年1月中国与厄瓜多尔建交以来，双边关系发展顺利，经贸合作日益密切。随着中国实施"走出去"战略，中国企业在厄瓜多尔投资迎来难得机遇，但亦面临诸多挑战。

一 当前厄瓜多尔的政治经济形势

科雷亚总统自2007年1月15日执政伊始，宣布厄瓜多尔将摒弃新自由主义发展模式，反对大量财富集中在少数人手里，要求增加社会开支，实行能源国有化政策。同年4月15日，在科雷亚的倡导下，厄瓜多尔通过全民公决成立制宪大会，以制定新宪法。2008 年 9 月，新宪法草案以 64% 的高支持率获得通过，并于 10 月 21 日正式生效。新宪法明确了厄瓜多尔未来的发展战略，确定了国家信贷货币政策，增大了政府对国家经济的控制权，规定政府有权处置自然财富。2009 年 4 月 26 日，科雷亚在新宪法通过后的首次大选中轻松获胜，成为近 30 年来厄瓜多尔总统选举中第一次经过第一轮投票就确定的总统人选，也是 10 年来首位能够完成总统任期并获得连任的总统。科雷亚声称要实行更加激进的社会变革，为广大中下层民众谋福利。当前，在全球性经济危机的大背景下，科雷亚仍继续坚持国有化经济发展战略，实行"人类发展助困金"，为月收入低于 40 美元的家庭提供教育和生活补助。

在外交上，科雷亚执政以来，厄瓜多尔与委内瑞拉、玻利维亚、尼加拉瓜、智利、阿根廷和巴拉圭等中左翼国家间的关系明显加强，高层互访频繁，相互签署了多项涉及能源、水力建设、军事防务等合作协议。科雷亚强调要建立起一个没有美国干预的拉美一体化组织，积极倡导建立南美防务体系，是南美洲国家联盟 12 个成员国之一，并筹备加入"美洲玻利瓦尔替代计划"。

在经济上，2006 年以后，厄瓜多尔逐步走出 1999 年金融危机的阴影，但总体发展水平依然较低，国民经济严重依赖石油及部分农产品出口，如香蕉和可可等。国际外汇储备水平低，外债占 GDP 的 30%～40%。

2008 年前三季度，厄瓜多尔得益于国际油价持续上涨，石油收入迅猛增加。至 2008 年 9 月，厄瓜多尔非金融领域收入实现顺差，占 GDP 的 6%。2008 年 1～9 月，厄瓜多尔石油收入在国内 SPNF 中的增速达 222%，SPNF 同期增速 69.2%。与此同时，国内税收增幅 33.5%，附加值税增加 13.4%。厄瓜多尔全年 GDP 增长 6.5%。但自 2008 年第四季度始，随着国际金融危机的不断蔓延，国际油价走低，石油收入锐减。据厄瓜多尔中央银行预测，以石油为主要支柱产业的厄瓜多尔经济 2009 年 GDP 增长将只有 2% 左右。与此同时，厄瓜多尔传统出口产品如香蕉、花卉等出口受挫，侨汇收入急剧萎缩。科雷亚政府所倡导的民族主义经济、扶贫等惠民政策因资金短缺面临着严峻挑战。2009 年初，科雷亚政府着手采取了一系列应对措施，如限制进口、提高非基础产品及奢侈品的关税、减少资本货关税、寻求本地区信贷机构的财政资助、刺激国有企业的生产、鼓励民众购买国货及外国旅客到厄瓜多尔旅游等。

表1 2006～2008 年厄瓜多尔主要经济指数

	2006	2007	2008
GDP 总值（亿美元）	325.7	445	546.7
GDP 实际增长率（%）	3.9	2.4	6.5
GDP 人均产值（美元）	7100	7200	7500
GDP 人均增长率（%）	2.4	1.0	5.0
通货膨胀率（%）	3.3	2.3	8.6
商品进口（亿美元）	108.1	130	166
商品出口（亿美元）	125.6	133	194
经常项目余额（亿美元）	15.4	10.64	20.08
外汇储备（亿美元）	25.14	36.18	64.92
外债（亿美元）	181	171.21	169.6
实际有效汇率	1.2	5.1	2.2
人口（百万）	13.4	13.6	14.57
失业率（%）	10.1	8.8	8.7
消费指数增长率（%）	2.9	3.3	（预估）9.1
实际最低工资增长率（%）	3.3	3.9	8.2
货币（M1）增长率（%）	19.1	18.6	37.2（2007.9－2008.9）
货币（M2）增长率（%）	19.4	21.0	－

资料来源：英国经济学家月刊 2009 年 1 月，美国中情局年度报告

二 中厄双边关系发展的新特点

中厄双边关系始于 19 世纪中期，最初有少量中国劳工被非法贩运至瓜亚基尔港卖苦力。20 世纪初，随着中国劳工人数逐渐增多，在瓜亚基尔当地出现了华侨社团。在此期间，尽管两国民间往来增多，但未有官方交往。1949 年中华人民共和国成立后，中厄关系出现转机，在 1971 年第二十六届联大会议上，厄瓜多尔赞成恢复中国在联合国的合法席位。1980 年 1 月 2 日中厄正式建交，同年 7 月中国在厄瓜多尔设立使馆，次年 7 月厄瓜多尔在中国设立使馆。1984 年 7 月，中国在瓜亚基尔设总领馆。建交以来，中厄关系发展顺畅，高层互访增加，经贸、科技、文化、教育、体育等领域的交流日益频繁，尤以近几年的发展最为突出。

1. 政治交往频繁，高层互访明显增多。中厄正式建交后，在国际事务中相互支持，双边高层互访逐渐增多，并签署了一系列旨在加强两国政治经济合作的文件和协议。2007 年 3 月，中央政治局常委李长春过境厄瓜多尔，与科雷亚总统举行会晤。2009 年 2 月 12 日，国务院副总理回良玉正式访问厄瓜多尔，与厄瓜多尔总统科雷亚、副总统莫雷诺分别举行会谈，双方签署了两国经济技术合作协定等文件。2007 年 10 月，厄瓜多尔外交、贸易与一体化部第一副部长帕雷德斯访华，并主持召开了第十次中厄经贸混委会。2007 年 11 月 19～25 日，厄瓜多尔总统科雷亚对中国进行国事访问，双方签署了 2007～2010 年度中国 - 厄瓜多尔文化交流执行计划等文件。2008 年 9 月，厄瓜多尔副总统莫雷诺来华参加北京残奥会开幕式，习近平副主席与莫雷诺举行了会谈。2008 年 10 月 14 日，厄瓜多尔国防部长庞塞访华。

2. 经贸合作日益紧密，成为两国关系的新亮点。目前，中国已成为厄瓜多尔第四大进口来源国。2008 年，中厄双边贸易额达 23.83 亿美元，其中，中国进口 8.49 亿美元，出口 15.34 亿美元。双方商品结构互补性强，中国从厄瓜多尔进口 67 种产品，向厄瓜多尔出口 2918 种产品；厄瓜多尔向中国出口的非石油产品主要包括香蕉、铜废品、铝废品、木制品、鱼粉和水产品等。自两国建交以来，厄瓜多尔已成为中国在拉美地区最大的投资对象国之一，至今中国已向厄瓜多尔政府提供了多笔贷款和无偿援助，执行了几十个经援项目，这些经援项目对促进厄瓜多尔经济发展和加强双边关系起到了积极的推动作用，受到当地居民的欢迎和赞扬。2008 年 12 月，中石化与厄瓜多尔国家石油公司签署了总金额为 5 689 美元的石油物探项目服务合同，以进一步探明厄瓜多尔西海岸的石油储量。2009 年 2 月，回良玉副总理访问厄瓜多尔期间，承诺投资 20 亿美元帮助厄瓜多尔建立水电站、炼油厂和铁路等项目。与此同时，厄瓜多尔计划在上海及其他南方城市建立贸易代表处，以利于中厄贸易交往。

3. 文化交流丰富多彩。1982 年两国签订政府间文化合作协定。厄瓜多尔中国友好协会至今已成立将近 20 年，在推动两国文化交流方面发挥着重要作用，成为传播中国文化的先锋队，目前成员上千人，设有 9 个分会。在厄瓜多尔不同地区建有中国文化中心、中国文化研究所及中国文化基金会等。在诸如表演艺术、视觉艺术、广播影视等领域与中国相关文化机构开展合作。中国驻厄瓜多尔使馆亦多次举办"中国文化周"等宣传活动，力图让更多的当地居民通过参加文化周了解中国的国粹、书法、民间工艺及影视艺术等，更好地感受中国，增进彼此间的沟通和友谊。与此同时，中国驻厄瓜多尔使领馆还协助当地学校或教育机构开办汉语学习班，一方面力图满足当地华人子女的国学教育需要，同时也是积极回应近年厄瓜多尔掀起的中文热。

表2　中国与厄瓜多尔双边贸易统计（万美元）

年份	进出口额	出口额	进口额	累计比上年同期增减%		
				进出口	出口	进口
2004	43584	34362	9222	56.2	43.6	132.1
2005	51011	46739	4272	17.0	36.0	-53.7
2006	80155	71435	8720	57.1	52.9	104.1
2007	108349	94230	14119	35.2	31.9	61.9
2008	238300	153400	84900	119.9	62.7	501.4

资料来源：中国商务部网站。

三　投资机遇与挑战

近年来，中国在厄瓜多尔的投资数量不断增加，厄瓜多尔成为拉美地区吸引中国投资较多的国家之一。至2008年，中国对厄瓜多尔投资20亿美元①，主要涉及石油勘探开发、贸易、石蜡加工、电表组装、水产养殖、房地产、餐饮和服装带料加工等行业。双方签署了经济技术合作协定，中石油与厄瓜多尔国家石油公司合作总协定，鼓励和保护相互投资协定等多项合作协定。2007年11月，科雷亚总统在访华期间表示，"厄瓜多尔已建立了21世纪面向中国的政治战略，根据自身的地理优势，厄瓜多尔希望成为中拉经贸关系的桥梁。"目前，中国企业在厄瓜多尔投资领域不断拓宽，厄瓜多尔尤其希望中国参与曼塔民用机场的建设，使其成为中国企业进入厄瓜多尔及其他拉美国家的通道。同时，在海产品生产技术上，厄瓜多尔对中国充满期待，中国企

---

① 中国驻厄瓜多尔使馆数据。

业应抓住机遇。

1. 从自然地理条件看，厄瓜多尔地处赤道地区，优越的自然地理条件不仅使该国在石油、矿产、林业、渔业等诸多领域存在着巨大的投资商机，而且使厄瓜多尔成为外资进入本土及延伸至美洲其他地区及国家的重要桥梁。

2. 从社会发展水平看，厄瓜多尔科技水平相对薄弱，居民受教育程度不高，政府财政收入匮乏，外债负担沉重，失业率居高不下，贫困人口比重较高，贫富不均现象严重，政府对吸引外资有着强烈愿望。特别是2008年下半年以来，全球金融危机给厄瓜多尔这一高负债率石油国家造成了巨大的资金压力，企业融资困难，规模较小的石油公司因缺乏资金的流动性而陷入危机，厄瓜多尔发行国际债券需支付的利率比美国国库券高出27.3个百分点。在此情况下，厄瓜多尔官方及地方企业尤其看好厄中贸易前景，鼓励中方在厄瓜多尔投资。为此，学习汉语已成为厄瓜多尔企业界人士及大学商务专业学生日益迫切的要求。2008年，瓜亚基尔有关大学和厄中商会已开设了7个汉语专业和汉语学习中心，民间团体亦拟从中国聘请汉语教师以弥补教师短缺问题，并为汉语教师积极办理引进手续。此外，自2006年以来，中国先后与智利、秘鲁等拉美国家签署了双边自由贸易协定，厄瓜多尔对此反应强烈，希望能够尽快加入APEC组织，拉近与中国等东亚国家的经贸关系。

3. 从政府对外资的政策看，为给外国投资者提供法律保障，厄瓜多尔制定了《投资促进与保障法》及实施细则，规定所有厄瓜多尔经济领域均可吸收外国直接投资，无须得到外贸工业渔业部的事先批准，并享有厄瓜多尔自然人和法人的同等待遇。厄瓜多尔自本世纪初实行美元化经济，引进的外资无货币汇兑风险。这些情况促使在厄瓜多尔的投资商机更加突出。

中国企业在厄瓜多尔投资面临的主要挑战及存在的问题有以

下几个方面。

1. 中厄贸易不平衡现象依然较严重，中方在厄瓜多尔投资总体项目不多。近年来，中国对厄瓜多尔出口产品种类齐全，价格低廉，在厄瓜多尔市场具有较强竞争力。厄瓜多尔对中国出口产品则主要以石油、木材、矿产、香蕉、花卉等为主，可选择种类有限。中厄贸易中中国顺差逐年扩大，这无疑引起厄瓜多尔产业界的不满，尤其是厄瓜多尔鞋业、纺织业等业主要求政府采取针对中国产品的"特保"措施，导致双方贸易摩擦增多。另外，中国在厄瓜多尔总体投资项目并不多，众多中小企业尽管意愿强烈，但因缺乏政府贷款而无法实施投资战略。

2. 面临厄瓜多尔政策调整带来的挑战。厄瓜多尔国家政策不稳，因实际需要经常作出调整，尤其是目前为避免全球性经济危机给本国传统经济结构带来的严峻挑战，厄瓜多尔政府主张实施某些强硬的对外贸易政策，如不顾安第斯共同体其他成员国的强烈反对，单方面提高对外关税等，并以退出安第斯共同体为要挟。

3. 在对外贸易、吸引投资等过程中，厄瓜多尔相应的配套法规十分严格。在进口、通关、技术要求及贸易救济等方面存在一定的贸易壁垒，在投资中对本国土地的开采、环保及劳工待遇等环节有着严格的法律约束。驻外中资企业在对对方法律法规进行的研究过程中往往因语言障碍等原因不够深入，势必在具体操作过程中给企业带来严重损失。2007 年下半年，厄瓜多尔将石油税从先前的 50% 调整到 99%，中石油、中石化为此损失惨重。此外，劳资纠纷时有发生，当地劳工时常以劳工法中的某些细节为依据，要求涨工资、减少工时、提高各种待遇等，使中资企业处于十分被动的局面。

4. 面临他国的强力竞争。长期以来，厄瓜多尔一直是美欧国家和地区的传统势力范围，中国公司的进入已引起西方国家的严重关切。为保全自身利益，一方面西方势力大肆宣传中国经济威胁论，认为中国与当地企业间的合作是在实施新型殖民主义，为中国企业的进入设置了各种舆论及技术障碍，煽动当地居民制造各种事端。另一方面，当地西方跨国企业相互联通，合力与中国展开激烈竞争。

5. 路途遥远、语言不通，文化背景各异。中厄相距太平洋，路途遥远。中厄文化背景不同，风俗习惯有较大差异，相互了解甚少，这些均增加了彼此在交流中的障碍，给中国企业的真正融入带来一定困难。

四 几点建议

当前，中国在厄瓜多尔最大的经济利益需求主要集中在石油、矿业等领域。2009 年 4 月 26 日科雷亚连任总统成功，能源国有化等大政方针一时不会改变，但厄瓜多尔有可能会根据市场变化随时作出具体政策调整，倘若中国对厄瓜多尔政治发展动向把握不准，很难做到风险规避。在此笔者建议：

1. 加强对厄瓜多尔的风险评估。不仅要进行硬性指标评价，更要加强对厄瓜多尔政治、经济、外交、社会等方方面面的动态研究，关注国际权威评估机构对厄瓜多尔的评估动态，做到投资心中有数。

2. 获取政府部门的信息支持，把握在厄瓜多尔投资的主导思想，听取政府部门的合理建议。

3. 与当地公司建立合资公司，这样有利于中国企业快速融入当地文化，减少当地居民对外资企业的排斥心理。

4. 建立企业保险制，尽可能保护中小企业的利益，最大限度地避免其投资风险。

5. 加强两国间政府、议会交流及民间商会的协调作用，建立国家间投资协议，尽可能有效地保障中国企业不受损失，规避风险。

（作者单位：中国现代国际关系研究院）

中国与智利双边关系简析

尚德良

在中国与拉美国家关系史上，智利有着诸多第一。1963 年，智利成为第一个在联合国中支持恢复中华人民共和国政府合法席位的拉美国家；1970 年，智利成为第一个同中国建交的南美国家；1999 年，智利成为第一个支持中国加入世界贸易组织的拉美国家；2004 年，智利成为第一个承认中国市场经济地位的拉美国家；2005 年，智利成为第一个与中国签订自由贸易协定的拉美国家；2007 年，智利成为第一个在中国建立商务中心的拉美国家。今天，两国的全面合作伙伴关系正在进入一个不断深化的新阶段。

一 历史阶段的沿革

新中国成立后，中智两国各领域人员往来不断增多。20 世纪 50~60 年代，一批智利知名人士访问了中国。其中有国际和平奖获得者、曾任智利国会议员的著名诗人巴勃罗·聂鲁达，有来北京参加亚太区域和平会议的代表麦斯蒂，有画家何塞·万徒勒里，有时任智中文化协会会长、后来任智利总统的社会活动家阿连德, 还有智利前副总统吉列尔莫·德尔佩德雷加尔等。这个时期中国派遣多批代表团访问智利, 其中有文化代表团、民间艺术团、杂技团、人民银行代表团、新闻工作者代表团、工会代表团等。两国人员的往来, 推动了中智友好关系的发展。智利是拉美国家中同中国开展经贸交往较早的国家之一。早在 1952 年中智就签订过贸易协议。1961 年中国在智利建立中国进出口公司商业新闻办公室, 1965 年改为中国国际贸易促进会商务处。1960～1969 年, 中智双边贸易额达 4000 多万美元。[①]

1970 年 12 月 15 日, 智利同中国建交, 促进了两国在政治、经济、贸易、科技、文化等领域广泛的合作与交流。中智建交后, 两国关系发展顺利。智利历届政府奉行对华友好政策, 在台湾问题上均奉行一个中国政策。两国签订了多项合作协定, 建立了两国外长政治磋商制度以及经济贸易混合委员会、科技混合委员会等常设机构。自 1990 年 5 月中国国家主席杨尚昆对智利进行国事访问开始, 两国领导人多次互访。两国政党、军队、司法机构之间建立了广泛的联系。双方的科技合作日益扩大, 合作领域涉及农业、林业、畜牧业、渔业、铜矿床、小水电、毛纺织工业、地震预报、煤炭工业巷道掘进技术、气象、通讯等。智利对于中国的南极科学考察活动提供了支持与合作。文化交流活动不断增加, 1981 年 7 月两国就文化交流进行换文, 1987 年 6 月两国外长签署了文化合作协定。自 20 世纪 80 年代起, 双方政府代表轮流在中智两国首都签署双年或 3 年执行计划。

两国建交后, 双边经贸关系开始正常发展, 互利合作不断深化。两国政府先后签订了贸易协定、经济技术合作协定、商品贷款协定、贸易支付协定和海运协定等。90 年代, 双边贸易额迅

---

① 王晓燕编著:《列国志——智利》, 北京, 社会科学文献出版社, 2004 年, 第 326～327 页。

速增长，由 1990 年的 1.01 亿美元上升到 1997 年的 13 亿美元。

二　当前双边关系的特点

近年来，中智两国全面合作伙伴关系快速发展，目前两国关系是历史上最好时期。

其一，国家关系发展顺畅。2001 年，江泽民主席与拉戈斯总统实现互访，两国领导人就建立中智新世纪长期稳定、平等互利的全面合作关系达成重要共识。2003 年 10 月，胡锦涛主席在泰国 APEC 领导人非正式会议期间与拉戈斯总统会晤。2004 年 11 月，胡锦涛主席对智利进行国事访问并出席在智利首都举行的 APEC 领导人第十二次非正式会议。访问期间，两国元首一致同意确立两国全面合作伙伴关系，并宣布启动双边自由贸易协定谈判。智利宣布承认中国的完全市场经济地位。2005 年 11 月，胡锦涛主席在韩国 APEC 领导人非正式会议期间与拉戈斯总统会晤，并共同出席了中智自由贸易协定签字仪式。2006 年 9 月，吴邦国委员长访问智利，与巴切莱特总统共同宣布实施中智自由贸易协定和启动中智自由贸易协定服务贸易和投资谈判。2006 年 11 月，胡锦涛主席在河内 APEC 领导人非正式会议期间会晤巴切莱特总统。2007 年 1 月，智利众议长莱亚尔访问中国。2008 年 4 月，巴切莱特总统访问中国，签订了《中智自由贸易协定关于服务贸易的补充协定》、《2008～2011 年度文化交流执行计划》、《关于智利樱桃、李子输华检疫议定书》、《中国柑橘、胡葱输智检疫议定书》、《关于中智进出口猪肉、乳及乳制品检验检疫议定书》、《关于防止盗窃、盗掘和非法进出境文物的协定》、《关于开展文化遗产领域交流合作的协议》、《关于中小企业合作的谅解备忘录》、《智利参加 2010 年上海世博会参展合同》等重要合作文件。分别在京、沪举办两国企业家委员会第三次会议、中智经贸合作论坛和"智利：拉美的战略伙伴"中智企业家论坛等活动，取得圆满成功。双方外交部间保持着政治磋商，经贸混委会和科技混委会多次举行会议。在国际事务中，两国相互支持，中智两国是真诚的朋友和重要的合作伙伴。2002年，中国支持智利竞选联合国安理会 2003～2004 年度非常任理事国。2004 年，智利支持中国成为美洲国家组织常驻观察员和拉美议会观察员。

其二，经贸关系充满活力。2008 年巴切莱特访华期间，中智两国发表联合新闻公报，双方认同中智自由贸易协定签署并顺利实施后，双边经贸关系充满活力，中国已成为智利产品的主要出口市场，并对中智自由贸易协定关于服务贸易的补充协定的签署予以高度评价。双方表示将进一步推动双边贸易和鼓励增加相互投资，支持双方企业在第三方市场合作投资，加强在矿产和质检领域的交流与合作。双方积极评价中智示范农场项目有效期延长，表示愿加强农产品加工合作和农业技术交流。这使中国与智利的贸易与经济合作前景愈发被看好。

近年来，在双边自由贸易协定实施的带动下，中智贸易快速增长。据中国海关统计，2007 年中智双边贸易总额 146.8 亿美元，同比增长 65.9%。其中中国对智利出口 44.2 亿美元，同比增长 42%；从智利进口 102.6 亿美元，同比增长 78.8%。2008年中智双边贸易总额 175.3 亿美元，中国对智利出口 61.49 亿美元，从智利进口 113.8 亿美元，同比分别增长 19.3%、39.3%和 10.7%。目前，智利是中国在拉美的第三大贸易伙伴，中国是智利在全球第一大贸易伙伴。中国继续成为智利第一大出口目的国，与第 2 位美国的差距进一步拉大。中国仅次于美国，为智利第二大进口来源国。目前，中国对智利出口商品主要为家电、机电产品、纺织品、服装、陶瓷、化工原料、五金工具、轻工产品。自智利进口主要商品为铜、硝石、铁矿砂、碘、木材、纸浆、纸张、鱼粉。近年新增进口红葡萄酒、海藻、硫酸钾和少量水果等。

双边经济技术合作和相互投资稳步发展。中智两国经济技术合作始于1989年,1994年中智两国政府签署鼓励和相互保护投资协定。《中华人民共和国政府和智利共和国政府关于鼓励和相互保护投资协定》的主要内容是:该协定于1995年8月1日起生效。双方愿在平等互利的原则基础上,加强两国间的经济合作;认识到鼓励、促进和保护相互投资将有助于促进投资者投资的积极性和增进两国的繁荣;为缔约一方的投资者在缔约另一方领土内的投资创造有利条件。

截至2008年8月,智利在华投资项目126个,合同外资额为1.8亿美元,实际投资0.67亿美元。智利企业在华投资主要在航运、服装、化工、建材、食品和金属加工等行业。有44年历史的智利卡迪纳莱鞋厂面对与进口鞋之间的日益残酷的竞争,决定2008年在中国建立生产基地,近1/3的鞋将在中国生产,以便降低成本来适应市场竞争。智利化工矿业公司SQM与中国有着多年的贸易关系,2008年5月18日,该公司与中国一家公司签订合同,共同成立合资公司,准备在中国建立生产硝酸钾的工厂。

据初步统计,截至2007年底中国在智利直接投资4.4亿美元,2008年1~9月,中国对智利直接投资90万美元。涉及的投资领域主要有贸易、矿产资源、加工制造和渔业等。中国在智利设有近百家企业,包括国营和民营,大部分为贸易型企业。中智示范农场的建设已初见成效,中国的主要铜业公司在智利铜矿开采业投资650万美元。2005年5月中国五矿总公司与智利国家铜公司(CODELCO)签署合作协议。根据该合同,中方对智利首期投资为5.5亿美元,并将最终达到20亿美元。

截至2007年底,中国与智利累计签订劳务合作合同额346

万美元，完成营业额 343 万美元，累计派出 1223 人次。2008 年 1～11 月，中国与智利累计签订劳务合作合同额 6539 万美元，完成营业额 2829 万美元，11 月末在智利总人数为 389 人，主要集中在农林牧副渔行业。

三　问题

中智合作中的困难与问题：一是中智两国相距遥远造成往来不便，如相互发展旅游有难度。彼此了解和沟通不多，信息传播不够，语言上有隔阂，两国间存在文化差异。二是双方签订的协议，由于各种原因，还有不少没有落到实处。三是中国对智利的投资往往集中在某些产业，覆盖面不够。中国在智利设立的上百家各类公司（多是从事贸易业务的中小企业），不少在经营和管理等方面不太规范，真正形成规模的企业不多。四是经济同构性问题。仍有少数人对中国存有疑虑，担心中国对其造成竞争威胁。五是投资成本在提高，例如智利林业土地价格越来越贵，20世纪 70 年代每公顷土地价格在 30～50 美元之间，现在则在 1500～2000 美元之间。六是对智利投资的外国企业增多带来激烈的竞争，潜藏着一定的投资风险。智利采矿业发展势头不错，但是也面临着一些实际问题，近两年一些大型矿时有工人罢工，还有能源和水的问题。智利采矿业生产依赖阿根廷的天然气供应，但面临阿根廷天然气供应短缺问题。预计 2009～2011 年阿根廷对智利天然气供应限制会越来越严重，导致矿山不得不使用贵近 3 倍的柴油。七是 2009 年 12 月智利大选后的政治环境、治安环境等存在一定的不稳定性。另外，需要关注的是：2008 年 11 月 24 日美国 JP 摩根银行在向其客户提交的一份报告中认为，智利继续是拉美地区风险较小的国家，但是提醒智利警惕滞胀的影响。

报告认为，智利的增长是脆弱的，因为增长伴随着高利率和货币政策上缺少灵活性。

四　建议

中智国家关系发展良好，友好合作前景广阔。当前，宜充分抓住机遇，加深合作。利用当前有利条件，加强双边的战略对话和政策磋商。既尝试新的合作方式，开辟新的合作领域，推进新的合作项目，也要落实已有的双边协议，进一步拓展和深化中智合作关系。

第一，保持并深化关于当前国际问题的对话与协调，如气候变化、可持续发展、扶贫、人权、国际安全、环境保护、渔业资源、南极科考等。共同参与改造国际机制，使之有利于双方在各自和对方地区谋得合理利益。加强社会各界的相互交流，促进学术、文化、民间、青年、妇女、媒体等各界了解与理解。建立和加强信息交流、媒体宣传报道机制。不断消除文化鸿沟，促进文化和旅游往来。重视加强科技合作与交流的重要性，开辟科技合作的新项目，促进共同利益关系。

第二，智利的投资政策不断完善，投资环境日益优化，中国企业应充分认识这一新的机遇。近年来，智利进一步加快了吸引外资的步伐，外国直接投资逐年增加。2006年，智利接受外商直接投资80.53亿美元，成为拉美第三大外商投资国。2007年，智利吸引外资144.57亿美元，同比增长96%，依然居拉美第三。2008年，智利批准外资168亿美元。国际咨询公司KPMG针对拉美投资环境的调查报告显示，智利在2009年拉美投资吸引力排行榜与阿根廷并列第二，位于第一的是巴西。智利政府希望通过自由贸易协定的实施来拓宽投资领域，健全和完善服务贸易和投资协定，吸引更多的中国企业赴智利进行多元化的投资和开展经贸往来。总的来看，智利的经济环境、政策环境、投资领域等有利于中国企业去智利投资创业，同当地企业开展经济项目合作，智利政府的意愿对中国企业来说意味着很大的机会。因此，可以尝试中智合作新的方式和模式。如结合两国经济的地域性特点，结合各地区的不同经济结构、文化背景、风俗习惯和需求，推进地区间、行业间的交流；加强投资、合资、合作等多种合作方式；合作推进涉及双边经贸关系的基础设施建设；中智合作参与南美洲其他国家的基础设施建设。由于智利与越来越多的国家签订了自由贸易协定或经济合作协议，出自智利原产地的产品有了更广阔的市场，与其他国家的互利合作更为通畅。这对于中国企业来说，与智利开展经贸合作、投资办企业，面对的就不仅是智利的市场规模，它还是一个平台，具有向其他国家、特别是其周边国家辐射的可能性。

第三，中国企业在进入智利市场前，要对当地的相关政策、法律法规等进行细致的调研和分析，要充分考虑到当地法规变化问题。每一个合作项目都应按法律程序操作。在这方面，中国在海外的企业有很多教训。探讨资源性开发和合作的可能性时，既要从中国经济可持续发展的角度出发，也要兼顾当地政府发展经济的愿望，遵循互惠互利的原则。建议中国大型企业与银行联手到智利投资建合资企业，并将生产的产品直接在智利销售或出口到拉美市场，以减少产品运输成本。也应鼓励中国的中小企业，包括民营企业，去智利投资发展，开辟市场。同时，国家在批准海外投资和融资上也应给予中小企业适当照顾。中国的企业要在当地站住脚，要有艰苦创业的决心，也要在企业间交流经验教训，并与当地相关机构理顺关系。

（作者单位：中国现代国际关系研究院）

试析中国企业投资墨西哥的
环境、机遇与风险

杨首国

墨西哥是新兴发展中大国，位于北美地区，毗邻美国，也是拉美大国，综合经济实力较强，开放程度较高，政局大体稳定。近年，随着中墨战略伙伴关系不断深入，中国企业投资墨西哥的机遇凸显，但也面临一定的困难和挑战，需要注意防范与规避风险。

一 当前墨西哥的政治经济环境

（一）政局大体稳定，但国内安全面临较大挑战

近年来，墨西哥政治和社会矛盾较为尖锐，尤其是右翼的执政党国家行动党与左翼的民主革命党分别代表工商和下层民众利益，在国家发展路线上立场不同，国内政治纷争激烈。2006 年 7月，墨西哥举行大选，国家行动党候选人卡尔德龙仅以微弱优势击败民主革命党候选人洛佩斯当选新一届总统，结果引发在野力量的抗争，国内政局一度十分动荡。卡尔德龙上台后，积极与反对党实现和解，将增加就业、打击犯罪、维护社会治安作为主要施政内容，取得一定社会效果，其个人支持度一直较高。目前，

墨西哥政局大体稳定，政治纷争多能在民主框架内解决。

但墨西哥贩毒、暴力与恐怖活动猖獗，国家安全与国际形象严重受损。2006 年，卡尔德龙总统上台后向暴力"宣战"，引发犯罪分子"反扑"，导致墨西哥治安形势恶化，严重威胁社会稳定。墨西哥是向美国贩运毒品的主要通道之一，国内贩毒分子常与国际贩毒集团勾结，导致与毒品有关的抢劫、绑架、斩首等恶性犯罪活动不断增加。2008 年，全国发生绑架案件 950 起，与伊拉克、阿富汗等国一起成为绑架最严重的国家之一；全年有 5400 多人被杀，平均每天有 15 人遇难，与 2007 年相比增加 1 倍多。墨西哥愈演愈烈的暴力犯罪活动严重影响社会稳定，并危及国家安全。美国、欧洲多国已向本国公民发布赴墨旅游警告，甚至有非政府组织将墨西哥列为世界上最不安全的国家之一。墨西哥民众已多次自发走上街头抗议暴力行为，要求政府有效打击犯罪。

（二）短期内经济发展面临困难，中长期发展前景仍被看好

自 20 世纪 80 年代至 90 年代中期，墨西哥连续遭受债务危机和金融危机，导致经济严重衰退。90 年代后期，墨西哥政府实行务实渐进的经济政策，强化宏观调控，推进金融改革，加大扶持中小企业发展，取得一定成效，经济开始复苏，其中 1997 年和 2000 年经济增长率分别为 7% 和 6.9%，居拉美各国之首。1996 年至 2007 年间，墨西哥平均经济增长率为 3.7%。2008 年以来，与美国经济联系紧密的墨西哥受到金融危机的冲击，造成金融市场动荡，股市大幅下挫，侨汇、出口等大幅缩减。2008 年经济增长率仅为 1.8%，2009 年第一季度下滑约 6%，第二季度受甲型 H1N1 流感疫情影响，经济更是雪上加霜，预计全年经济增长率为 -3% ~ -4%。短期内，墨西哥经济增长面临严峻考验，经济风险不可低估。2009 年 2 月，国家风险指数上升至 421 点，同比增长近 1 倍。面对不利形势，墨西哥政府先后推出多项

举措，以防止金融危机对经济造成更大冲击。但从长期来看，墨西哥经济发展具有较大潜力。近年来墨西哥一直稳居世界前十五大经济体行列，也是仅次于巴西的拉美第二大经济体。2008年，墨西哥GDP总值为10380亿美元，为世界第十三大经济体，人均GDP近9000美元，按购买力平价计算，人均GDP达到14258美元。同时，墨西哥也是拉美最开放的经济体，占该地区出口的35%和进口的40%。高盛公司预测，2050年墨西哥经济总量将在中国、美国、印度、日本、巴西之后位居世界第六，从而跻身世界强国行列。

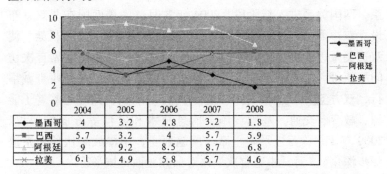

	2004	2005	2006	2007	2008
墨西哥	4	3.2	4.8	3.2	1.8
巴西	5.7	3.2	4	5.7	5.9
阿根廷	9	9.2	8.5	8.7	6.8
拉美	6.1	4.9	5.8	5.7	4.6

图1　墨西哥与拉美主要国家经济增长率比较（%）
资料来源：联合国拉美经委会。

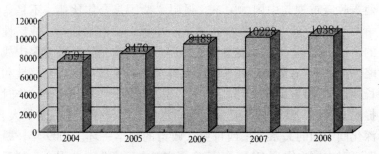

图2　2004～2008年墨西哥人均GDP（单位：美元）
资料来源：英国经济学家情报组。

二 双边关系的发展

（一）双边关系基础较为扎实，战略伙伴关系有待深入

1972 年 2 月 14 日中墨两国建交，建交后两国关系发展顺利。特别是近年来双方高层互访频繁，合作交流领域不断扩大。1993 年两国建立政治磋商机制。2003 年 12 月，温家宝总理正式访问墨西哥，与墨西哥总统福克斯共同宣布两国建立战略伙伴关系，两国关系进入新阶段。2004 年 8 月，中墨两国在北京宣布设立双边委员会，为两国战略伙伴关系发展提供了广泛框架，使双边关系迈入机制化新阶段。2005 年 9 月，胡锦涛主席首次访问墨西哥。2006 年 5 月，第二次双边委员会会议在墨西哥城举行，双方签署了 2006 ~ 2010 年共同行动纲领，同时还签署了能源、教育、交通、基础设施、信息技术和电信等方面的协议。2009 年 2 月，习近平副主席访问墨西哥，中墨战略伙伴关系进一步深化。8 月，中墨首次战略对话在墨西哥城举行。

中墨两国间存在的问题与摩擦主要有墨西哥对华贸易严重逆差、对华反倾销频仍、双方在美国市场竞争激烈等。近年来，墨西哥政府重视与中国的关系，强调"两国是合作伙伴，不是竞争对手"，"双边关系发展机遇大于摩擦，正面临独特、战略性的良好机遇"。卡尔德龙总统上任后，承诺进一步发展"墨中战略伙伴关系"，强调"墨中两国友好关系具有战略性、全局性和长期性"，并在 2008 年 7 月访华。墨西哥外长埃斯皮诺萨访华时提出，中国是墨西哥在亚太地区的优先合作伙伴，进一步扩大、深化同中国的关系是墨西哥亚太政策的根本一环。2009 年，墨西哥对中国在甲型 H1N1 流感疫情应对方面产生一些误会，甚至公开批评中国，不过外界一致认为这只是双边关系的"小插

曲"，并不会影响中墨关系的发展势头。

（二）经贸关系发展较快，贸易不平衡问题突出

墨西哥是中国在拉美第二大贸易伙伴和第一大出口市场，中墨双边贸易呈现以下两个特点：一是贸易增速较快；二是中方长期保持较大顺差。中国对墨西哥主要出口电机、电器、音像设备及其零附件、锅炉、机械器具及零件、塑料及其制品、玩具、游戏或运动用品及其零附件、医疗等设备及零附件、钢铁及其制品等；自墨西哥主要进口钢铁、铜及其制品、铝及其制品、机械设备和电机电器产品、化学品、塑料及其制品、化学纤维短纤、矿砂、矿渣及矿灰等。2007 年，中国从墨西哥进口 32.62 亿美元，出口 117.08 亿美元，双边贸易额 149.7 亿美元，分别比 2006 年增长 28.1%、32.8% 和 31.0%。中方顺差 84.46 亿美元。2008年，中国从墨西哥进口 37.07 亿美元，出口 138.5 亿美元，双边贸易额 175.5 亿美元，分别比 2007 年增长 13%、18% 和 17%。中方顺差 101.4 亿美元。由于中方一直存在大量顺差，贸易严重不平衡已成为制约双边关系发展的一个因素。

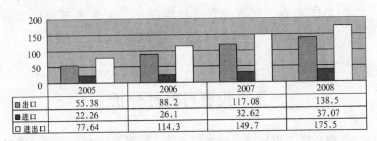

	2005	2006	2007	2008
■出口	55.38	88.2	117.08	138.5
■进口	22.26	26.1	32.62	37.07
□进出口	77.64	114.3	149.7	175.5

图 3　中国和墨西哥双边贸易情况（亿美元）
资料来源：根据中国海关统计。

中墨双边的投资呈不断增加趋势，墨西哥现为中国在拉美地

区主要投资对象国之一。中国投资主要分布在联邦区、下加利福尼亚州、墨西哥州和哈利斯科州。中国一汽集团与墨西哥萨利纳斯集团签署了战略合作协议，投资额将不少于 1.5 亿美元，工厂预计于 2010 年建设完成，年生产规模将达到生产汽车 10 万辆；联想集团在墨西哥北部新莱昂州的阿波达卡市设置新厂，并在 2008 年开始运营；山东日照兴业集团在墨西哥投资 2000 万美元收购一家矿业公司。中墨经济合作已从单一的货物贸易逐步向相互投资、举办经济技术合作项目方向发展。2008 年，中国企业在墨西哥投资 7300 万美元，其中 42% 的投资集中在工业制造业，33% 集中在服务行业，24% 集中在商业领域，1% 集中在交通和通讯业。墨西哥自 1991 年起开始在华投资，投资领域主要是有色金属材料、电缆、塑料制品、医疗用具、运输装备、木材加工、电子、食品加工和农业等。美洲第一、全球第二大烘焙食品生产企业——墨西哥宾堡集团宣布收购北京潘瑞克食品加工中心；全球营养保健食品知名企业奥谐生公司在合肥高新技术开发区投资 2 亿人民币。截至 2008 年 9 月，墨西哥在华投资项目 131 个，实际投资 7036 万美元。

但总体来看，双方投资金额均很小，未来还有很大发展空间。

三　投资可行性分析

墨西哥作为世界第十三大经济体、世界第十大出口国、世界第六大旅游国以及拉美第二大经济体、拉美第一大出口大国，一直是世界投资者的重要选择地之一。近年来，实施"走出去"战略，推动对外投资成为中国加快发展的重要战略举措。中国对墨西哥投资起步较晚，投资量不大，具备一定发展潜力，但投资风险也不可忽视。

（一）中国企业投资墨西哥的优势与机会

一是资金优势。中国有 2 万多亿美元外汇储备，墨西哥外汇储备不到 1000 亿美元，中国在引导和推动投资上具有明显的资金和制度优势。经过 30 年改革开放，一大批企业茁壮成长，并积累了雄厚资金，不少企业在生产能力过剩的背景下，希望开拓海外市场，"走出去"愿望强烈，尤其是对墨西哥这样的新兴市场十分感兴趣。二是部分行业优势。中墨虽然同属发展中国家，但中国在纺织、轻工、机电等行业有一定比较优势，尤其是纺织和服装企业较早地进入墨西哥，已在当地设立了一些纺织和服装加工厂，甚至建立了纺织城。在汽车、IT、通信等行业，中墨各有优势，有一定的合作空间。三是产品优势。墨西哥拥有规模庞大的出口型客户工业，通常需要进口大量零配件和中间产品，中国在墨西哥投资后，可以直接从本国进口所需的中间产品，解决本国企业产能过剩的问题。此外，中国劳动力成本较低，机电、玩具、家具、鞋类、皮革等出口产品具有较强的竞争优势，出口商品的多元化程度较高。

当前，中国企业投资墨西哥的机会凸显。

其一，中资进入墨西哥的可能性大增。一是墨西哥开放程度不断提高，为中国企业进军墨西哥带来机遇。墨西哥自 1986 年加入关贸总协定、1994 年加入北美自由贸易协定以来，私有化、自由化、市场化步伐不断加快，对外联系日益密切。近年来，墨西哥政府致力于改善投资环境，在法律、金融、税收、劳工等方面出台了一系列吸引外资的措施，在墨西哥投资障碍明显减少。尽管目前墨西哥在能源、电信、电力等领域的开放幅度并不大，但扩大开放已是大势所趋，未来中资对墨西哥投资的领域将逐步扩大。二是中国对墨西哥投资的条件不断成熟。2003 年中墨两国建立了"战略伙伴关系"，近年来高层互访不断，为中国对墨西哥投资打下了良好的政治基础。为增进双边经济关系，中墨间建立了双边经贸混委会，从高层大力推动双边经贸关系。双方还签署了双边投资保护协定，投资保障机制不断完善。此外，改善了交通条件，上海至墨西哥城的直飞航线已经开通，便利了双方的往来。三是墨西哥政府对中国投资抱有较高期待。墨西哥政府多次派出高级代表团来华招商引资，总统卡尔德龙还在墨西哥多次出席中资企业在墨西哥投资的签字仪式，并表示"十分欢迎中国投资"。

其二，投资墨西哥可以充分享受墨西哥巨大的国际市场网络。墨西哥人口超过 1 亿，国内生产总值接近 1 万亿美元，其本身就是个有较大潜力的市场。更重要的是，墨西哥通过双边及多边谈判的方式，已与世界上 44 个国家达成了自由贸易协定，而且大都是购买力很强的发达国家及发展水平中上的发展中国家，其中包括最为重要的北美自由贸易协定及与欧盟达成的自由贸易协定，其市场容量已达到近 10 亿人口。中国企业投资墨西哥，只要生产的产品达到相关原产地要求，就可以作为墨西哥出口产品以较优惠条件进入国际市场，具有极大市场潜力。

其三，墨西哥可以成为中资向北美、南美拓展的"平台"和"枢纽"。墨西哥北邻美国，是北美自由贸易协定成员国，与美、加经济关系十分密切，在墨西哥生产的产品可以极低的关税和运输成本进入美、加市场。此外，墨西哥作为拉美国家，在北美与中美、加勒比和南美之间发挥纽带作用，与拉美国家有天然的联系，可成为中资向拉美国家拓展的"平台"。因此，对中资企业来说，在墨西哥投资布局不仅可以从墨西哥自身较大的市场中获利，而且有利于向北美和拉美地区拓展，从而使企业实现"做大"、"做强"，向国际化企业迈进。

(二) 中国企业投资墨西哥的劣势与风险

中国企业投资墨西哥的劣势在于：一是开拓市场难度较大。中墨产品同质性较高，中国大量廉价产品进入墨西哥，使许多墨西哥人对中国产品形成"质次价廉"的印象，同时也对墨西哥传统产业造成冲击，部分墨西哥人对中国品牌或中资产品有一定抵触情绪，因此开拓墨西哥市场的难度较大。二是对墨西哥市场环境较为陌生。同在墨西哥经营多年的欧美企业相比，中国企业对墨西哥投资刚刚起步，对墨西哥市场环境、企业文化缺乏了解，缺少经营所需的西班牙语人才。国内许多对墨西哥感兴趣的企业因苦于对墨西哥缺乏了解而在对墨西哥投资上踌躇不前。三是投资建厂成本相对较高。墨西哥是工业化起步较早的国家，相对多数发展中国家而言，经济发展水平处于领先地位，人力、生活成本较高，中墨间的交通运输成本也较为昂贵，因此在墨西哥投资建厂的成本较高。

当前，对墨西哥投资的潜在风险在于：

第一，墨西哥宏观经济形势出现波动，使中国对墨西哥投资前景出现不确定性。1994 年，墨西哥曾爆发严重金融危机，导致外资大量抽逃。2008 年，墨西哥经济再次受到美国金融危机的严重冲击，股市、汇市大幅下挫，出口、侨汇和旅游收入急剧减少，2008 年经济增长率仅为 1.8%，是拉美经济增长率最低的国家之一。2009 年第一季度墨西哥经济增长 -7%，加上 4 月份突如其来的流感疫情，使墨西哥经济雪上加霜，墨西哥已多次调低经济增长预期，预计 2009 年墨西哥经济至少衰退 4%，短期内难以摆脱经济衰退窘境。墨西哥宏观经济形势的不稳定性使中国在墨西哥投资面临一定风险。

第二，"中国经济威胁论"一定程度制约中国对墨西哥的投资。中墨产业雷同度较高，在服装、玩具、家电等领域对美国出口竞争激烈，部分墨西哥企业在竞争中处于不利地位。墨西哥在中墨双边贸易中长期呈现逆差，墨方对此多次表示不满，并强烈要求中方扩大进口，以减少贸易逆差。近年来，中墨贸易摩擦日益频繁，墨西哥已成为对中国实行反倾销制裁最多的发展中国家之一。墨西哥一些企业和媒体将不时炒作"中国产品威胁论"，对我国在墨西哥投资造成一定压力和负面影响。

第三，近期治安形势恶化，影响投资环境。虽然墨西哥投资环境较为宽松，但近年来贩毒活动日益猖獗，贩毒武装公然与政府军对抗，绑架、斩首、爆炸等恶性犯罪激增，严重危及社会稳定。墨西哥安全形势急剧恶化已影响到国际投资者信心，2008年外国对墨西哥直接投资明显减少。中国对墨西哥投资的人员和财产安全受到一定威胁。

（三）在墨西哥投资的风险规避

墨西哥是一个投资机遇很大的国家，但投资风险也不可忽视。为规避风险，中国企业到墨西哥投资可参考以下几点。第一是以面向北美自由贸易区这样一个大市场为主，重点选择中国企业擅长的产业进行投资，如纺织、服装、家电等行业；第二是要注意先开发市场，再建立工厂，也就是先保生存，后图发展；第三是以规模和实力为基础，树立品牌战略，将眼光放长远，切忌急功近利；第四是可优先考虑与墨西哥当地企业合资，通过合作有效降低风险，尤其是对于我国而言不具有明显优势的行业（如汽车、电子组装）或在墨西哥投资限制较多的领域（如能源、电力、通信）；第五是选择投资的有利时机，总体看墨西哥有极大的投资潜力，但当前墨西哥国内经济和安全风险激增，宜注意控制节奏，最好等墨西哥形势趋稳后再考虑加大投入。

（四）可考虑在墨西哥重点投资的领域

由于墨西哥向北美市场出口有物流、低关税甚至零关税等优势，除可投资纺织、服装等传统领域外，还可重点参与家电、电子计算机、汽车及零配件、航空机电等行业投资。墨西哥出口到美国的家电和电子计算机基本由客户工业区企业组装，欧美国家和东亚地区的家电、电子计算机跨国公司通过设立在墨西哥的客户工业区企业，向美国大量出口。中国家电企业可考虑在墨西哥设立家电组装和加工厂，并向美国出口产品。从发展潜力看，我国在汽车、通信、IT、基础设施等领域对墨西哥投资正处于扩张期，具有较好发展前景。汽车行业是墨西哥优势产业，墨西哥特别希望在零配件生产方面与中国企业建立长期合作。墨西哥为拉动经济增长，正全力推动基础设施建设，港口、公路、能源设施可成为未来一个阶段内我国投资的重点。墨西哥石油业呈现逐步开放的大趋势，可成为重点关注领域，但能源国有化思想在墨西哥根深蒂固，外资进入石油行业受限制仍然很多，且能源问题在墨西哥仍十分敏感和复杂，因此中国企业目前涉足能源领域的难度较大。此外，再生能源开发、环保等产业也有一定投资潜力。

四　结语

墨西哥具有十分独特的战略地位，相对拉美多数国家而言，墨西哥对外资较为宽松，总体投资环境尚可。中国可利用墨西哥对外签订的北美自由贸易协定和其他众多的自由贸易协定带来的种种有利条款拓展市场，使墨西哥成为我国实施"走出去"战略的一个重要国别市场以及开拓北美、拉美市场的一个重要平台。增加对墨西哥的直接投资，还可以使生产同类产品的两国企业进行有效合作，防止在国际贸易中两败俱伤的过度竞争，减少中方在中墨乃至中美贸易关系中的顺差压力。目前，中国企业在墨西哥投资总体看来是成功的，特别是在纺织、服装行业已经站稳脚跟，进入盈利周期；在汽车、通信等行业也取得良好开端。需要值得注意的是，近期在墨西哥投资风险有所加大，尤其是墨西哥治安和经济形势恶化、"中国威胁论"在墨西哥有所抬头，使中国企业在墨西哥投资经营面临一定的困难和风险。不过从长期来看，墨西哥仍是中国在西半球，尤其是拉美地区投资的一个战略要地。

（作者单位：中国现代国际关系研究院）

文化科技篇

拉丁美洲教育发展模式探析

黄志成

在世界各地区的发展中，拉丁美洲是一个具有其鲜明发展特色的地区。在拉美教育发展过程中，同样也体现出了其发展的特色。回顾 20 世纪 60 年代以来拉美教育改革与发展的历程，我们可以看到拉美教育改革和发展出现了若干趋势，形成了许多特色，其中值得我们思考和认真总结的主要有以下几种教育发展模式：基于发展经济观的教育发展模式；基于社会平等观的教育发展模式和基于国际思潮的教育发展模式。

一 基于发展经济观的教育发展模式

20 世纪六七十年代是拉美经济迅速发展的时期。在拉美发展主义思潮的影响下，许多国家热衷于经济发展，纷纷提出教育要为经济发展目标服务，要求学校培养更多的高级人才和大量的熟练劳动力。为此，从 60 年代起，以经济发展为中心的教育改革不断升温，逐渐形成了基于发展经济观的教育发展模式。发展经济观认为，教育在社会经济发展中具有重大的作用，因此要在人力资源上加大开发力度，人力资源的发展要与整个社会经济发展相协调，教育发展也应与经济发展计划相一致。

基于发展经济观的教育发展模式最主要的特征是十分重视教育的经济功能，将教育视为经济发展的一个重要的因素，教育被认为是一种生产力，是一种能够导致经济增长和变革的巨大力量。同时认为，教育也具有其投资性。例如，1962 年在智利圣地亚哥召开的拉美教育部长和财政部长联席会议上确认了教育对经济发展的作用，决定建立拉美地区教育合作机构，实施教育同社会经济计划同步增长、教育与社会经济协调发展的方针。1966年在阿根廷布宜诺斯艾利斯会议上又重申了上述原则和目标，再次强调教育是经济发展中的一种投资形式。①

在发展经济观的促动下，拉美国家开展了大规模的教育改革运动，采取的重大措施主要是：（1）教育数量上的极大发展。据联合国教科文组织的统计，1960 年至 1975 年拉美初等教育注册人数从 2760 万增加到 5720 万，中等教育注册人数从 320 万增加到 1220 万，大学注册人数从 60 万增加到 350 万。（2）提高教育经费占 GDP 的比重。拉美国家教育经费占 GDP 比重从 1960年的 2.8% 增加到 1976 年的 3.4%，1979 年增加到 4% 以上。（3）加大对高等教育的投入，优先发展高等教育。（4）进行学制改革，延长义务教育年限。巴西延长至 8 年，阿根廷延长至10 年，秘鲁延长至 11 年。（5）大力发展职业技术教育，实施普通教育与职业教育相结合的办学策略，如巴西和阿根廷等国。（6）改革课程设置，将课程内容与经济发展相适应。（7）发展成人教育和非正规教育。（8）实施分权式的教育管理体制。②

与此同时，具有拉美特色的"依附理论"在教育中也有所

①　黄志成：《拉丁美洲国家教育发展的若干特点——历届拉美国家教育部长会议分析》，载《外国教育资料》，1994 年第 4 期。
②　黄志成：《发展中国家教育改革与发展的四大模式》，载《全球教育展望》，2002 年第 8 期。

反映。拉美在历史上长期遭受殖民统治，在思想、政治、经济、文化方面早期受欧洲国家的影响，后来又受到美国的影响，使得拉美国家长期以来具有一种依附于其他国家的特性。因此，拉美的教育也成为依附结构中的一部分。总的来说，这种依附性在拉美教育发展中具有一定的影响并形成一种惯性，给拉美教育发展带来了一系列的问题。[①]

二　基于社会平等观的教育发展模式

虽然拉美的历史上常常出现独裁统治或军人专制，但是，拉美国家渴望自由、争取民主平等的信念是十分强烈的，尤其是从 20 世纪 80 年代以来，这种信念在拉美教育发展中有着极其明显的体现。

六七十年代，虽然拉美国家基于发展经济观的教育发展模式对教育发展起到了巨大的作用，但是，不可否认，这一模式只强调教育对经济发展的作用，而忽视了教育对社会其他方面的功能，使本来的社会不平等进一步加大，从而也影响到教育，扩大了教育的不平等，其集中表现为各地区和各级教育的投资不均，教育差别巨大，教育效益下降，文盲绝对数上升，中小学留级辍学率居高不下，从而产生了教育危机的状况。80 年代以来，面对教育困境，拉美国家重新调整了教育发展的思路，开始制定新的教育改革和发展策略，并逐渐形成了一种以强调社会平等、大众参与为目标的教育发展模式。

这种基于社会平等观的教育发展模式认为，在当今社会发展

---

① F. H. Cardoso and E. Faletto, Dependency and Development in Latin America, Berkeley and Los Angeles: University of California Press, 1979, p. 89.

中，尤其是在作为发展中国家的拉美，存在的一个很大问题就是社会中的不平等现象很严重。这种社会的不平等的后果之一产生了教育上的不平等，例如在受教育权利、机会、条件、过程、结果等方面都存在许多不平等的现象。基于社会平等观的教育发展模式主张，教育是社会中的一个重要的组成部分，通过教育可以达到社会发展的若干目标，如果教育发展忽视了社会发展目标，那么教育发展就会偏离方向，也会使教育不平等状况更加严重。

为此，拉美许多国家在八九十年代教育发展过程中以注重教育平等为指导，采取了以下一些措施。

第一，用法律手段来确保教育的公共性、平等性和福利性。在拉美许多国家的法律上都规定教育是人人都享有的权利，国家实施免费义务教育。墨西哥规定公立教育免费，并对边远山区的学校实施完全的福利性教育。巴西规定联邦每年不少于 18% 的税收及州和市不少于 25% 的税收要用于教育的维护和发展。[①]

第二，重新确定教育的优先发展战略。拉美国家以前的发展战略重点放在发展高、中等教育上，使本来就困难重重的普及义务教育任务雪上加霜，从而进一步加深了教育不平等。从 80 年代起，墨西哥、巴西、智利等国在国家教育发展规划中均将发展基础教育列为优先发展项目，并具体落实到各地方政府。[②]

第三，通过教育来树立社会平等公正的价值观。为了实现社会平等和公正，拉美国家注重通过教育途径来实施。例如智利、墨西哥在 90 年代的面向现代化的教育改革，就十分注重在新教

---

① Mario Contreras, La Educación en el Brazil, Ediciones el Caballito, Consejo Nacional de Fomento Educative, Secretaria de Educacion Publica, Mexico, 1985.

② Federative Republic of Brazil, Ministry of Education and Sports, The Development of Education, National Report 1990 - 1992, 43th Session of the International Conference on Education, Geneva, September 1992.

育模式中强调民主和平等意识的教育。①

三　基于国际思潮的教育发展模式

由联合国教科文组织等国际组织倡导的教育思想，在拉美教育发展过程中发挥了巨大的作用，也逐渐形成了一种以追随国际思潮来进行教育改革与发展的模式。在近几十年来的教育改革与发展中，拉美国家积极响应国际组织倡导的先进教育思想，努力实施在国际公约中做出的承诺，促进了各自国家的教育发展。

国际思潮对拉美教育的发展主要表现在 60 年代提出的终身教育、90 年代提出的全民教育、21 世纪初发展起来的全纳教育以及国际理解教育和跨文化教育。

第一，终身教育与拉美教育发展。终身教育倡导人的教育应该是从出生到死亡这一生的过程中都要进行的教育。人的一生就是学习的一生。社会应当在每个人需要的时候以最好的方式来提供这种教育，以满足人们的发展需求。拉美国家在 80 年代基本上都接受了终身教育的思想，并将终身教育的思想写入到国家法律之中作为国家教育制度发展的一种重要的指导思想，同时也建立了正规教育和非正规教育相联系、学校教育和社会教育相结合的、包括了从幼儿教育到高等教育的一种终身教育体系。②

第二，全民教育与拉美教育发展。全民教育是联合国教科文组织等国际组织在 20 世纪 90 年代初提出的。全民教育提出教育是为所有人的教育，要满足所有人的基本学习需求，并提出要在

---

① Carmen Cervera etc. , Trayectoria y Prospectiva de la Modernización Educativa, IIDEAC, Mexico, 1996, p. 62.
② 黄志成主编：《西方教育思想发展轨迹——国际教育思潮纵览》，上海，华东师范大学出版社，2008 年，第513 页。

20 世纪末普及义务教育。但是，到了 20 世纪末这一目标并没有达到，世界上还有 7700 万适龄儿童失学，7.7 亿成人文盲。① 后又提出要在 2015 年实现这一目标。拉美有两个人口大国以及许多贫穷落后的国家，普及义务教育任务还很重。就拉美和加勒比地区整体来看，小学五年级的续读率也仅达到 83%。② 但是，拉美国家还是在为实现全民教育的目标进行不懈的努力，几乎所有拉美国家都对实现此目标做出了承诺，巴西和墨西哥也出席了"九个人口大国全民教育首脑会议"，巴西制定了"全民教育 10 年规划"。总之，全民教育思想已成为拉美各国教育发展过程中的重要指导思想。

第三，全纳教育与拉美教育发展。全纳教育是联合国教科文组织在 20 世纪 90 年代中期提出并在 21 世纪大力推广的一种国际教育理念。全纳教育打破了传统的特殊学校与普通学校相隔离的状况，提出教育及人权，反对歧视和排斥，普通学校不但要接纳所有儿童（包括残疾儿童），而且要提供高质量的教育以满足他们的不同需求。为此，联合国教科文组织 2007 年 9 月在阿根廷布宜诺斯艾利斯召开了拉美地区全纳教育研讨会，拉美 11 个国家的教育部官员、教育专家出席了会议，研讨全纳教育的发展问题。在 2008 年 11 月联合国教科文组织召开的以"全纳教育：未来之路"为主题的第四十八届国际教育大会上，拉美国家的教育部长纷纷做出了大力推行全纳教育的承诺。③

---

① UNESCO, The Open File on Inclusive Education, UNESCO, Paris, 2001.
② 黄志成主编：《国际教育新思想新理念》，上海，上海教育出版社，2009 年，第 72 页。
③ UNESCO, Documentation on 48th International Conference of Education, UNESCO, Paris, 2009.

四 拉美教育发展模式的若干启示

一是基于发展经济观和基于社会平等观的教育发展模式的博弈。

拉美基于发展经济观的教育发展模式以注重教育的经济性一面，强调大力发展高等教育和职业技术教育来满足经济发展的需要。从国家整体发展来看，教育发展要关注并服务经济发展，经济发展了，教育才会得到更多的资金来发展教育。教育发展了，为社会培养了大批人才，从而也促进了经济的发展。人力资本论更是主张对人力资本的投资，认为教育的发展能够成为导致经济发展的力量。但是，教育与经济的关系并非那么简单。仅仅关注教育的经济性肯定会有失偏颇。例如，这种模式重视了教育的短期直接的经济效益，忽视了教育的长期间接的经济和社会效益；教育投资不均衡，偏重高等教育而以损害初等教育为代价，以至影响到以后的教育发展；公共教育资金更多的是使用在中上层已经受惠的利益集团，而贫穷阶层并没有在这种发展中受益；教育发展并没有与经济发展需求相适应，大学毕业生找工作难，人才外流严重；数量上的发展并没有带来质量上的提高等。

教育除了具有经济性的一面还有其他的社会功能。拉美基于社会平等观的教育发展模式注重教育的民主平等性，关注社会弱势群体的教育，坚持教育的运作机制是机会平等，原则是人道福利，保障国家教育的公共性和福利性。作为公共事业的教育，应该倡导社会平等和教育平等，逐渐消解文化资本现象（即社会中上层从教育中受益更多），促进社会平等的达成，使教育作为一项公共福利事业以调整国民收入再分配以及作为一种途径来解决社会问题，从而建立稳定的社会环境。拉美历史上出现过多次的社会动荡、混乱，如果教育公平问题处理得好些，就可以缓和社会矛盾，成为国家稳定发展的一个重要因素。因此，在教育发展过程中必须实施教育平等的原则。

拉美基于发展经济观的教育发展模式和基于社会平等观的教育发展模式，实际上是两种模式之间的博弈。问题是我们在思考教育发展的过程中，应该考虑到教育的多种功能，在教育的效益和教育的平等这两个维度上寻找到一种动态的平衡。

二是基于国际思潮和基于本土化的教育发展模式的博弈。

拉美基于国际思潮的教育发展模式以注重追随全球化的教育思潮来促进本国的教育发展，强调教育的国际合作与共同行动。当然，在全球化的过程中，适应国际教育思潮的发展，改革本国教育发展的实践，无疑是十分重要的。但是，拉美国家具有其不同的特点，必须在教育发展过程中加以认真考虑。

在拉美教育发展的历史上，出现过多次模仿和移植外来模式不适应拉美教育发展的事例，因为参考模仿和简单移植生长在别国文化基础上制定的教育制度、教育原则和教育内容，往往会磨灭本民族的创造性，使具有本土化的特色逐渐消失。

拉美的民众主义教育思想颇具拉美特色。早在 1856 年阿根廷就实施过民众教育制度。在 20 世纪二三十年代，秘鲁、巴西、墨西哥和玻利维亚等国也开展过民众教育。在六七十年代，拉美民众教育最具代表性的是巴西教育家保罗—弗莱雷，他主张真正的民众教育是以解放为目的的教育，只有让民众知道通过教育来获得解放从而改变社会，因此教育是一种觉悟和解放的过程。弗莱雷的教育思想不仅成为拉美的旗帜，也影响到世界其他国家的教育发展。[①]

---

① 黄志成著：《被压迫者的教育学——保罗—弗莱雷的解放教育理论与实践》，北京，人民教育出版社，2003 年，第 20 页。

然而，在近期拉美教育发展过程中很少出现具有拉美特色的教育思想。面对追随国际思潮来发展教育的模式，拉美各国也在寻求如何建立具有本土化的教育发展模式，使教育发展更具各国的特点。

三是寻求一种科学、平衡、可持续的发展是各国教育发展应注重考虑的。

拉美教育发展模式也许还有其他几种类型（基于政治的、基于文化的等），还有待于进一步研究。

（作者单位：华东师范大学国际与比较教育研究所）

站在新的历史起点上大力推动
中拉科技合作与交流

方铭迪

一　引言

当今世界已进入知识经济和知识社会建设的新时代，科技进步成为推动经济和社会发展的关键力量。科学技术的发展和应用关系到国家安全和人民的福祉。科技的优势能够转变成国家发展的竞争优势，是各国争夺的战略重点。在扩大开放的条件下广泛利用国际科技资源，是加快提升国家创新能力的重要途径。为此，建议将关于中拉科技合作、拉美科技资源等问题列入拉美研究课题，并给予足够重视。

站在新的历史起点上，推进对外科技合作包括中拉科技合作，笔者初步体会有以下含义。

第一，中共中央、国务院关于实施科技规划纲要增强自主创新能力的决定已于 2006 年 1 月 26 日发布，《国家中长期科学和技术发展规划纲要（2006～2020 年）》（以下简称《规划纲要》），经中央批准全面实施。中央确定，全面实施《规划纲要》，经过 15 年的努力，到 2020 年使我国进入创新型国家行列。对外科技合作理应服从这个大局，中拉科技合作不能例外。

第二，《规划纲要》中明确提出新时期我国科学技术发展的指导方针是：自主创新、重点跨越、支撑发展、引领未来。同时确立要实现八大重要目标。中拉合作必须贯彻这个方针，服务于这些目标。

第三，中央强调，充分利用对外开放的有利条件，在更宽领域、更深层次上开展国际科技合作与交流，在高起点上推进自主创新。这就要求我们一定要充分利用全球科技资源，在更大范围、更深层次上学习世界科技成就，分享各国研究开发资源和管理经验，力求加快提升自主创新能力。

第四，党的十七大对我国科技发展状况的判断有三句话，即创新型国家建设进展良好，自主创新能力较大提高；自主创新能力还不够强；发达国家在经济科技上占优势的压力长期存在。这就要求对外科技合作提高层次、扩大范围，对合作机制、方式不断创新。争取占领科技跨越发展的制高点，尽快缩小与发达国家之间的差距。

二 中国对外科技合作的国别与地区政策及拉美在中国国际科技合作格局中的定位

近 30 年来，我国国际科技合作发生了重大的变化，不断开创新局面，取得了丰硕成果。迄今，我国已同 152 个国家和地区建立了科技合作关系，在 45 个国家和地区的 63 个驻外机构派出了科技外交官 132 名；同 96 个国家签订了 102 个正在执行的科技合作协定（其中 83 个政府间科技合作协定，17 个政府间经济、贸易和科技合作协定以及 2 个政府间文化和科技合作协定）；与 22 个国家签订了政府间和平利用核能合作协定，初步形成了一个全方位、多层次、广领域、高水平的对外科技合作局面。但是就国际科技合作的全局而言，中拉科技合作的局面与此相比尚有差距。仅就派出科技外交官的比重来看，派往拉美的为数很少，迄今仅在巴西（1 人）、墨西哥（1 人）、古巴（1 人）、智利（1 人）派有少数的常驻科技官员。据统计，迄今已向世界各地轮流派出科技外交官 1122 人次，拉美 4 国仅占 27 人次。

目前对外科技合作的总体布局是：（1）巩固和发展中美科技合作；（2）深化和拓宽中国欧盟科技合作；（3）增强和提升中俄科技合作；（4）稳定和推进中日科技合作；（5）大力推动与发展中国家的科技合作；（6）积极参加多边与区域合作；（7）深化内地与香港、澳门和台湾地区的科技合作。

拉美地区包括 33 个国家和 12 个未独立地区，均属发展中国家。大力推动与发展中国家科技合作的定位，包括以下内容：东盟 10 国是我国的近邻，我国与东盟发展全面合作关系，具有得天独厚的区位优势，东盟应成为我国开展国际科技合作的重点之一。要积极推进"10 + 1"和"10 + 3"机制的科技合作。中国与非洲合作属于南南合作，中国一向重视。中国在 2006 年"中非合作论坛"北京峰会上宣布了加强同非洲务实合作的 8 项举措。我国与拉美地区科技合作在双边关系中占有重要地位。但是，拉美地区各国科技经济发展水平相差悬殊，国情各异，对国际合作的需求不尽相同，所以在科技合作过程中，更需要采取因地制宜策略，特别注意对不同的国家选择不同的合作领域。科技合作有时需要与经贸合作结合起来，借助商机，加强沟通和调研，了解需求，充分挖掘科技合作的潜力。目前，要协助我国高科技企业开拓这些国家通信和电子产品市场，合作开发当地丰富的自然资源，特别是有特色的战略储备资源，并应在适当时建立技术出口示范基地。

三 中国与拉美主要国家科技合作的回顾和评价

中国和巴西的科技合作与交流，起步较晚，发展较快，领域较广，有的项目规模较大，已形成官民并举、形式多样、合作共赢的局面。

巴西总统卢拉曾评价说："巴中关系的稳定发展不仅表现在贸易领域的不断扩大，更重要的是体现在巴中两国的全面合作，特别是两国间科技合作的持续发展，巴西与中国的交流与合作关系体现了互利、互助原则。"巴西科技部长萨登贝格曾对记者说："巴中资源卫星合作，是两国战略伙伴关系最具体的体现，它是两国科技合作中一颗璀璨的明珠。"

胡锦涛主席在 2004 年 11 月 12 日与卢拉总统正式会谈中指出，巴西是第一个同中国建立战略伙伴关系的发展中国家，是中国在拉美地区的第一个贸易伙伴，是第一个同中国开展卫星等高新技术合作的发展中国家，这几个"第一"在两国关系的发展中具有历史意义。众所周知，两国领导人都把中巴航天合作视为南南合作的典范。

1982 年 3 月中巴两国签订政府间科技合作协定。自 1984 年以来，中巴共举行六届科技合作混委会。近 30 年来，双方已签署政府间科技合作协定、协议、议定书等文件 20 多个。对口部门的合作文件则更多。双方科技高层互访不断，专家来往考察十分频繁，合作领域涵盖了航天航空、信息技术、通信、水电、农牧业、林业、医学医药、地质矿产、交通能源、化工、生物技术、水产养殖和新材料，等等。例数一些亮点项目如下。

在航天方面，1988 年 7 月，中巴签署了《中巴关于核准研制地球资源卫星议定书》后，双方对口部门开始第一和第二颗资源卫星的研制。1999 年 10 月 14 日和 2003 年 10 月 21 日，中巴联合研制的两颗资源一号卫星，先后在中国太原卫星发射中心发射成功。1994 年和 1995 年底，中国航天局和巴西科技部签署了加强和扩展两国空间合作的协议，进一步合作研制第三和第四颗资源卫星。计划于 2008～2009 年发射。2004 年 11 月，中巴又正式签署了《关于合作研制地球资源卫星 02B 星的补充议定书》和《关于中巴地球资源卫星应用系统合作的补充议定书》，为扩大合作成果、拓宽合作领域开了先河。时任巴西科技部长的瓦加斯教授，因积极推动和支持中巴科技合作，为中巴地球资源卫星的研制和发射成功做出了重要贡献，荣获了 2001 年度中国国际科技合作奖。

在航空方面，巴西航空工业制造公司与中国哈尔滨飞机工业集团合资兴建了哈尔滨安博威飞机工业有限公司，合作生产支线飞机。

在钢铁冶金方面，自 1979 年至 1999 年，巴西矿冶公司与中国钢铁研究总院、中信集团开展含铌合金钢技术的研发和生产。自 1990 年至 2000 年，中国钢铁工业进口巴西铌铁 24467 吨。我国开发生产的含铌微合金高强度钢材的年产量从 1990 年不足 3 万吨发展到 2006 年的 2700 万吨，16 年间增长了 800 倍，生产含铌钢的企业从 3 家发展到 120 家。其中宝钢开发生产的石油天然气管线钢 X60/X65，改变了我国高等级、高钢级长距离输油、气管线用钢长期依赖进口的局面。由于开发高附加值含铌钢的多品种钢材，既实现了品种结构优化的目标，又为中国钢铁企业共创经济效益达 20 亿人民币以上。巴西矿冶公司总裁和首席执行官由于推动中巴钢铁技术合作，成绩卓著，荣获 1999 年度中国国际科技合作奖。

在水电方面，巴西伊泰普大型水电站对我国三峡水电工程建设具有重要的借鉴作用。我国天生桥水电站吸取了巴西堆坝技术经验。

在农业方面，双方进行了大量的种质资源交换和现代管理的技术交流，大豆、杂交水稻、野花生等成效显著。广西引入巴西的"甘蔗健康种植生产体系"，使甘蔗产量增加 15%～25%。巴西赠送的旱稻，经我国江西省试种示范和 1995～1996 年两年在全国 20 多个省市的 280 个试点试种，至今已在全国各地推广上千万亩，取得了良好的经济效益和社会效益。

在林业方面，我国引进速生树种、桉树扦插技术对我国绿化和植被保护作用明显。

在信息技术方面，中巴分别在广东肇庆市和巴西若昂佩索阿市互建软件园。巴西 POLITEC 信息总公司将与中国沈阳东软集团合资在华建厂。

此外，双方企业间技贸合作势头良好。深圳华为公司在巴西设立子公司，并在巴西多个城市设办事处。深圳中兴公司在巴西圣保罗设办事处。珠海格力空调和上海广电集团均在巴西设厂。联想也在巴西设立了拉美第二个制造厂。

1972 年 2 月 14 日中国与墨西哥建交，2003 年 12 月两国宣布建立战略伙伴关系。2004 年 8 月成立中墨政府间常设委员会，下设包括科技合作的 4 个分委会，负责推动双边关系全面发展，并制定发展双边关系的"未来 20 年计划"。墨西哥淡水鱼养殖中心和国际玉米小麦品种改良中心与我国对口部门交流起步较早，我国鲤鱼、鲢鱼、胖头鱼已在墨西哥养殖，墨西哥玉米科学家向我国传授矮杆玉米培育技术。墨西哥国酒"龙舌兰酒"和"科罗娜"啤酒已进入我国市场。1997 年 8 月 21 日，袁隆平在墨西哥国际农作物杂交优势研讨会上荣获"国际杂交先驱科学家奖"。1998 年中墨合作在墨西哥建立"现代农业综合开发基地"，1999 年哈尔滨市在北纬 47 度的北方地区引种墨西哥仙人掌成功。墨西哥考古代表团访华，向我国介绍玛雅文化发掘保护技术和仿古阿兹特克"太阳历"的智慧。2002 年 5 月，我国中医传统"针灸"治疗技术在墨西哥获政府授予的治疗合法化地位。我国华为通讯设备也被引入墨西哥信息市场。

1970 年 12 月 15 日中国与智利建交。1980 年中智两国签署政府间科技合作协定，双边科技混委会会议已举行 7 次，迄今执行百余合作项目。1984 年 12 月 26 日，中国南极考察队抵达南极乔治岛，建设"长城站"开始科考工作，1985 年 2 月建成后，两国极地科学考察的合作交流持续至今。1989 年 12 月，中智合资建立的北京京圣铜管有限公司，目前已成为中国生产铜管的大型企业。

1972 年 2 月 19 日中国与阿根廷建交。中阿科技合作起步于 20 世纪 70 年代，阿根廷赠送我国黑白花奶牛冷冻精液 200 克，已在北京双桥农场孕育出奶牛。两国还相互交换了农作物良种和苗木。1985 年 4 月，中阿两国签订了政府间和平利用核能合作协定。稀土应用项目始于 1990 年。1991 年，中国科学院和阿根廷圣·胡安天文台合作，就天体星座定位项目开展 8～10 年的联合研究，编制一部 1 万颗恒星的南天暗星星表，为天文学研究及海洋救助定位，也为卫星、宇宙飞船、飞机、洲际导弹等空间飞行物的跟踪定位服务。此外，两国国家天文台执行高精度人造卫星激光测距系统研究的重大科研项目，该系统已于 2006 年在阿根廷安装成功，并开始观测，为我国卫星的精密定轨提供在我国本土无法观测的轨道弧段数据。

此外，我国和古巴、哥伦比亚、玻利维亚也互有少量合作项目，双方均有获益。

四 中拉科技合作的思考和建议

笔者曾任职国家科委科技情报局（现为中国科技信息研究所）、《科技日报》国际部，曾三度常驻巴西工作。退休后曾被中国国际科技合作协会聘为研究员，工作经历、所见所闻引发我对中拉科技合作反复思考。

1. 中巴科技合作交流虽已形成官民并举、形式多样、合作共赢的局面，但深度、广度还不能适应中巴战略伙伴关系发展的总体需要。过去考察的科技团组偏多，意向性协议不少，备忘录常签，但"无功而返"、"无果而终"的团组比比皆是，今后要特别提升合作研究、联合开发、合作经营等项目在双边合作中的比重。

2. 中拉科技合作过去多强调"以我为主"和"为我所用"，这个原则今后仍要坚持，但不同的对象国应根据不同的国别和地区政策有所区别。拉美多数国家的科技发展水平与我国不对称，应考虑国际合作的"中性原则"，即彼此双方的好处差不多，平等互利。过去中拉科技合作中互赠种质资源和苗木居多，今后拟选择各有特色、互为稀缺的品种互相交换，并照顾彼此生物多样性的合理关切。

3. 拉美有33个国家和12个未独立地区，其中相当部分的国家和地区与我国尚未建交，我国拟遵循科技合作交流无疆界的客观规律，探索彼此的利益驱动和互有需求，根据科技合作可以先于外交关系的建立而进行、科技合作可以超脱意识形态而进行的理念，在一定条件下扩大中拉科技合作的国别和范围。

4. 考虑到涉及我们现在和未来生存环境的海洋、大气、生态环境以及大科学等领域更离不开世界各国的参与和合作，我们更应该以前瞻和战略储备的思维审视中拉科技合作，选择双赢或共赢的项目。

5. 美国国务卿希拉里·克林顿 7 月 15 日发表重要对外政策讲话，提出了一项新的"全球合作结构"计划。她表示"我们要利用与世界各国建立关系的能力来创建伙伴关系"，还说通过"在更多的角色中开展更广泛的合作和减少竞争，天平可能从一个多极世界向一个多伙伴关系世界倾斜"。这也许是"巧实力"战略的延伸。我国拟及早研究对策，包括科技合作在内的合作机制，与时俱进，不断创新。

基于上述思考，笔者对中拉科技合作提出下列具体建议。

1. 中巴已建立战略伙伴关系，地球资源卫星合作研制和卫星应用系统合作正在拓宽领域持续开展，为两国人民带来福祉。考虑到巴西是南半球唯一掌握航天技术的国家，作为国际空间站组织成员，巴西首位航天员已于 2006 年搭乘俄罗斯"联盟 TMA-8"载人飞船前往国际空间站工作 8 天。巴西分别与德国、法国、西班牙、阿根廷合作研制遥感卫星、科学试验卫星和 SABIA 卫星。巴西向美国支付 1000 万美元，购置空间站所需设备，已应允美国商业性使用阿尔坎塔拉发射基地发射美国卫星。巴西还与乌克兰签署联合研制"旋风-4 号"航天火箭系统协议。这可能与巴西研制火箭发射屡遭挫折有关。继 1997 年 11 月 2 日、1999 年 12 月 11 日发射第一枚、第二枚 VLS 卫星运载火箭失败后，2003 年 8 月 22 日第三枚 VLS 火箭又发生爆炸事故。巴西朋友称之为巴西航天计划发展史上的最大灾难，媒体说它是"巴西最大的航天悲剧"并非夸大之词。因为星箭俱毁，专家遇难，发射平台和检测设备同时荡然无存，俱为废墟。据报道，俄罗斯将于 2009 年参与巴西发射中心重建，同时俄巴将联合研制卫星发射器，俄罗斯将帮助巴西修正第四枚 VLS 火箭技术参数。鉴于上述背景，建议进一步充实中巴战略伙伴关系的内涵，考量深化中巴航天合作，拓宽空间合作领域的可能性。如果包括火箭的研发、空间站的合作，可能被对方视为"雪中送炭"。因西方发达国家对巴西高新技术的发展和出售远不如对我国敏感或严加控制，双方合作兼有双赢的可能性概率较大。

2. 中巴合作开发含铌高强度合金钢成效瞩目。巴西已探明铌矿储量 455.9 万吨，按目前全球消费量计算，足供全球市场 800 年。建议我国钢铁企业由中信集团牵头，继续同巴西合作研发含铌合金钢，加大共同经营全球铌铁市场的比重，前途应可无量。

3. 巴西是拉美海洋大国，深海石油开发在拉美居于领先地位。巴西着力争取扩展大陆架，已向联合国递交了大陆架测绘图。如获通过，巴西将在 200 海里专属经济区之外获得 90 万平方千米海域专属开发权。据悉，位于圣保罗沿海的大陆架已探明蕴藏铀、锰、金、银等 73 种稀有金属和贵金属的矿产资源。我国大陆架延伸，也据国际法理力争，势在必得。建议探求两国海洋研究和开发，应及早提上日程。

4. 亚马孙热带雨林生态保护区面积达 700 万平方千米，其中 500 万平方千米分布于巴西境内的 9 个州，是世界最大的生物多样性宝库之一，也是世界植物学家和生态专家向往的圣地。据我国自然科学进步奖一等奖得主、享誉世界的植物学家吴征益教授称，世界已发现的植物有 24 万多种，我国高等植物有 3 万多种。吴征益教授曾应巴西亚马孙研究所邀请，协助为发现的植物命名和鉴定。吴征益教授说，亚马孙的植物有多少万种，难以计数。建议我国植物学家与巴西同行在协商的基础上，组团联合进行科学考察，为前瞻意义的生物发现，共创新功。

5. 巴西具备成为世界最大生物柴油生产国的所有条件，该国第一个生物柴油提炼厂于 2005 年 1 月投产，日产柴油 5600 升，日均消耗蓖麻籽 10 吨。巴西是全球最早研究利用甘蔗生产乙醇燃料的国家，为节能减排、开发绿色能源（生物质能源）做出新贡献，建议我国有兴趣的企业赴巴西合作开发生物柴油或其他绿色能源的新品种。

6. 阿根廷是拉美基础研究有一定水平的国家，在化学、生理和医学领域曾有三位诺贝尔奖得主。中国科学院、国家天文台与阿根廷对口部门合作研究天体星座定位的项目以及海洋救护定位、空间飞行物跟踪定位服务均有成果。稀土应用项目的合作研究已始于 1990 年。稀土可用于制造复合材料，具有特殊的战略价值，没有它就无法制造精密的制导武器。我国稀土可采储量占全球的 80%，建议深化稀土应用的合作研究，有利于我国战略储备资源长占优势。

7. 中国与玻利维亚的科技合作起步较晚，合作项目不多，建议选择合作潜力很大的矿产资源联合开发，优先进行可行性研究，例如锂的开发生产。我国西藏地区拥有全球储量第二的锂矿，锂是生产电动汽车电池的主要原料，这可以帮助中国坐上世界电动汽车开发生产的头把交椅。我国以万钢领衔的电动汽车研发团队，在 2008 年北京夏季奥运会上成功地向世人展示了中国自己研发制造的电动汽车。锂是"绿色能源"，西方将其视为"21 世纪的石油"。玻利维亚得天独厚，锂的储藏量占全球的一半。建议中玻合作开发锂矿资源，进而合作建厂联合生产电动汽车，共同利益多多，可谓"珠联璧合"。此外，玻利维亚铁矿储量为 450 亿吨，在拉美仅次于巴西。可否探索建立中—巴—玻钢铁合作联盟，共同选址合作建设炼铁厂，似可前景看好。

8. 中国同智利已有南极考察、合资建厂生产铜管的合作。建议在 APEC 的框架内深化极地科考的合作与应用，为应对全球气候变化服务。

9. 中国和哥伦比亚的科技合作，应技贸结合。哥伦比亚绿宝石的储量和出口量居世界第一。建议探索绿宝石深加工，创造更高的附加值。哥伦比亚已探明煤储量 240 亿吨，居拉美第 1 位，占拉美煤储量的 40%，建议双方探索合作开发煤的气化、液化技术，为清洁能源生产共同贡献力量。

（作者单位：国务院新闻办公室）

论华人华侨在拉美国家早期
现代化进程中的作用

程　晶

　　作为发展中国家现代化的先行者，拉美国家自 19 世纪下半叶开始步入现代化进程，先后经历了现代化的早期阶段、自主发展阶段、快速发展阶段和调整阶段。在其为时半个多世纪的早期现代化进程中，华人华侨披荆斩棘，克勤克俭，做出了不可磨灭的贡献，甚至付出了生命的代价，其作用不应该被忽视，更不应该被曲解。

一　拉美国家现代化的启动与华人华侨移民拉美

　　步入 19 世纪下半叶，拉美国家政治趋于稳定，经济得到恢复和发展。此时正值西欧国家积极推进第二次现代化浪潮，拉美国家的领导阶层开始有意识地追逐这股浪潮，谋求本国的发展，使外部挑战与内部回应相结合，正式启动了拉美国家的现代化进程，在发展中国家中最早被卷入现代世界变革的大潮。"现代化并不是一个单向的历史过程，也不是西方挑战引起东方的简单回应，而是外部挑战与内部回应两者相结合的复杂的互动过程。"①

随着现代化的启动，拉美国家进入了现代化发展的早期阶段，一直持续到20世纪30年代。为了推进现代化建设，拉美大多数国家根据国内外形势，制定了初级产品出口型发展战略，以出口初级产品来换取外汇，为工业部门的发展积累资金，从而带动整个国家的经济发展，推动现代化进程。在初级产品出口型发展战略的指导下，拉美国家充分利用本国的资源优势，大力开发农产品、矿产品等。智利的铜、秘鲁的鸟粪、古巴的蔗糖等初级产品成为拉美国家出口的主导部门和国民经济的支柱。在1870~1884年，拉美国家以初级产品出口为主的对外贸易额增加了大约43%，而同一时期英国的对外贸易额仅增长了27.2%。② 在智利，19世纪末硝石成为其经济支柱，硝石出口由1880年的22.4万吨增加到1915年的202万吨，③ 硝石及其副产品碘的出口税在政府财政收入中的比重从1880年的5.52%扩大到1885年的33.77%，1890年高达52.06%。④ 初级产品出口型发展战略成效显著，在初级产品出口的刺激下，拉美国家开始兴建一批近代企业，工业生产有了一定程度的发展，城市化加速发展，从而迎来了初级产品出口的"黄金时期"，一直延续到20世纪30年代。

在拉美国家现代化启动的准备过程中以及现代化发展的早期阶段，劳动力的充分供给无疑是重要一环，其重要性不言而喻。

---

① 罗荣渠著：《现代化新论——世界与中国的现代化进程》，北京，北京大学出版社，1993年，第342页。

② ［美］E. 布拉德福特·伯恩斯著，王宁坤译：《简明拉丁美洲史》，长沙，湖南教育出版社，1989年，第179页。

③ 韩琦：《拉丁美洲的早期工业化（上）》，载《拉丁美洲研究》，2002年第6期，第30页。

④ 江时学著：《拉美发展模式研究》，北京，经济管理出版社，1996年，第6页。

然而，这一时期拉美国家却陷入劳动力短缺的困境，主要是由于19世纪初拉美国家相继废除了黑人奴隶制度，大批获得自由的黑人纷纷涌入城镇另谋工作，仅有少量黑人继续留在种植园、农场或矿山中从事繁重的体力劳动。于是，原来以黑人奴隶为主要劳动力的种植园、农场、矿山等出现了劳动力匮乏、生产力下降的严重局面，这对于以初级产品出口为国民经济支柱的拉美国家来说，无异于是沉重一击。为了解决这一燃眉之急，拉美一些国家纷纷从欧洲、非洲等地引进契约劳工，结果并不理想。于是，克勤克俭、任劳任怨、吃苦耐劳的亚洲人进入了他们的视野，成为其理想人选。拉美国家资源开发对劳动力需求的拉力与中国自鸦片战争后政局的动乱、经济的衰败导致的推力相互交织，在其合力作用下，从19世纪40年代末开始，英、法、西等西方殖民者以"契约劳工"的形式把中国东南沿海一带贫苦的劳动人民拐卖到拉美国家充当"苦力"，西方殖民主义者把它称为"苦力贸易"，我国史书上则称为"贩卖猪仔"。基于此，中国人开始以契约劳工的形式大规模进入拉美，从而揭开了华人华侨大规模移民拉美的序幕，开启了华人华侨在拉美的血泪史、创业史，为拉美国家现代化的启动准备了条件。而且，在华工进入拉美国家以后，他们不仅充当了"苦力"，在农业、工业、商业、城市化等方面均有所贡献，成为拉美国家早期现代化发展的有力推动者。

二　华工为拉美国家现代化的启动和发展提供急需的劳动力

1847年，514名华工被贩卖到蔗糖国——古巴，充当甘蔗种植园的苦力，这是运往拉丁美洲的第一批契约华工，从而揭开了拉美历史上近 30 年之久的"苦力贸易时代"。在 1847～1874 年间苦力贸易的高潮阶段，拉美输入契约华工约 50 万人左右。①华工的大量到来解决了拉美国家种植园、农场、矿山等劳动力匮乏之苦，为其注入了新鲜血液，使他们从荒凉破产的边缘重获生机。

在华工输入人数最多的古巴，蔗糖业从 19 世纪初开始就成为其经济支柱。然而，随着黑人奴隶贸易的废除，在甘蔗种植园里劳动的黑人奴隶人数锐减，从 1850 年的 40 万减少到 1870 年的 20 万；相应地，黑人奴隶在种植园中所承担的劳动份额由 1840 年的 77% 减少到 1871 年的 23%。② 于是，大量华工被贩运到古巴甘蔗种植园，及时地弥补了这一劳动力缺口。在 1847～1874 年间苦力贸易的高潮阶段，到达古巴的华工人数高达 12.6 万人。③ 在契约华工披星戴月地劳作下，古巴的蔗糖生产不但没有停顿，反而逐年上升。19 世纪 60 年代古巴蔗糖年产量突破了 50 万吨，到 19 世纪 70 年代年产量更是增长到了 70 万吨左右。④清政府驻美、日（西班牙）、秘鲁的公使陈兰彬指出："该国⑤人款以古巴糖税为大宗，而糖寮出息，又以华佣多寡为盈拙关键，故该国上下无不注重招工。"⑥

在英属圭亚那，自 1853 年大量输入华工以后，其荒废衰败的种植园重现生机。1853～1879 年英属圭亚那总共输入华工 1.5

---

① 李春辉、杨生茂著：《美洲华侨华人史》，北京，东方出版社，1990 年，第 474 页。

② 同上，第 581 页。

③ 转引自罗荣渠著：《美洲史论》，北京，中国社会科学出版社，1997 年，第 372 页。

④ 同①，第 581 页。

⑤ 这里指古巴。

⑥ 转引自张铠：《十九世纪华工与华人对拉丁美洲的历史贡献》，载《近代史研究》，1984 年第 6 期，第 173 页。

万人左右。① 他们被分配到沿海地区 176 个大种植园里做工。关于华工的作用，英国殖民者坦言道："中国人在东方各地已经公认为是造成繁荣的因素。他们无论走到哪里，都以他们的不懈劳动促成那个地方的繁荣富足。在西印度，从每一方面传来的报道，都证明中国移民对于西印度的主要支柱——种植园事业的良好作用。如果没有来自东方各地的移民，那里的种植园早已无法维持了。"② 到 1870 年左右，"庄园的地位比过去任何时候都好，出口总值同奴隶解放以前相比增加了 1 倍"③，使英属圭亚那"已经达到优于大多数热带殖民地的地位"④。

在秘鲁，19 世纪中叶，其鸟粪、蔗糖、棉花等在国际上热销。为了扩大出口，劳动力严重短缺的秘鲁政府大量输入华工。1849～1874 年，贩往秘鲁的契约华工大约有 10 万人，人数仅次于古巴。⑤ 随着华工的大量输入，秘鲁的蔗糖生产迅速发展，产量由 1870 年的 251 吨猛增至 1880 年的 8 万吨，10 年间增长了近318 倍；棉花产量从 1865 年的 8937 英担增加到 1873 年的 99492英担，8 年间增长了 10 倍以上。⑥ 其中，在 19 世纪 70 年代，蔗糖出口总量的 68% 都产自秘鲁北部沿海一带华工集中的特鲁希略——契克拉约地区，棉花出口总量的 94% 都产自秘鲁中部沿海

---

① 李春辉、杨生茂著：《美洲华侨华人史》，北京，东方出版社，1990 年，第490 页。

② 陈翰笙主编：《华工出国史料》，第 2 辑，北京，中华书局，1984 年，第 63页。

③ ［英］詹姆士·罗德韦著，吉林大学历史系翻译组译：《英、荷、法属圭亚那》，长春，吉林人民出版社，1974 年，第 119 页。

④ 同上，第 129 页。

⑤ 沙丁等著：《中国和拉丁美洲关系简史》，郑州，河南人民出版社，1986 年，第 143 页。

⑥ 同①，第 584 页。

一带华工集中的皮斯科—伊卡、利马和皮乌拉三个地区。① 所以，秘鲁学者温贝托·罗德里格斯写道，华工的辛勤劳动对于陷入危机之中的秘鲁农业"起到了一种挽救的作用"，"解决了发展中的农业对劳动力日益增长的需要"，华工成为"上一世纪大地产财富的创造者"②。华工不断使秘鲁的农业欣欣向荣，而且也是其鸟粪开采的主力军。在华工辛勤劳动下，1840 年至 1880年的 40 年中，秘鲁总共开采了 1200 万吨鸟粪，价值 7.5 亿比索。在 19 世纪六七十年代，秘鲁的鸟粪开采每年为秘鲁政府提供 1000 多万至 5000 万比索的收入，差不多占国家财政收入的75% ~80%。华工所创造的鸟粪时代，为秘鲁现代化的发展带来了活力和资金，使"秘鲁的经济在由封建主义向资本主义转变的进程中，得到了第一次强有力的推动"③。许多欧美国家和秘鲁本国的有识之士对华工的作用给予了公正的评价。如秘鲁华工史专家瓦特·斯图尔特盛赞道："在 1850 ~ 1875 年这 25 年间，在秘鲁当时的条件下……离开中国不存在其他的移民来源。"而没有契约华工，秘鲁的"农业就会凋敝，富饶的鸟粪储藏就不能开发，工业和铁路建筑就要停顿。尽管他们没有健壮的体格……但苦力还是用他们的劳动对这个国家做出了巨大的贡献"。④ 秘鲁著名学者、诗人胡安·德阿罗纳更是作诗一首以表钦佩之情："无处没有中国人的行踪，从鸟粪的挖掘与装袋，到谷地农田的耕种；从为奴仆、佣工，到清扫大街美化市容。他们甚至当下等人的仆

① 李春辉、杨生茂著：《美洲华侨华人史》，北京，东方出版社，1990 年，第585 页。

② 陈翰笙主编：《华工出国史料汇编》，第 6 辑，北京，中华书局，1984 年，第 253 ~260 页。

③ 同①，第 583 ~588 页。

④ ［美］瓦特·斯图尔特著，张铠、沈桓译：《秘鲁华工史（1849 ~ 1874）》，北京，海洋出版社，1985 年，第 196 页。

从。他们无论干哪个行业，都是尽职尽忠。……"①

从北美洲墨西哥的麻园、煤矿到中美洲、加勒比地区的甘蔗园、香蕉园、棉花园，再到南美洲智利的硝石矿、秘鲁的鸟粪场、棉花园等地，到处都可以看到华工辛勤劳作的背影，拉美国家资源的开发、初级产品出口的增加、现代化启动所需资金的积累无不凝结着华工的血汗。在此，需要特别指出的是，契约华工移民拉美、开发资源的这段历史，完完全全是一部血泪史，他们不仅用自己的双手甚至用自己的生命来为拉美国家现代化的启动、发展披荆斩棘，筚路蓝缕。

从被拐骗到"猪仔馆"的那一刻起，华工们便踏上了一条荆棘丛生的血泪之路。还未登上拉美的土地，便早已有一批苦力葬身鱼腹了。19 世纪 50 年代初，航程中苦力的死亡率在秘鲁达到贩运苦力人数的 32%，巴拿马为 24%，英属圭亚那占到 20%，古巴高达 45%。所以，太平洋航道上的这一苦力运输被学者们称之为是继 17 世纪和 18 世纪大西洋航道中黑奴贩运之后所出现的"中西国际关系史上最可耻最不幸的一幕"。人们把苦力贩运的航程形象地比喻为"浮动地狱"，而那些幸存下来的华工随即便坠入了所谓的"活地狱"。他们被公开在市场上拍卖，然后送到种植园、农场、矿场或者铁路上，像奴隶一样从事繁重的体力劳动，遭受着无情的剥削、恶劣的待遇和残酷的惩罚，受尽人间折磨，死亡率极高。在古巴，"华工在契约期内的死亡率高达 75%，劳动寿命平均只有 5 年"，"除非死去，其奴役期是永远不会终止的"②。在秘鲁，能活到契约期满的契约华工不及

---

① ［美］瓦特·斯图尔特著，张铠、沈桓译：《秘鲁华工史（1849～1874）》，北京，海洋出版社，1985 年，第 76 页。

② 李春辉著：《拉丁美洲史稿》，上册，北京，商务印书馆，1983 年，第 338～342 页。

1/3。^① 在英属圭亚那，华工死亡率几近50%，一点也不亚于古巴和秘鲁的情况。^② 关于华工在拉美各国的悲惨处境，当时许多国家的目击者、幸存下来的华工都留有记叙，其中秘鲁学者温贝托·罗德里格斯感慨道："秘鲁对这些天国的儿子们来说，简直是一座地狱，他们的血和汗使秘鲁河谷流水都为之上涨，沿海的任何一块土地上都至少有一座华人的墓冢。"^③ 1874年清政府派往古巴进行实地调查的专使陈兰彬在其调查报告中写到这样几句话："几乎我们所见到的每个华人都在遭受着痛苦，或曾经遭受过痛苦。痛苦几乎是我们所听到的每句话中的要旨。并且，我们全都看到了这些痛苦的人，也全都听到了这些痛苦的话。"^④ 短短的几行字，"痛苦"一词却多次重复出现，可见华工的悲惨处境罄竹难书，令人发指。表面上，契约华工与西方殖民者签订了所谓的契约，有一定的工资，但这完全是为了掩人耳目，欺世盗名。实际上，华工被视为随便买卖的商品，会说话的工具。恩格斯曾一针见血地指出：苦力贸易是一种"以印度和中国隐蔽的苦力奴隶制代替公开的黑人奴隶制"。^⑤ 我国华侨史学家温雄飞讲道：契约华工"去奴隶之名，存债奴之实，去主奴尊卑之关系，易之以债权与债务者之相互"^⑥。英国外交部也坦言道："英国人在英国旗帜下，将中国劳动者运入钦嘉岛，其被奴役的可怕

① ［美］瓦特·斯图尔特著，张铠、沈桓译：《秘鲁华工史（1849～1874）》，北京，海洋出版社，1985年，第90页。

② 罗荣渠：《十九世纪拉丁美洲的华工述略》，载《世界历史》，1980年第4期，第39页。

③ 陈翰笙主编：《华工出国史料汇编》，第6辑，北京，中华书局，1984年，第246页。

④ 李春辉著：《拉丁美洲史稿》，上册，北京，商务印书馆，1983年，第341页。

⑤ 《马克思恩格斯选集》，第1卷，北京，人民出版社，1973年，第110页。

⑥ 陈翰笙主编：《华工出国史料汇编》，第5辑，北京，中华书局，1984年，第20页。

状态打破了过去一切黑奴贸易的记录。"①

华工在拉美土地上曾经遭受的惨状在世界移民史上实属罕见。因此，拉美近代资源的开发、拉美现代化的启动和早期现代化的发展无不凝结着华工们的血汗，他们用自己的双手甚至是生命及时地弥补了黑人奴隶人数锐减给拉美经济发展带来的冲击。

三 华工为拉美国家交通现代化的建设披荆斩棘

殖民地时期，拉美大陆区域间的交通运输主要依赖畜力、人力，只有少数地区拥有可通航的河流和湖泊。为了便于初级产品的出口运输，拉美主要国家从 19 世纪中叶开始积极修建铁路、运河、港口等。于是，契约华工除了主要被卖到种植园、农场、矿场从事资源开发以外，还有一小部分华工参加墨西哥、巴拿马、秘鲁等国的铁路、公路、运河、港口建设，为拉美国家交通现代化的发展披荆斩棘。

在墨西哥，早在 19 世纪 60 年代就有华工参加了从美国帕索市至墨西哥城的墨西哥中央铁路的建设。至 1910 年墨西哥资产阶级民主革命爆发前，在墨西哥索诺拉州的卡纳内亚铜矿区和南太平洋铁路线上劳动的华工就有 14000 多人；墨西哥南部瓦哈卡州修筑铁路的华工有 3000 多人。② 由于劳动繁重、饮食不良、水土不服，华工病者、死者甚众，所以华工将瓦哈卡州称为

---

① 李春辉著：《拉丁美洲史稿》，上册，北京，商务印书馆，1983 年，第 338页。
② 萨那、张玉玲：《论墨西哥华侨社会的变迁》，载《华侨华人历史研究》，1989 年第 1 期，第 35 页。

"枉死城"①。

在秘鲁，为了适应初级产品出口运输的需要，19世纪六七十年代秘鲁建成了两条主要铁路干线——中央铁路干线和南方铁路干线。在秘鲁的铁路建设中，华工充当了重要劳动力，特别是在利马—奥罗亚铁路建设中，华工更是充当了主力军。奥罗亚一带白银储量丰富，1886年至1895年间该地区白银产值高达3.3亿美元，为当时处于困境中的秘鲁经济带来了一线曙光。② 为了大力开发奥罗亚地区的白银，秘鲁政府积极招募华工修筑利马—奥罗亚铁路。其中，仅1870年就从中国招去8000名契约华工。利马—奥罗亚铁路全长139千米，50%的筑路工人都是华工。③ 所以，华工用自己的双手和生命促进了秘鲁白银的开发，从而开启了秘鲁经济史上著名的"白银年代"。为此，秘鲁著名经济学家艾米利奥·罗梅罗赞扬道，华工"是那个时代最出色的筑路工人"。④

除了墨西哥、秘鲁的铁路建设外，享誉国际的巨大交通工程巴拿马铁路和巴拿马运河的修建也同样渗透着华工的血汗。巴拿马铁路自1850年初开工到全线通车，历时6年，其间共有2万华工参与修筑，在该铁路的西段基本上都是华工。华工大都葬身于此，生还者寥寥。志刚在《初使泰西记》中曾这样描述："闻昔修铁路时，因其地水土恶劣，天气炎燠，西班牙国用所贩'猪仔'粤人两万余执其役，乃听其穴居野处，餐生饮冷，逼以

① 陈翰笙主编：《华工出国史料汇编》，第6辑，北京，中华书局，1984年，第268页。
② ［美］B.派克著，辽宁大学历史系翻译组译：《秘鲁近代史》，上册，沈阳，辽宁人民出版社，1976年，第314页。
③ 同①，第249页。
④ 李春辉、杨生茂著：《美洲华侨华人史》，北京，东方出版社，1990年，第585页。

苦工，而疾困死者殆尽，狠哉！"[1] 在举世闻名的巴拿马运河修筑中，华工也同样贡献了自己的生命。1881 年巴拿马运河正式破土动工，一直到 1914 年基本完工，其间共有几千名华工先后被招去开凿运河，他们大都长眠于巴拿马运河两岸，因此运河工人心酸地把巴拿马运河称之为"死亡的河岸"。清朝的张荫桓曾记载："其时广东客民赴役者二千人"[2]，"不愈年而瘴殁几尽"[3]。为了修筑巴拿马铁路和巴拿马运河，一共有 2 万名左右的华工牺牲了生命。为了纪念牺牲的华工、表彰华人的功绩，巴拿马人民在当初巴拿马运河工程最艰难的地段——库莱布拉山的山顶上，修建了一座凉亭，取名为"契约华工亭"。

在拉美国家现代化的早期阶段，铁路、运河、港口的修建将矿山、农场与城市和港口连接起来，降低了运输成本，促进了初级产品的出口，同时也为国内市场的形成和现代工业的发展创造了良好条件。所以，华工用自己的血汗促进了拉美国家交通现代化的发展，给侨居国带来了巨大的经济效益。

四　华商阶层的形成和壮大促进了拉美国家商品经济的繁荣和早期资本主义的发展

19 世纪下半叶，伴随着现代化进程的启动和初级产品出口的不断增加，拉美国家资本主义获得发展，国内外市场不断扩大。不少华人华侨参与其中，经营商业，艰苦创业，逐渐形成了

---

① 福建师范大学历史系华侨史资料选辑组编：《晚清海外笔记选》，北京，海洋出版社，1983 年，第 216 页。

② 指开凿巴拿马运河。

③ 李春辉著：《拉丁美洲史稿》，上册，北京，商务印书馆，1983 年，第 345 页。

华商阶层。

华商阶层的形成主要来源于契约期满的华工和19世纪70年代以后的新移民。在经过3~8年的契约期限后，到19世纪末20世纪初，大约有10万契约华工幸存下来，成为了自由人。他们大都一贫如洗，无力回归故土，只好留居他乡，自谋生路。其中，大部分华工来到城镇，成为自由雇工、小手工业者或者商贩。不少华工辛勤劳作，从打工开始慢慢积累资本，然后开店经商。这些契约期满的华工成为这一时期拉美华侨和华商阶层的主体。除此之外，1874年契约华工被禁止，于是开始了新的移民拉美的浪潮。19世纪70年代陆续有一些华人华侨从中国或北美洲移民拉美，主要是一些大商人，他们来到拉美后主要经营商业，充实了华商的队伍。

这一时期华商最重要的谋生手段是以裁缝洗衣业、中餐馆业和理发业为代表的"三把刀"式传统行业，再加上杂货业，这便是华人在异域他乡安身立命的主要职业。19世纪70年代，在巴拿马、秘鲁、古巴、墨西哥等国均有华人华侨经营的商店，20世纪初华人华侨的商业活动更是遍及拉美100多个城市，许多城市还形成了华埠。虽然大多数华商经营规模不大，但是在拉美一些国家的经济活动中却占有一席之地。例如，1898年华人华侨的商店在苏里南首府帕拉马里博占了30%，在苏里南内地食品商店中占了一半。[①] 20世纪初，古巴华人的商店已有近2000家，仅次于西班牙和美国在古巴的侨商；在巴拿马，华商甚至达3000余人，"投资千万，几握其全国商务权之半"；秘鲁华商的实力也发展到了与法兰西、德意志侨商不相上下的水平，仅次于

---

① 吴德明著：《拉丁美洲民族问题研究》，北京，世界知识出版社，2004年，第93页。

英、美两国在秘鲁的侨商。①

在拉美国家中，这一时期的华商虽以小商小贩为主，但也有一些资本雄厚的大商人，他们开办公司、商场、从事进出口贸易等，在侨居国的经济活动中具有一定的影响力。这些大商人中有一部分是契约期满的华工。他们在艰苦创业的过程中，一点点积累资本，不断扩大店铺规模，成为富裕的华商。秘鲁当时的报刊曾这样报道："有数不清的中国人从挣得饭食、衣着和每月 4 个比索的工资起家，现在已积累了 2 万、3 万和 4 万元的资本。"②如秘鲁的曼努埃尔·德拉克鲁斯、古巴的何塞·马尔菲亚·王、英属圭亚那的何受等都是在解除契约后通过努力打拼成长为侨居国颇有名气的富商。除了一部分契约期满的华工外，华商中的大商人更多的是 19 世纪 70 年代以后从中国或北美洲移居拉美的大商贾。这些新移民在秘鲁投资创办了规模颇大的中华航业公司；在墨西哥创办了轮船公司，其船只往来于中、美、墨各港口之间。据清廷《外务部档》记载，自 1899 年中墨签订通商条约以后，"华人赴墨日益增多"，1904 年增至 8000 多人，到 1910 年时旅墨华人已不下 3 万余人③。旅墨华侨"或办铁路设立公司，或办银行设立公司，或办电机设立公司，或办矿务设立公司"；"所有在瓜灰拉省之中国公司，近日均甚兴旺"。④ 19 世纪末 20 世纪初，在秘鲁首都利马出现了著名的八大华人商号，即永安昌、宝隆、宝安、正合、广福、广发隆、广和、和安荣。随着华侨商业的发展，有些富裕的华商甚至投资于拉美的金融业，如

---

① 李春辉、杨生茂著：《美洲华侨华人史》，北京，东方出版社，1990 年，第590 页。

② ［美］瓦特·斯图尔特著，张铠、沈桓译：《秘鲁华工史（1849～1874）》，北京，海洋出版社，1985 年，第 111 页。

③ 同①，第 623～624 页。

④ 李春辉著：《拉丁美洲史稿》，上册，北京，商务印书馆，1983 年，第 355页。

1877 年在古巴成立了第一家华人银行。

作为拉美新兴资产阶级的一部分,华商阶层的形成和壮大便利了当地人的生活,活跃了市场,刺激了拉美国家商品经济的繁荣,成为拉美早期资本主义发展的有力推动力量。秘鲁华工史专家斯图尔特称赞道:"在商业活动中,华人显示出巨大的才能","他们在不声不响之中已卓有成效地适应了秘鲁社会","促进了秘鲁繁荣与昌盛"。① 这不仅是对秘鲁华商的称赞,也是对整个拉美地区华商的生动描绘。

五 华人华侨投身于拉美国家早期工业化建设

19 世纪末,在初级产品出口的刺激下,阿根廷、巴西、智利、墨西哥、秘鲁等开始兴建一批近代企业。1870 年墨西哥基本上没有资本主义工业企业,到 1910 年墨西哥已经拥有 146 家近代纺织厂;② 阿根廷的各类企业总数从 1895 年的 2.2 万家,增至 1913 年的 4.9 万家。③ 而在智利、巴西等拉美国家广泛地在工业中采用蒸汽动力。

在拉美国家早期工业化发展过程中,身居于此的华人华侨也参与其中。一方面,他们为工厂企业提供劳动力。当契约华工期满后,虽然大部分获得自由的华人转而经营商业、服务业,但也有小部分华人受雇于工厂企业。另一方面,一些华人华侨通过艰

① [美] 瓦特·斯图尔特著,张铠、沈桓译:《秘鲁华工史 (1849~1874)》,北京,海洋出版社,1985 年,第 193~195 页。

② Howard F. Cline, The United States and Mexico, New York: Athenaeum Press, 1965, p. 52.

③ Roberto Cortes Conde & Shane J. Hunt: The Latin American Economies: Growth and the Export Sector 1880~1930, New York: Holmes & Meier, 1985, p. 375.

苦创业，在积累了一定资金后开办了一些小型的工厂企业，如秘鲁华侨开办了布匹和麻绳厂、蜡烛厂、皮革厂、谷物加工厂、铁厂和家具厂等，古巴华侨开办了糖厂等。1879 年，古巴马坦萨斯的 3 名华人合资买下了一家糖厂，经过努力经营，在 4 年内这家糖厂的产量几乎翻了一番；1910 年，华人在古巴首都哈瓦那创办了一家面粉加工厂。① 在墨西哥，华人华侨开办的制鞋厂和制衣厂数量颇多，在索诺拉州和下加利福尼亚州的制鞋业和制衣业中占据了主导地位。1903 年索诺拉州 37 家制鞋厂中，至少有 10 家是华侨开办的，年产值达到 10 万美元。② 在牙买加，华人中经商者颇多，1908 年从事零售业的华人达到 834 人。③ 总的来说，虽然这一时期华人华侨开办的工厂数量有限且规模不大，无法与美、英、西等侨民在拉美开办的工厂相提并论，但是华人华侨的工业活动是拉美近代工业的组成部分，对其工业发展起到了一定的推动作用。

六　华人华侨积极参与拉美国家农业现代化进程

自 1847 年契约华工开始被贩运到拉美国家以后，华工们便用自己的双手甚至生命为拉美国家的农业发展做出了重大贡献，成为拉美一些国家农业生产的主力军。华工们除了为种植园、农场、畜牧场提供劳动力外，还积极传播农业技术、改良品种。例

---

① 李春辉、杨生茂著：《美洲华侨华人史》，北京，东方出版社，1990 年，第 591 页。

② 〔美〕胡其喻：《移民与发展中的社会——墨西哥北部的华人》，载《华侨华人历史研究》，1988 年第 4 期，第 44 页。

③ Robert A. Pastor, Migration and Development in the Caribbean: The Unexplored Connection, Westview Press, Boulder, 1985, p. 247.

如，华工在古巴成功地引种了芝麻，在秘鲁、苏里南、古巴等地区传播了水稻种植技术。清朝的张荫桓在《三洲日记》中记载到：19世纪80年代，秘鲁"近以蔗园生意日减，遂亦种稻，赖华工为之，岁仅一获，米却不恶"。① 此外，华工还把中国修治水道、填筑沼泽的经验带到了拉美。在农业生产中，华工还对人工培育橡胶和炼制蔗糖的技术进行了重要的创造和革新。其中，在糖业生产中华工发明了"真空平锅"技术，从而使糖产量成10倍地增长，"过去在西印度需要使用500名黑人奴隶劳动才能生产出来的糖，在古巴只需要190名中国苦力就够了"。② 一位秘鲁作家也承认，华人对于"有效地改变很多陈旧的技艺……做出了贡献"③。

19世纪下半叶，有一部分契约期满的自由华人继续留在种植园、农场做工，也有一部分华人华侨投资于农场，发展当地的农业生产。在古巴，一些华人华侨经营甘蔗园、香蕉园或畜牧场。1889年，全古巴就有华人农场主42个。④ 在秘鲁北部，大部分农场最早均由华人华侨所开辟，秘鲁中部地区也有华人华侨经营的大农场，除种植农作物外，还兼养猪、牛、鸡等。1905年移居秘鲁的刘金良可谓秘鲁华人中的农业巨子。1922年他开始在秘鲁北部帕卡斯马约地区从事农业经营活动，创建了占地面积达2300公顷的大农场，主要种植稻米、棉花，产量可观。华人华侨的农业生产活动满足了当地人民的生活需要，促进了拉美国家农业现代化的发展。

① 福建师范大学历史系华侨史资料选辑组编：《晚清海外笔记选》，北京，海洋出版社，1983年，第240页。

② 陈翰笙主编：《华工出国史料汇编》，第4辑，北京，中华书局，1984年，第180~181页。

③ ［美］瓦特·斯图尔特著，张铠、沈桓译：《秘鲁华工史（1849~1874）》，北京，海洋出版社，1985年，第194页。

④ 陆国俊著：《美洲华侨史话》，天津，天津教育出版社，1991年，第59页。

七 华人华侨成为拉美国家城市化发展的推动力量

19 世纪下半叶，在工业化的推动下，拉美一些城市获得迅速发展。这一时期，侨居拉美的华人华侨主要居于城镇，经营商业、服务业等，促进了城市商品经济的繁荣，成为拉美城市发展的新鲜血液。此外，华人华侨多以血缘宗亲或地缘同乡、业缘同行等为纽带聚集在一起，逐渐形成了华埠。华埠并不仅仅是华人的异域家园，也是侨居国城市的有机组成部分，促进了城市的繁荣和发展。学者纳尔逊在《巴拿马的五年：1880～1885 年》一书中记载道："巴拿马市的唐人街，占该市很重要的一个部分。"① 19 世纪 60 年代，古巴哈瓦那的几条街道华商渐集，"蔚然可观"。1898 年苏里南首府帕拉马里博市区华商云集，促进了该地区的繁荣兴旺。19 世纪 70 年代，秘鲁首都利马市的卡庞街欣欣向荣，成为秘鲁华人区的中心。美国驻秘鲁大使理查德·吉布斯曾这样描绘道："面对大市场或通向大市场的那几条街道上，华人杂货商、裁缝匠、鞋匠、面包师、屠户和其他商贩云集于此，沿着这些街道漫步，看着这些商贩，他们的店铺和招牌，你很容易想象到，你是置身于一座中国城市之中。"② 因此，华人华侨不仅促进了拉美国家农业、工业、商业和交通运输业的发展，而且也是拉美城市化发展的推动力量。

综上所述，自 19 世纪下半叶拉美国家步入现代化航道以来，华人华侨参与其中，他们在异域他乡凭着勤劳节俭、坚忍不拔的

---

① 李春辉著：《拉丁美洲史稿》，上册，北京，商务印书馆，1983 年，第 354 页。

② ［美］瓦特·斯图尔特著，张铠、沈桓译：《秘鲁华工史（1849～1874）》，北京，海洋出版社，1985 年，第 193 页。

精神与侨居国的劳动人民一起为拉美国家现代化的启动与早期现代化的发展做出了不可磨灭的贡献，成为拉美国家"无法估价的拓殖者"。让我们以著名的华工史专家金文泰的评价来作为总结："中国人不论到哪里，只要那里有一个好的政府和合理的机会场所，都证明他们不论在才智上和道德上都有资格成为有益的公民……成为无法估价的拓殖者。"①

（作者单位：湖北大学历史文化学院）

---

① 转引自罗荣渠著：《美洲史论》，北京，中国社会科学出版社，1997年，第388页。

拉美华人社会在中拉
关系发展中的作用

林　华

中国向拉美地区的移民历史可以追溯到 16 世纪。从 19 世纪中期起，华人社会开始逐渐形成并发展起来。除个别国家以外，华人作为少数民族，在拉美人口中所占比重并不大，但华人社会对拉美的历史贡献却不容小觑。此外，拉美华人社会在 100 多年的发展历程中，树立了中国人在海外谋生与发展的独特形象，赢得了良好的口碑和信誉。这些都为拉美华人社会地位的不断提升奠定了基础。近年来，中国与拉美之间的关系日益密切，究其原因，政治和经济因素固然重要，但华人社会所起到的民间推动作用也应该得到承认和重视。

一　拉美华人社会的形成和发展

史学界一直存在着美洲大陆的最初居民来自于亚洲的观点。从人种学上分析，美洲印第安人属于蒙古人种，因此与中国人有亲缘关系。尽管这种看法在国际学术界还存在争议，但中国人在西班牙殖民统治开始后不久就踏上了美洲大陆，却是不争的事实。据史料记载，早在 16 世纪，中国人、菲律宾人和印度人因为经商、做工、躲避战乱等缘故，开始前往拉美地区寻求发展。另外，由于西班牙殖民当局允许来自东方的手工艺人进入其统治区域，成千的工匠和手艺人来到了西班牙统治下的美洲大陆谋生。当时，"唐人"这一称呼被用于所有来自东亚和南亚地区的移民。因此，墨西哥城出现了以东方人为居民的"唐人街"。

在此后的 200 多年时间里，又零零星星地有一些中国人远赴拉美谋生，但未形成规模。直到 19 世纪中叶，中国人开始以华工形式成批移居拉美地区，并在此定居下来、繁衍生息，才逐渐形成了一个庞大的华裔种群。然而，这个过程始终充满了苦难、艰辛和曲折。总的来说，拉美华人社会的形成和发展经历了以下 4 个阶段。

第一个阶段从 19 世纪中期到后期。准确地来讲，虽然这个时期有大批的中国人移居拉美，但尚不具备形成华人社会的条件。这主要是因为这些人大多是被"贩运"到拉美从事繁重体力劳动的苦力。他们既没有人身自由，在经济上也没有独立，属于拉美移民中地位最低下的群体。

第二个阶段从 19 世纪后期到 20 世纪 40 年代。随着华工契约期满，获得了人身自由，以及清政府的外交干预，华人在拉美国家的境遇逐渐得到了改善。经过几十年的艰苦创业，华人在侨居国建立起属于自己的庞大产业，不仅经商，还参与农业和工矿业活动，并投资运输、金融等行业，经济实力大增。拉美各国都成立了华侨社团组织，并创办了华文报纸，很多大城市都有华人的聚居区，华人社会基本形成，并初具规模。当然，这个过程也并非一帆风顺，其间拉美各国都不同程度地经历过限制和排斥华人活动的浪潮。

第三阶段从 20 世纪 50 年代到 80 年代。这个时期向拉美迁移的华人主要是港台和东南亚地区的居民，以商人、企业家和劳工为主。这部分移民的迁入，使华人社会的规模继续扩大，经济实力稳步提高。

第四阶段从 20 世纪 80 年代起至今。自中国实行改革开放政策以后，大陆向拉美国家的移民逐渐增多。与老一代的移民相比，新移民的原籍已经不再局限于广东和福建两省，而是扩大到整个中国沿海地区，特别是江浙一带，而且内陆省份的移民也为数不少。这部分移民的迁入，使拉美华人社会进一步壮大，而且与中国的联系更为密切。

拉美华人社会经过 100 多年的发展，已经在侨民的构成上发生了重要变化。从广义上讲，华人社会应该包括 3 类侨民。

第一类侨民是近几十年来移居拉美的中国人。他们出生在中国，有在中国成长、受教育或工作的经历，深受中国文化的影响。虽然为了生存学会了当地语言，但相互之间仍讲汉语。他们主要从事餐饮、零售、对外贸易等行业。因家庭或经商等原因，仍与中国保持联系和交往。这类侨民是中国侨团活动的主要参与者和组织者。他们中的一部分人已经加入侨居国的国籍。

第二类侨民是第二或第三代移民。他们中的多数人在语言和宗教信仰上已经本土化，而且血统已不纯正，一些人虽然能听说汉语，但不会写汉字。他们的共同特点是仍然保留着中国的传统习俗和饮食习惯，在思想观念上也没有被完全同化，对中国比较关注。

以上两类侨民构成狭义的拉美华人社会，他们既是中国文化在拉美的传承者，也是推动中拉民间交往的中坚力量。

第三类侨民是最初几代移民的后裔。这部分群体经过祖辈与当地人的通婚和同化，如今在语言、风俗习惯、生活方式和价值观念等方面早已拉美化，与狭义上的华人社会和中国文化联系很少，一般与中国侨团也无接触。有些人在容貌上已经不再具有华人的典型特征，仅能从姓氏上判断其具有华裔血统。有些人经过数代混血之后，连中国姓氏也没有了。这部分华裔群体由于已经完全融入当地社会，因此分布在各个社会阶层，从事的工作也五花八门，其中不乏一些政界和军界要人。虽然他们与中国的联系已日渐疏远，而且多以当地人自居，但他们知道自己的祖先来自中国，自己的血液里有中国人的印记，因此从感情上讲对中国是比较亲近和友好的。

由于华人大规模移居拉美已有 150 多年的历史，而且与当地人同化的程度较深，因此目前很难对华人社会的规模，特别是华裔数量进行确切的统计。这也导致国内外研究中的统计数字差异很大。有的研究认为拉美和加勒比地区的华裔约为 400 万~500 万人，纯中国血统的华人华侨约为 100 万人。巴西、秘鲁、古巴、巴拿马是华裔人口最多的国家。其中，古巴在历史上曾经接纳过大量中国移民，但由于长期受到美国封锁，经济比较困难，近年来已经很少有新移民前往。因此古巴华人社会以混血人种为主，纯中国血统的侨民只占很少一部分①。根据中国驻外使馆和当地侨团的统计，目前华人华侨比较集中的国家有巴西（约 20 万人）、委内瑞拉（约 16 万人）、秘鲁（10 多万人）、墨西哥（约 7 万人）和阿根廷（约 6 万人）。

二 拉美华人社会的地位和影响

在拉美华人社会形成和发展的 100 多年历史中，华人在侨居国的地位和影响也在发生重要变化。最初移居拉美的华人大多是廉价劳动力，没有任何政治、经济和社会地位可言。后来的华侨虽然靠自己的努力获得了一定的经济实力，但在政治上仍然没能

---

① 据统计，2006 年前后在古巴哈瓦那登记注册的第一代华裔移民仅有 143 人。

摆脱受歧视、受排斥的境地。20世纪30年代，拉美很多国家都掀起了反华运动，使一批华侨被迫回国或移居他国。

20世纪50年代以后，华人社会进入稳定发展阶段。老一代的华侨经过几十年的打拼，已经在侨居国站稳了脚跟，有了一定的经济基础，并通过通婚、联姻、繁衍后代等方式取得了社会依靠。而新移民则大多来自港台和东南亚地区，有的是投靠亲友，有的是投资经商。因此，华人社会在侨居国的整体地位开始得到稳步提升。

（一）经济地位和影响

上文所说的第一和第二类侨民，绝大多数都自食其力、衣食无忧，他们以经商和做工为主要职业。大部分经商者从事餐饮、洗衣、杂货店、中医诊所、小型农场或食品加工厂等小本经营，收入在当地居中等水平。少数华商经过家族几代人的努力，逐渐发展成为拥有雄厚资金和庞大企业规模的大企业家，在侨居国占据了重要的市场份额，不得不令当地人刮目相看。但总的来说，拉美华人社会对所在国经济的影响仍然集中在商业和服务业领域，对其他产业，特别是制造业的影响可以说微乎其微。

在华人最多的巴西，华侨林训明创办的巴西植物油公司从一家小油厂起步，经过20年的发展，在1975年被评为巴西出口额最大的民营企业，受到总统嘉奖。在植物油业务获得成功后，林训明又转向投资石化行业。1993年，他创办的石化企业的无纺布产量居巴西第1位。华侨毕志达的和平风车工商集团公司主营面粉加工，旗下面粉品牌达到20多个，其产品占据了巴西1/4的市场份额。在成为面粉行业的龙头老大之后，这家企业又投资地产和金融。近年来，巴西华商还努力开创自有品牌，不仅提高了产品的档次，还改变了人们对中国商人靠经营假冒伪劣产品赚钱的一贯认识。华侨尹霄敏创办的"尹氏"箱包成功地打进了巴西很多购物中心和超市，在巴西箱包市场占据了 10%～15% 的市场份额。华侨季友艺注册的电话机品牌"Teleji"在巴西具有很高的知名度，2006 年销量居全国第一。

在阿根廷，华人经济的一大亮点是遍布首都及其周边地区的中小型超市。如今除了法国家乐福集团旗下的连锁超市和阿根廷几家大型传统零售企业占据了大部分市场份额以外，其余的市场基本上由华人超市掌握。据统计，到 2008 年年底，阿根廷全国华人超市的数量已经达到 7 890 家，销售额达 150 亿比索（约合42.86 亿美元）。① 布宜诺斯艾利斯的华人超市在当地的食品和饮料零售市场上已拥有 30% 左右的份额，为当地创造了约 8 000 个就业岗位。由于华人超市业蓬勃发展，阿根廷华人超市公会应运而生，并自 2005 年起连续 5 年举办"华人超市业展销会"。

在华人华侨比较集中的秘鲁、厄瓜多尔、墨西哥等国，华人成功创业并在当地市场占有一席之地的例子还有很多。

如今在拉美很多大城市，华人的商业活动非常繁荣，最典型的表现就是繁华的唐人街。唐人街的形成和发展，从主观上讲，是华人聚居交流、保持语言和文化传统、维系宗教信仰、加强文化归属感、实现自我保护的一种需要；从客观上看，它无疑促进了拉美国家商业的繁荣和地方经济的发展。它不仅满足了拉美华人华侨购买家乡产品的需要，也因为浓郁的异域风格而吸引着大批旅游观光者前来购物、游览。

目前，拉美国家的华人经济整体发展平稳，但也存在着一些制约因素。第一，移居拉美的华人多以开餐馆和超市起家，资本积累过程比较长，很难向更高端的产业发展。第二，部分行业华

---

① 《阿根廷举行华人超市展销会》，新华网（http：//big5. xinhuanet. com/gate/big5/news. xinhuanet. com/ world/2009－06/24/content_ 11593207. htm），2009 年 6 月24 日。

商高度密集，导致之间的竞争十分激烈。第三，新移民到拉美创业，不仅要面临语言、文化背景等障碍，还要克服因不了解当地法律而被坑害的困难。第四，华商传统的家族式经营模式在创业初期是适宜的，但要想求得更大的发展，必须引入更为先进和专业化的经营管理模式。第五，部分拉美国家治安状况不佳，华商，尤其是华人超市，经常成为被抢劫的对象。第六，华商在部分行业的业务扩张，使本土企业感到了压力，为此它们会采取一些非正常竞争的手段，来打压华商的经营活动。

（二）政治地位和影响

旅居拉美的华人华侨虽然大多已取得侨居国的国籍，成为其正式公民，但总体来说还很难进入政界和军界，为所在国家效力。这其中既有主观因素，也有客观因素。从主观上讲，拉美华人以经商为主要职业，更多考虑的是在经济上的立足和发展，而不愿涉足政坛，参政议政的意识和意愿都不强烈。从客观上讲，华人在拉美毕竟属于少数民族，在参政方面受到的限制和障碍远远多于当地人。因此，华人在政治上的影响力是十分有限的。

但是，仍有少数华裔经过努力，成功进入拉美政界和军界，并担任要职。20 世纪 90 年代以前，圭亚那、牙买加、特里尼达和多巴哥等国家出现过华裔总统、总督、部长等政界要员。90 年代以后，秘鲁和巴西的华裔从政从军者较多。特别是秘鲁，华裔担任议员、部长、省长等高官早已成为司空见惯的现象，这与该国不同种族之间融合程度较高、对少数民族歧视和限制较少有很大关系。在拉美其他国家，尤其是阿根廷、智利、委内瑞拉、哥伦比亚等国，还极少有华人能够进入政界，或在政府部门担任要职。

近几年来，随着拉美国家华人移民的增多和经济地位的提升，华人参政议政的热情也有所高涨。这体现在两个方面。一是华人华侨在社团的组织下，为华裔选举候选人的竞选活动提供资金支持，并积极参与投票；二是有选举权的华人华侨广泛参与各级选举活动的投票，希望选出关注民生问题，特别是能为华人利益着想的政治代表。这些变化表明，华人华侨已经意识到要想真正融入当地主流社会，不仅要在经济上致富，还要获得一定的政治依靠。

更多的华裔走上侨居国的政治舞台，不仅意味着自身地位的提高，也使广大华人华侨有了自己的政治代言人。巴西众议员威廉·巫就是其中的一个典型代表。2006 年 10 月，巴西圣保罗的华裔市议员威廉·巫以 11.3 万张选票，在国会众议员选举中获胜，成为巴西历史上首位华裔众议员。他的当选得到了圣保罗华人华侨的热情支持和鼎力相助。他竞选成功后，虽然将工作地点迁往巴西利亚，但为感谢华人对他多年从政的支持，专门在圣保罗市设立了一个办公室，继续为侨胞服务。2009 年 7 月，由威廉·巫提交的关于大赦各国滞留巴西的非法移民的议案经过参众两院反复修改和讨论之后，终于得到巴西总统批准。这项大赦法案生效后，凡 2009 年 2 月 1 日之前入境的非法移民都有可能获得合法身份。这不仅有利于解决包括中国在内的世界各国移民的非法滞留问题，也显示出巴西的大国风范和包容态度。因此，这项法案无论在政界还是在民间都得到了广泛支持。

（三）社会地位和影响

早在 19 世纪后半期，移居拉美的华工就以其吃苦耐劳、坚忍不拔的意志品质而著称。他们是古巴甘蔗种植园和制糖厂、秘鲁棉花种植园和鸟粪开采、巴拿马铁路修筑和巴拿马运河开凿的重要劳动力。这些经济开发和基建活动，无不浸透着广大华工的汗水和心血。此后，华人又大量涉足商业，并因服务细致周到、产品价格低廉而广受社会赞誉。如今，华人华侨对拉美国家所作出的历史贡献，已经得到了广泛的承认和肯定。这无疑为华人社会地位的提升奠定了坚实的基础。

早期移民的后裔，以及现在的第二、第三代移民，很多都在当地接受了高等教育，他们不再和父辈一样靠经商谋生，而是进入科技、工程、教育、文化、卫生、法律、艺术等专业领域，赢得了较高的社会地位和应有的社会尊重。而仍在商业、贸易、餐饮等行业打拼的华人华侨，则大多保持着勤俭节约、奋发向上、诚实守信、遵纪守法等传统美德，因而在当地也拥有良好的信誉和口碑。巴西圣保罗议会为表彰广大华人华侨对当地经济和社会发展的贡献，特将每年的 10 月 7 日定为"中国移民日"。

华人定居拉美后，热心公益事业，逐渐形成了以捐款捐物、参与慈善等形式回报社会的传统。华人社会通过这种方式，不仅加深了与当地民众之间的感情，同时也履行了自己的社会责任，在当地产生了良好的社会影响。早在 1921 年，秘鲁华人就为推动当地文教事业的发展，建立过奖学金。近些年来，拉美各国华人华侨在当地侨团的组织下，经常慷慨解囊，参与救灾扶贫。例如，2007 年圣诞前夕，巴西圣保罗市华商为坎波格兰特市郊的贫困儿童捐献了 2 万多件礼物。2008 年圣诞前夕，巴西里约热内卢的中国和平统一促进会为圣特雷西尼亚、雷亚雷格两贫民区的居民捐赠了粮油食品等物资，并向当地少年儿童赠送了大量文具、玩具以及圣诞节礼品，受到当地居民的热情欢迎。[①]

拉美华人华侨要想在当地赢得更高的社会地位，还面临着几个问题。一是非法移民的数量呈增多态势，容易引起当地人的反感。二是少数华商为赚钱而销售假冒伪劣产品，败坏了华人的社会信誉。三是个别华人参与犯罪活动，严重损害了华人的整体

---

① 《巴西、阿根廷华侨华人掠影：耕耘在那片神奇土地》，人民网（http://nc.people.com.cn/BIG5/61161/8814486.html），2009 年 2 月 17 日。

形象。

三 拉美华人社会在中拉关系发展中的作用

拉美的华人社会是中国与拉丁美洲之间一个重要的联系纽带，也是中拉民间交往的重要推动力量。

（一）华人社会是展现、弘扬和传播中国传统文化的最直接舞台

中国与拉美距离遥远，文化背景差异明显，如果单靠每年有限的人员往来，是很难进行大规模文化交流和传播的。因此，定居在拉美国家的华人华侨客观上就承担起弘扬和宣传中国传统文化的重任；而拉美民众对中国文化和思想的了解，也可以通过与华人社会的直接接触而获得。

如今，拉美民众最熟悉的中国传统文化的代表莫过于饮食文化。首先，中餐馆遍及拉美各地，已深深融入当地民众的日常生活。据统计，秘鲁现有中餐馆4 000多家，其中利马就有3 000多家，占当地餐饮业销售额的30%；智利圣地亚哥的中餐馆营业额占整个城市餐饮业的23%①。在拉美很多国家，中餐馆以其价廉味美、品种丰富的特点而成为人们聚会用餐的重要场所。应该说，中餐的推广不仅展现了中国传统文化中博大精深的一面，而且也极大地丰富了当地相对单一的饮食品种。其次，中国传统饮食的传入改变了部分国家的饮食习惯。例如，在秘鲁和巴拿马

---

① 中国新闻社《世界华商发展报告》课题组：《2007年世界华商发展报告》，中国新闻网（http://www.chinanews.com.cn/hr/kong/news/2008/01-16/1135297.shtml），2008年1月。

等国，由于很早就引进了稻米的种植，如今大米已经成为当地居民的主食之一。

华人社会在海外保留和延续中国文化元素的另一个证明就是唐人街和中国城。在这里，人们不仅可以品尝到纯正的中华美食，领略中国饮食文化的魅力，而且可以欣赏到中国的音乐、艺术和民俗表演，了解中国古典建筑的独特风格，感受中国节日的热烈气氛，体验中医中药的神奇疗效，买到物美价廉、具有中国特色的商品，还可以在中文学校学习汉语。

总之，华人社会是中国传统文化的一个重要缩影。它的存在和发展，为拉美国家了解中国文化提供了便利。相反，华人华侨也可以利用回乡探亲、出差等机会，或通过先进的互联网系统，以自己的亲身经历和感受，向中国民众介绍和宣传拉美国家的情况，以促进双方之间的相互了解。

（二）新一代中国移民通过经商和投资活动，推动了中拉经贸关系的发展，拉近了中拉之间的距离

在拉美从事商业贸易的华商中，相当一部分都与中国存在贸易往来，特别是一些实力雄厚的大企业。在这些华商中，一部分人有在中国生活、学习或工作的经历，因此对中国的情况比较了解；又因为侨居拉美而熟悉当地的风土人情、思维习惯和经营特点，因此在推动中拉经贸和投资活动方面具有得天独厚的条件。与前辈相比，新一代的中国移民更具有开拓创新的精神，也更懂得如何依托中国强大的市场和发展潜力，实现在海外的发展。这些优势使新华商群体成为推动中国与侨居国经贸往来的重要力量。如今，中国商品之所以能够在拉美市场占据重要的份额，与广大华商的努力密不可分。在委内瑞拉、巴西等国，中国移民构筑了庞大的贸易和商业销售网络，使中国商品走进了千家万户。

另外，中国经济的崛起，以及中拉之间频繁的高层互访，不仅对加强中拉双边合作和发展具有重要意义，也提升了拉美华人的地位，并为他们创造了许多商机，同时拓宽了经营领域。现在，拉美的华商正在逐渐走上多样化发展的道路，他们的目光不再仅仅停留在传统的餐饮业和百货业，而是开始涉足房地产、金融、医药、旅游、农业、制造业等行业。这种趋势也为今后中拉经贸关系向更深层的发展奠定了基础。

拉美的一些企业对日益活跃的中国经济也充满兴趣，但由于各种原因，它们对如何开拓中国市场还知之甚少，因此非常需要一个合适的渠道或载体，帮助它们进军中国市场。拉美的华商可以充分利用这种需求，与拉美企业结成联盟，或将其产品引入中国市场，或共同进行投资活动，以此实现互利双赢。

（三）华裔从政，不仅有利于华侨地位的改善，也有助于所在国从政策层面和战略高度看待和推动中拉关系

拉美的华人华侨群体，大多对中国怀有深厚的感情，也愿意为中拉人民的友好往来贡献力量。因此，很多华裔在当选为政界要员后，都表示要为进一步推动中拉关系的发展作出自己的努力。

从客观上讲，政治家毕竟不同于普通百姓，他们的政治素养和政治头脑决定了他们更有可能从长远角度、从大局出发考虑问题。另外，只有他们才有条件参与国家大政方针的制定和决策，也有更多的政治和社会资源可以利用。因此，华裔从政，特别是在外交、贸易、投资等对外领域担任政府公职，对于中拉关系的发展是能够起到一定推动作用的。

近年来，拉美和加勒比国家华裔担任驻中国大使的例子屡见不鲜。2001年和2002年，墨西哥和秘鲁政府先后任命华裔李子文和路易斯·陈（陈路）为驻华大使。现任秘鲁驻华大使伍绍良、圭亚那驻华大使周雅欣、多米尼克驻华大使修玺淳也均为华裔。这些国家任命具有中国血统的驻华大使，应该说并非巧合，而是充分考虑到了中拉之间存在的历史渊源和华裔人士独特的桥梁作用。华裔担任驻华外交官很容易从情感上拉近双方之间的距离，有利于沟通和开展工作。秘鲁驻华大使伍绍良能讲流利的粤语，他利用这一优势，经常到中国各地考察调研，为推动中秘关系做了大量工作；圭亚那驻华大使周雅欣上任后，立刻筹划建立圭亚那驻重庆领事馆，以方便中国西部企业前往圭亚那经商投资。

（四）华人社团在推动华人社会与祖国的联系及中拉民间交往方面的作用不容忽视

早在 19 世纪末期，秘鲁、古巴、巴拿马等国就建立了华侨组织。目前，几乎所有拉美国家都有数量不等的侨团。这些华人组织有的按籍贯组成，有的按姓氏组成，有的按行业组成，有的按侨居地组成，大小不一，功能各异，但最基本的宗旨都是加强华侨间的互助与团结，保留和发场中华民族传统，维护华侨权益，促进华侨融入当地社会。近年来，随着中拉关系的不断发展，以及双方人员往来的增多，华侨团体在促进中拉民间交往、推动双方互利合作方面的中介和桥梁作用越来越大。

一方面，拉美各国侨团每年都要组织经贸考察团到中国考察市场，帮助有一定实力、但对中国市场不甚了解的华商、侨商到广阔的中国市场寻找商机，为拉美华商与中国企业牵线搭桥，以此促进中拉之间的经贸交流与合作，加强华人社会与祖国的联系。另一方面，侨团还经常接待来自中国的各级、各类考察团、代表团，帮助它们了解所在国的国情和市场，为双方，特别是企业界今后的合作打基础，做准备。

（五）华裔学者是研究中国移民史和中拉关系史的一支重要力量

华人定居拉美至少已有 400 多年的历史，而大规模移居距今也超过了 150 年。虽然这几百年的移民史与中华民族数千年的浩瀚历史相比是短暂的，但它几乎贯穿了发现新大陆后的美洲发展史，而且也是中拉关系史中最重要的组成部分。因此，对拉美华人华侨史的研究对于了解华人对拉美国家经济开发的杰出贡献、拉美华人的奋斗历程、华人社会的发展变化、华人华侨对推动中拉友好往来的重要作用、拉美国家移民政策对中国移民的影响等问题，具有重要意义。

中国和拉美的学者从各自的角度出发，对中国人移民拉美的历史进行了大量研究。在他们当中，有很多是华裔学者。他们既是研究者，但实际上也是被研究对象中的一员。由于本身就是移民或移民的后代，这些学者要么对华人移民拉美的苦难历程有切身的体会，要么渴望探寻祖先在海外他乡漂泊、奋斗的足迹，因此他们对这项研究工作具有强烈的使命感和责任感，视其为己任。

墨西哥华裔欧阳民（Eduardo Auyon Gerardo）是著名画家，但长期致力于当地中国侨民史的研究。1971 年，他利用精心搜集的史料，出版了专著《沙漠之龙——墨西哥下加州华侨沿革史略》。迄今为止，这部书仍是关于墨西哥西北边境地区华人移民历史最全面、最详实的著作。

特里尼达和多巴哥西印度大学的华裔历史学教授陆华祖（Walton Look Lai），长期从事加勒比地区华人史的研究。他于 1993 年和 1998 年分别出版了《契约劳工与加勒比蔗糖：英属西印度群岛的华人与印度人移民（1838～1918 年)》和《西印度群岛华人史料集（1806～1995 年)》两部堪称经典的史学专著，为加勒比地区的华人移民史研究作出了巨大贡献。

出生在圭亚那、后移民加拿大的华裔苏阿冠（Trev Sue - A - Quan）博士，是知名的煤炭气化专家。1979～1984 年曾在中国煤炭部任职。回国后，他利用业余时间，潜心研究 19 世纪中国移民南美洲、并受尽屈辱的历史，于 1999 年出版了《甘蔗收割者——圭亚那的契约华工移民》一书。这部著作问世后，在世界各地华裔读者中引起强烈反响，好评如潮。甚至有评论认为，此书对华人移民后代的醒世作用不亚于美国黑人文学的代表作之一《根》。

2004 年，巴拿马华裔谭坚（Juan Tam）写成《巴拿马华侨 150 年移民史》一书，详细记述了巴拿马华侨如何在海外繁衍生息、中国文化如何在异乡传承延续的历史。

（作者单位：中国社会科学院拉丁美洲研究所社会文化研究室）

中拉关系中的中国和拉丁美洲科技交往的三个历史阶段评述

宋 霞

目前，中国已与 33 个拉美国家中的 21 个建立了科技交流与合作关系。古巴是第一个与中国建交的拉美国家，也是最早与中国有科技往来的拉美国家，早在 1960 年 11 月中古即签订了第一个经济技术合作协定。哥斯达黎加是 21 个拉美国家中最晚与中国签署科技合作协定的国家，但却是第一个与中国正式建立科技关系的中美洲国家。总体来看，中拉科技合作已有近半个世纪的历史，这半个世纪经历了高科技革命和世界历史的巨大变化，中拉科技合作也经历了一个从无到有，从单项合作到全方位合作，从单一化合作到多元化合作的历史过程，科技交往在双方外交领域起着越来越重要的作用。

中国和拉美科技合作与交流历史大体可分为三个阶段：第一阶段是从 1960 年到 20 世纪 70 年代中期；第二阶段是从 70 年代中期到 80 年代末 90 年代初；第三阶段是 90 年代初以来。本文旨对这三个阶段科技合作的历史背景、合作方式、主要合作内容作一简要评述。

1. 第一阶段：1960 年到 20 世纪 70 年代中期是中拉科技关系发展阶段。

　　在这一阶段，中国与拉美的科技关系只限于加勒比地区的古巴。而且严格意义上说，这一阶段只持续了四五年，1965 年古巴和中国的科技关系由于中苏摩擦而中断，直到 20 世纪 80 年代末才恢复。第一阶段中古科技合作的特征是：局限于政府间的合作，合作形式比较单一；合作内容除了石化、镍冶炼、甘蔗和烟草等领域外，还有军事技术上的合作，但这些领域的交往程度都较低。

　　外交是内政的延续，科技外交也是为国内政治经济发展服务的。这一阶段中古科技外交也深深烙上了历史的印迹。50 年代末 60 年代初中苏关系恶化，对苏联技术的依赖也宣告终结，由此中国制定了《1963～1972 年科学技术规划纲要》（简称《10 年规划》），提出了实现科学技术现代化的战略目标，开启了自主技术研发的最初阶段。石油冶炼和能源技术是中国力图实现技术自立的优先领域，而中国在这一技术领域的进步与古巴的帮助分不开。60 年代初古巴的新政权刚刚建立，没有从事新国家科学技术研究和开发的经验，但古巴曾是美国技术的试验场所，新政权建立后仍保留了一些美国先进技术，尤其是石油提炼技术和通讯技术。中国曾经获得古巴一家炼油厂的相关技术和数据，因此有学者指出，"中国最早的大规模炼油设备是在古巴技术的帮助下建立起来的。"① 尽管这些技术严格意义上说不是古巴的技术而是美国的技术，但这也是在特殊历史条件下落后国家之间的一种科技交往方式。在军事技术领域，60 年代初，中国不仅为古巴提供最先进的防空武器多管地对空机枪，以加强古巴的空中

防御力量，而且还为古巴培训了第一批飞行员。①

2. 第二阶段：70 年代中期到 80 年代末 90 年代初是中拉科技合作全面铺开阶段。

这是中拉科技关系中最重要的一个历史阶段。随着中美关系解冻、中国在联合国地位的恢复以及发展中国家多元化外交的推进，墨西哥、智利和巴西等拉美国家纷纷与中国建立正式外交关系。从 1974 年开始，中拉科技关系开始发展到南美洲诸国和北美洲的墨西哥。这一阶段的特征是从鱼网式和浅交式合作到全方位实质性合作。合作方式仍主要是国家领导人之间的互访、科技合作协定的签署和科技人员的交流等政府行为。合作内容从主要涉及农业、矿业、渔业、林业等传统产业和中低技术逐渐发展到卫星、航空、计算机等新产业和高新科学技术。如 1984 年 5 月中巴两国政府签订的科学技术合作协定补充协议，已经将中巴双方科技合作从农林牧渔业和卫生扩大到电子及信息、电力、航天技术和标准化等领域，即使传统领域的合作也深深打上了高科技的烙印，最明显的例子是生物技术在传统农业合作中的作用增大。但这一阶段的科技交往主要是作为经贸合作的附属品，频繁的技术交流是在不断增强的中拉经贸关系基础上实现的。需要指出的是，中拉建交之初，只有墨西哥、阿根廷和秘鲁与中国有实际性科技交往，拉美其他国家与中国的科技交往实质是在 1978 年中国实行改革开放政策以后。

20 世纪七八十年代是中拉科技关系的转折点。中拉科技关系从以传统产业及中低技术为主逐渐过渡到高新技术领域的合作。这一转折的历史背景是：

---

① Yinghong Cheng, "Sino‑Cuban Relations during the Early Years of the Castro Regime 1959‑1966", Journal of Cold War Studies, Vol. 9, No. 3, Summer 2007, pp. 78‑114, p. 97.

第一，对高科技革命和高科技发展有了理论上的认识和根据。高科技革命对发达国家的社会经济生活已然产生了有目共睹的影响，这种影响很快反映到思想界和理论界。20 世纪 60 年代末，法兰克福学派著名思想家哈贝马斯提出了"科学技术成了第一位的生产力"的理论，① 对整个西方国家产生了重要影响。在此前后出现的西奥多·W. 舒尔茨的"人力资本"理论、尼科·斯特尔的知识社会理论、堺屋太一的知识价值理论和马克·波斯特的信息方式理论等，都深受哈贝马斯这一科技理论的影响。从世界理论批判中心的转移以及 60 年代末拉美知识界的动荡来看，包括哈贝马斯在内的法兰克福学派对拉美思想界和知识分子产生过非常重要且长期的影响，② 如古巴的莫雷诺·弗拉希纳尔斯对现代资本主义交往模式的研究，③ 阿根廷的劳尔·普雷维什的中心—外围技术理论等。1978 年，中国改革开放的总设计师邓小平同志提出，要实现农业、工业、国防和科学技术现代化，关键在于实现科学技术现代化。1988 年 9 月，邓小平又指出，"马克思说过，科学技术是生产力，事实证明这话讲得很对。依我看，科学技术是第一生产力。……将来农业问题的出路，最终要由生物工程来解决，要靠尖端技术。"④ 80 年代末以来，科学技术是第一生产力的理论就成了中国制定各种政策的指导。

第二，世界历史发展的现实使高科技革命成为发达资本主义

① ［德］尤根·哈贝马斯著，李黎、郭官义译：《作为"意识形态"的技术与科学》，上海，学林出版社，1999 年。

② 1963 年和 1969 年，委内瑞拉、智利、阿根廷等国先后成为世界新的理论批评中心，见李彬著：《全球新闻传播史：公元 1500～2000 年》，北京，清华大学出版社，2005 年。

③ Armand Mattelart, Hector Schmucler, Communication and Information Technologies: Freedom of Choice for Latin America? Norwood, New Jersey: Ablex Publishing Corporation, 1985, p. 41.

④ 邓小平：《科学技术是第一生产力》，载《邓小平文选》，第 3 卷，北京，人民出版社，1993 年，第 274～275 页。

社会摆脱滞胀，获得再发展的新动力，高科技的发展成为发达国家战略决策的重要组成部分。经过了 20 世纪六七十年代的黄金时代以后，资本主义世界经济陷入普遍的滞胀。1973～1974 年与 1978～1979 年的两次石油危机使工业革命带来的"向自然宣战"的资源利用模式和以此为基础的经济生产方式出现了前所未有的危机，信息技术、自动化技术和新材料技术等高新技术在经济中的应用，使新的资源利用模式、新的生产方式和新的管理形式成为可能。晚期资本主义国家的政府干预措施使高新科学技术逐渐转化成现实中的第一生产力，在一些主要的发达资本主义国家，科技进步对经济增长的贡献一般都已超过其他生产要素的总和，达 50% 以上。如 1950～1962 年美国资本、劳动力和科学技术进步三因素在经济增长中所占比重分别为 22.5%、25.2% 和 53.4%；法国分别为 16.8%、27.5% 和 55.7%；原西德分别为 22.5%、21.8% 和 55.7%。进入 80 年代以来，科技在经济增长中的比重更高，平均达 60%～80%。[1] 发达国家认识到高科技的作用之巨大，纷纷制定科技立国发展战略，如 20 世纪 80 年代美国里根政府的星球大战战略防御计划，[2] 欧洲的尤里卡计划，日本的"科技立国"战略等。利用他国资源优势发展高科技也越来越成了各国外交的重点。发达国家的科技发展浪潮很快便辐射到中国和拉美等发展中国家。科学技术在发展中国家经济中占有越来越重要的地位，如 1950～1980 年拉美几个主要国家劳动、资本和全要素生产率对整个 GDP 增长的贡献分别为 22%，38%

---

[1] 张国富：《论技术进步与经济增长》，载《北京大学学报》，1997 年第 3 期，第 72 页。

[2] 星球大战计划既是一个军用技术计划，又是一个民用技术计划。二战期间及以后，美国政府在制定新的军事技术计划时从一开始就考虑到它的民用性。美国发展高科技的特点是以军用技术带动民用技术的发展，是军民二元的技术发展模式。见宋霞：《二战后美国"研究与发展"结构的新变化》，载《科学学研究》，2002 年第 4 期。

和40%，其中全要素生产率恰恰反映了技术进步的贡献。① 美国
"非工业化"过程中高科技制造业向拉美各国转移，使拉美经济
最早受到发达国家高科技革命的辐射和影响，20 世纪七八十年
代智利和巴西等拉美国家实行的科技专家治国是高科技发展在政
治上的反映。

第三，中国和拉美国家自身发展高新科技的需要。高科技革
命对发达国家和发展中国家的冲击几乎是同时发生的，发达国家
对技术的垄断越来越严重，因为在高科技时代，科技垄断成为发
达国家增加国际影响力和控制发展中国家的又一砝码。如 1981
年里根执政后，美国在出口先进技术设备和在两国贸易关系以及
科学教育来往中，对中国的歧视加强了。② 应该清醒地看到，发
展中国家在技术上依赖发达国家是没有前途的，因为发达国家是
不可能将先进技术转让给发展中国家的，就连美国财政部长在
《外交》杂志上的一篇文章中也承认，美国的跨国公司只向中国
等发展中国家出售过时的技术。发展中国家和发达国家的科技合
作也不可能是平等的。以电讯技术为例，拉美诸国在电讯业领域
的发展几乎与发达国家同步，早在 20 世纪六七十年代，巴西和
哥伦比亚等国即开始考虑发射用于教育目的的通讯卫星，巴西空
间研究院曾与美国 NASA 合作 SACI/EXERN 计划，1977 年无果
而终；哥伦比亚与美国合作的 CAVISAT 计划也中途夭折。究其
原因，只有一个，即美国可以控制拉美的卫星技术，但绝不允许
拉美发展自己的卫星技术。20 世纪 80 年代末以前，美国 NASA
控制的 Landsat 自然资源卫星、Tiros-N 气象卫星等垄断了拉美

① Andre A. Hofman: Long Run Economic Development in Latin America in a Comparative Perspective: Proximate and Ultimate Causes, CEPAL, 2001, pp. 18-19. http://www.cepal/cl/

② 《黄华外长在纽约一次晚宴上谈中美关系问题》，载《人民日报》1982 年 10 月 8 日，第 4 版。

诸国的矿藏勘探、生态资源、农业、林业、城市等领域的信息，其最终目的不是为了拉美的利益，而是为以美国为首的大财团和世界市场服务，为美国的技术霸权服务。① 摆脱这种控制和垄断，是拉美国家80年代开始探索发展自主技术的根本原因，如巴西"防守国家主义"技术自立战略方针的确立以及1984年以发展自主信息技术为目的的《信息产业法》的制定、1985年巴西科学技术部的正式成立，都是从制度上和组织上促进本国科学技术发展的明证。

几乎与此同时，中国也认识到发展自主技术的重要性。1986年，中国制订了《高技术研究发展计划纲要》，简称"八六三"计划，旨在生物技术、航天技术、信息技术、先进防御技术、自动化技术、能源技术和新材料技术等领域与世界水平接轨。邓小平在1988年曾指出，"下一个世纪是高科技发展的世纪。……中国必须发展自己的高科技，在世界高科技领域占有一席之地。"② 1988年，中国政府先后制定了"星火计划"、"火炬计划"、"攀登计划"、重大项目攻关计划和重点成果推广计划等一系列重要计划，形成了新时期中国科技工作的大格局。加强科技外交，尤其是加强同发展中国家建立在平等互助基础上的高科技外交，既是科学技术本身进步的结果，又是发展中国家发展高科技的需要。正如威廉·华莱士所说，"外交政策是把民族国家与其国际环境连接起来的政治"。③ 1988年7月，中国与巴西两国政府签署《关于核准研制地球资源卫星的

---

① Armand Mattelart, Hector Schmucler, Communication and Information Technologies: Freedom of Choice for Latin America? Norwood, New Jersey: Ablex Publishing Corporation, 1985, p. 129.

② 邓小平：《中国必须在世界高科技领域占有一席之地》，载《邓小平文选》，第3卷，北京，人民出版社，1993年，第279页。

③ William Wallace, Foreign Policy and the Political Process, London: Macmillan, 1971, p. 11.

议定书》，成立了中巴地球资源卫星计划（CBERS），就是为了发展自主高新技术，打破发达国家垄断先进技术以及在先进技术转让领域对发展中国家的歧视和偏见。与以往中巴两国只进行技术和研究人员的交流支援等标准的合作模式不同，议定书的签署标志两个发展中大国由此开启了一种新的合作模式，中拉科技合作也随之进入一个新的阶段，航空、卫星、计算机和生物等高科技领域的合作成为新阶段合作的主要内容。[1] 从这一点上看，议定书的签署具有重大的历史意义。

3. 第三阶段：90 年代初以来是中拉科技交往阶段。

前两个阶段与其说是实质性的合作，不如说是象征性的。90 年代以来，中拉科技合作开始走上实质性道路，标志就是 1988 年中巴《关于核准研制地球资源卫星的议定书》的签订以及 1999 年中巴联合研制的第一颗地球资源卫星发射成功。[2] 中巴第一颗地球资源卫星升天是中拉科技关系的根本转折点，它不仅填补了中巴两国没有自己的传输型地球资源卫星和依赖外国资源卫星应用产品的历史，还进一步巩固了双方航天科技领域合作的基础。中巴第一次合作的成功产生了非常好的辐射效应，鼓舞了拉美其他国家与中国科技合作的决心和信心，加快了中拉科技合作的步伐。这一阶段中国除了继续与南美洲和北美洲国家（墨西哥）的合作外，还第一次开始了与中美洲国家的合作。哥斯达黎加是中美洲地区第一个与中国大陆建立外交关系的国家，也是第一个与中国签署科技合作协定的中美洲

---

① Tania Maria Sausen, "The China – Brazil Earth Resources Satellite (CBERS)", International Society for Photogrammetry and Remote Sensing (ISPRS) Highlights, Vol. 6, No. 2, June 2001, p. 28.

② 2003 年和 2007 年中巴又分别联合研制并成功发射了两颗地球资源卫星。中巴地球资源卫星和美国的"landsat"陆地资源卫星、法国的"spot"地球观测卫星等都是目前全球最主要的空间遥感技术项目。地球资源卫星主要用于防灾减灾、农业、城市规划和环境保护等领域的信息收集工作。

国家。

第三阶段中拉科技合作进入实质性阶段，是有其特定历史背景的。第一，20世纪90年代苏联解体和东欧剧变标志冷战的结束，国际关系和世界格局发生重大调整，发展中国家进行新民用技术的合作有了一个和平与宽松的环境。第二，美国对拉美一些国家的技术控制和封锁，是中国和拉美进行技术合作，在国际上打破文化传播和信息垄断的有利时机。第三，20世纪90年代以来，拉美大多数国家开始推行新自由主义经济政策，实行对外开放和贸易自由化，而在对外尤其对中国贸易中，拉美属高工资地区，只有通过高水准的技术能力或技能提高竞争力，抵消高工资带来的竞争劣势。与中国相比，拉美提高技术能力的要求更迫切。第四，对科学技术的认识进一步加深。随着科学技术在政治、经济和社会生活中的作用日益提高，中国和拉美各国都意识到，提高科学技术水平是增强国际竞争力的根本保证。整个90年代是中国和拉美多数国家创立"国家创新体系"策略的时期，如1997年的中国和1996年的哥伦比亚、阿根廷等国。第五，2001年以来，中国加入世界贸易组织加速了中国与拉美各国间的技术流动和技术合作步伐，有利于提高生产效率和贸易效率的新技术，使双方交易更容易双赢互胜。第六，以迅猛的科技发展为基础和背景的经济全球化已成为世界经济发展的一个重要特征和客观趋势，互联网等信息通讯技术的出现和使用使全球化具有了与以往完全不同的性质，大大缩短了各国间的距离和交易时间，使以前不可能的合作有了可行性和操作性，这必然导致科技合作的多样化。有利的国际和国内环境使中国与拉美经济贸易合作的加强扩大了科技合作的空间，加大了科技合作的必要性和可行性。到2004年为止，中国与拉美各国共签署了100多项科学和技术合作协定，合作内容涉及卫星工业和农业等各个领域，[①]其中农业技术主要侧重于利用生物技术改造传统农业。

20 世纪 90 年代以来中拉科技合作也体现出一些新特征，主要有以下 4 点。

第一，合作内容更加注重和倾向于高新科学技术。中拉科技交流逐渐成熟化、多样化和高科技化，尽管传统产业和中低技术仍然是中拉科技交流的组成部分，但已不占主导，生物技术、信息技术和纳米技术等高新科技成为中拉合作的主要内容；尽管附属于经贸往来的科学技术合作仍是中拉科技交流的重要组成部分，但纯粹科学技术意义上的合作越来越多。90 年代以来，尤其是进入 21 世纪以后，中拉各国签署的科技合作协定中高技术领域的分量越来越重，科技人员交流和科技研讨会也基本向高科技领域倾斜。如 2001 年 4 月中国和巴西在生物技术、信息和通讯技术以及新材料技术等领域开展新合作，双方都将这些领域看成是 21 世纪新技术创新的发动机。2008 年 7 月，中巴政府在开源软件的应用程序开发领域又开始了里程碑式的实质性合作。中国和巴西都已经具备了开发在国际上拥有自主知识产权软件的条件和时机，中巴对软件需求的相似性和互补性共存是这一合作的基础。巴西发展工业外贸部副部长弗兰赛利诺·格兰多还特别指出，比起印度来，巴西更愿意同中国进行软件开发上的合作，因为"印度是一个软件工厂，而不是开发园地"。2009 年 5 月 19 日，中巴共同签署了《中华人民共和国科技部和巴西联邦共和国科技部科学技术与创新合作工作计划》，将生物能源、纳米技术和农业科学等作为未来中巴科技合作的优先领域。高科技已成

---

① Alex E. Fernández Jilberto and Barbara Hogenboom, "Latin America and China Under Global Neoliberalism", Journal of Developing Societies, SAGE Publications, Vol. 23, No. 4, 2007, pp. 467 – 501. http://jds.sagepub.com/cgi/content/abstract/23/4/467

为中巴两国战略合作的重要支柱，双方同意将积极鼓励和支持两国科研院所和企业特别是高技术产业等领域开展双向投资。

第二，科技发展的本身使中拉科技合作无论在合作领域还是在合作方式上都体现出多样化特征，进入科技关系全面发展的新时期。除中央政府间的合作外，地方政府间的合作也大大加强，如中国上海市、福建省、山西省、山东省与巴西、墨西哥等各州市科技部门的合作。除政府间的合作外，大学和企业间的合作也已提上日程。几十年来国家间签订的政府间科学技术合作协定，为双方企业界和学术界之间的交流奠定了基础，铺平了道路。如2002年，巴西航空工业公司同中国哈尔滨飞机工业集团有限公司等合资组建哈尔滨安博威飞机工业有限公司，合作生产 ERJ – 145 型支线客机，这是中国第一次以合资形式同国外民用飞机工业企业进行整机合作；巴西最大的私营信息企业和最大的信息服务商巴西利亚的 POLITEC 公司与中国政府部门、银行机构和信息、软件技术企业之间长期保持着密切的联系和往来；巴西工程设计、空间研究及复杂民用和防务系统等领域的领跑者阿维布拉斯航空工业公司（Avibras）和中国的长城工业公司联合组成了国际卫星通信公司（INSCOM）。中国和古巴企业之间的合作则主要集中于生物技术和信息技术领域，如中国巨龙通讯设备有限公司和古巴电子技术生产公司共同组建的中古大开曼通讯公司，以及中古共同成立的第一个生物技术领域的大型合作项目百泰生物药业有限公司等。

除了企业，中国与拉美各国的大学和研究等学术机构也加快了合作步伐。如2009年，巴西里约热内卢联邦大学（UFRJ）和中国清华大学成立了中国—巴西创新技术、气候变化和能源中心，中心设在清华大学，主要由巴西的"研究和项目资助"机构（FINEP）资助；又如巴西农业部农牧业研究所（EMBRAPA）与中国农业科学院和中国水稻研究所等机构签署了关于农作物基因

材料和生物技术领域的多项交流合作协议，还与中国农业科学院
签署了转基因棉花技术合作协议。中国和墨西哥的高校与研究机
构之间、中国自然科学基金会与墨西哥科技理事会之间在生物技
术、可再生能源领域和医药技术等领域也已展开实质性合作。第
三，20 世纪 90 年代以来中国加强了对拉美国家尤其是技术比较
落后的国家的技术援助，其中很多是高科技领域的援助。如
2001 年正式启动的"星火拉美"计划，是中国"星火计划"的
国际版，目的是将先进的农业技术经验推广到拉美。"星火拉
美"的第一站是委内瑞拉，目前中国工程院已与委内瑞拉计划
发展部签署了政府间合作协议。又如 2008 年 10 月 29 日，中国
帮助委内瑞拉成功发射了"西蒙·玻利瓦尔"一号通信卫星，
即"委星 1 号"。中国负责该卫星的设计、制造、总装、测试和
发射，并提供与卫星配套的地面测控和应用设施。这是由中国技
术制造和发射的第一颗卫星，也是中国首次向拉美用户提供整星
出口和发射服务，是委内瑞拉拥有的第一颗卫星。委内瑞拉总统
查韦斯把这次发射称为"委内瑞拉历史性的一天"，从此委内瑞
拉进入了"太空时代"。

除直接的技术援助外，中国对拉美国家的援助还包括高技术
人员的培训，如帮助委内瑞拉培训 100 名卫星制造和操控技术专
家，在飞行器设计、制造技术、通信技术、计算机科学与技术、
材料科学等工科领域为委内瑞拉培训高级人才；帮助古巴在纳米
技术领域对古巴青年科学家进行培训等。

第四，中国根据拉美各国不同的国情和比较优势，在特定领
域与不同拉美国家展开科技合作，已形成比较固定的科技交往格
局。如中国与委内瑞拉两国在宇航技术、卫星技术、军事技术和
互联网等领域进行的全面合作；中国与古巴两国在医疗技术和信
息技术领域的合作；中国与巴西两国在生物燃料、信息技术、制
药技术、新材料技术、深海探油技术、农业信息化、氢能和燃料

电池及第三代生物能源技术等领域的合作；中国与秘鲁两国在地震研究方面的合作；中国与墨西哥两国在生物农业、生物医药、和生物多样性等方面的合作；中国与阿根廷两国在天文、卫星激光测距、农业和食品技术等领域的合作等。

应该指出的是，目前中国与拉美的科技交往，尤其在高科技领域的合作，仍只局限于古巴以及巴西、墨西哥和阿根廷等几个大国，且交往的深度和广度依然有限，中国与拉美其他国家，尤其是较落后的小国之间的科技交往形式，仍以中国的科技援助为主。从整体上来看，中拉双方科学技术的合作呈日益加强的趋势，合作内容和合作形式逐渐体现出多样性、灵活性和务实性等特征，随着科学技术的重要性日显，中拉科技交往在双方外交关系中将占有越来越重要的地位，中拉科技合作有良好的前景和潜力。发展中国家之间的科技合作有着无可比拟的优越性和必要性，可以更平等地开发和享用彼此的技术资源，共同对抗发达国家对科学技术的垄断和在这方面对发展中国家的歧视，一起探索建立在和平基础上的以发展本国经济和改善人民生活水平为目的的科学和技术。2008 年 11 月 5 日，中国政府发表了《中国对拉丁美洲和加勒比政策文件》，提出了今后一个时期中拉各领域包括科技领域合作的指导原则，表明中拉科技关系将进入一个飞跃发展的新时期。

（作者单位：中国社会科学院拉丁美洲研究所社会文化研究室）

民间交流与大众认知

——兼谈中、日与拉美足球交流的对比分析

程丽生

近年来，中拉关系进入了可能是有史以来的最好时期，双方之间的政府往来与经贸往来都有前所未有的发展，我们并不难想象中拉之间会有蓬勃发展的未来。然而，我们也需要认识到，当前中拉关系仍处于一个比较低的水平线上，尽管双方政府之间频繁互动往来、经贸领域的交流大幅度地发展，却也无法掩盖中拉双方民众彼此之间的认知严重匮乏的现状，并且这一状况可能成为中拉关系进一步发展的障碍。因此，双方民众之间认知缺乏既是制约中拉关系进一步发展的瓶颈，也是在扩展中拉交流中值得我们重视的突破点。

一

众所周知，当前中拉关系的快速发展，主要得益于改革开放以来，中国经济迅速发展产生的巨大贸易需求，中拉经济之间的互补性将双方紧密地联系在一起，政府间的频繁互访也为这种联系带来了巨大的保障。然而，我们也必须认识到，当前的中拉关

系仍然处于一个较低的水平线上。由于地理上相距遥远、意识形态差别以及地缘政治等因素的影响，中拉双方的民众对对方的认知程度都可以说是严重不足的。据 2008 年中国社会科学院拉美所的一项调查报告显示：中拉关系中一个相当值得注意的问题就是"中国民众对拉美基本状况的认知度整体上偏低"①。而拉美地区大多数国家的民众也缺乏认识中国的渠道，这种状况都反映了双方民众交流的不足，以及随之而产生的生疏。在这种共同话语的缺乏导致的生疏状况前，外界施加予民众的消极因素将可能会由于民众对真实情形的不了解，给双方关系带来不必要的风险，甚至造成无谓的损失。因此，扩大双方的交流渠道，加深双方民众之间的认知，仍是当前的一项重要工作。

民间交流主要是各国民众之间出于自发目的进行的交流活动，相对于政府间的官方交流具有很大的差异。但同官方交流一样，民间交流在发展对外关系、尤其是加深民众认知方面也具有不容低估的影响。民间交流由于其自身以下本质特点，有时甚至可以在发展对外关系中起到官方交流无法替代的作用。首先，民间交流具有广泛性。民间交流可以从经济、文化、科技、体育、卫生等多领域出发，在许多问题上都可以找到双方共同关注的话题。其次，民间交流具有稳定性。民间交流的成功进行，将会加深双方之间的认识和了解，将在双方之间形成长久的影响，也将在客观上保障双方关系的稳定和发展。第三，民间交流具有灵活性。民间交流不必拘泥于一时一地，或是某些人或团体，可以在适当的条件下打破僵局，在未必很严格的条件下就能达到双方的目标。正如朝韩双方主要依靠民间交往而保持联系，大陆与台湾依靠民间交往带来两岸关系的柳暗花明等事例一样，民间交流都

---

① 郑秉文、刘维广等：《中国人心目中的拉丁美洲——中国社科院国际问题舆情调研结果分析》，载《拉丁美洲研究》，2008 年第 5 期。

由于其广泛性、稳定性和灵活性取得了官方交流所不能取代的成就。

事实上，在中拉关系的发展进程中，民间交流就更早于官方交往而存在于中国与拉美的交往中，并且一直是双方交往中的重要渠道。早在中拉之间基本没有建立外交关系的 20 世纪 70 年代之前（中古已建立外交关系除外），双方的民间交往就一直是络绎不绝。仅在 50 年代，就有大约 19 个拉美国家的 1200 多人访问过中国①，许多拉美国家建立了对华友好学会、文化学会等民间机构。而我国也经常性地派出一些文化团体、工会以及新闻记者等代表团，成为推动中拉民间交流的桥梁。尽管这种交流的目标更多的是"以民促官"，影响了民间交流的自身效益，却在推动中拉关系发展中起到了不容抹杀的作用。60 年代，我国在智利建立半官方性质的商务代表处。

在当今世界越来越趋向一个"地球村"的情况下，体育交流以前所未有的规模在全球进行着。体育交流不仅将体育活动本身提升到伟大的高度，也给其他领域带来难以估量的影响，而外交正是其中之一。体育比赛、尤其是大型赛事的举办，总能吸引数以亿计的观众，外交活动参与其中，也往往取得相得益彰的效果。我国也有"体育外交"的传统，从打开中美建交的"乒乓外交"，到北京奥运会的成功举办，都充分包含着民间交流所具有的无与伦比的智慧。体育交流，越来越成为民间交流的一个重要手段。

作为世界上影响力最大的体育运动之一，足球在整个拉美地区都具有非常巨大的影响，巴西甚至享有"足球王国"的美誉。在中国，中国足球实力虽然并不是很高，但数亿的足球迷仍是社

---

① 李明德主编：《拉丁美洲和中拉关系——现在与未来》，北京，时事出版社，2001 年，第 464 页。

会上不可低估的重要力量。同时，足球也是中国民众对拉美认知度较高的事物之一。因此，加强中拉双方体育、尤其是足球方面的交流，密切双方的合作，将在提升中拉民众对对方的认知度方面发挥巨大的潜在作用。

二

中国与日本作为亚洲最大的两个经济体，也是拉美国家在亚洲最重要的两个合作伙伴，而日本经济起飞较中国为早，在塑造外界对本国认知形象的过程中也成功地先行了一步，像家用电器、汽车等在拉美乃至全球都成为了高端技术的象征。因此在拉美地区，日本获得了比中国更为广泛和深入的认知。当然，这种认知结果不仅反映在拉美社会的许多方面，实际上也是日本政府与民间多领域、多渠道共同努力的结果。如果将日本与拉美的关系作为发展中拉关系的一个参照，不难发现其中很多经验都是非常值得中国学习和借鉴的，就在拉美和中日民间都有很大影响力的足球项目来说，就是一个非常明显的例子。

如果就两国足球顶级联赛作为分析对象的话，可以看到，日本每年从拉美引进的外援人数要多于中国，虽然相差并不多太多。但值得注意的是，中国的足球俱乐部所签的外援大多是不固定的短期合同，很少有能签一年以上的合同，球员如候鸟一样每年来来去去，也就不可能在中国长期定居下来；而在日本，不少外援都拥有两年以上的合同，球员也就在当地稳定地定居了。这种稳定的合同无疑更有助于加深外援球员乃至球员家乡对加盟国的认知。

随着电视和通讯技术的普及，比赛的转播越来越普及，现代足球也越来越依赖电视转播费而生存，但电视转播带来的绝不仅仅是经济上的收益，实际上也在影响着观众对俱乐部、联赛乃至国家的认识。日本足球顶级职业联赛之初，联赛水平远低于中韩等国，很难吸引国外民众的关注，但日本足协愿意免费向外国媒体提供转播权，有时甚至自己提供设备用以补助。现在，拉美许多国家都能看到日本足球联赛的电视直播。日本在拉美的电视转播费上直接收益尽管相对不大，但至少成为吸引拉美高水平运动员加盟的一个手段，客观上也加深了拉美民众对日本的认知。而在中国足球领域，相对于日本稳定的巨额电视转播费，中国的电视转播费不仅要少很多并且呈恶化趋势，① 海外转播计划不仅很少国家有兴趣，中国足协自己也一直无人注意推行。

从 1970 年日本归化第一名外国足球运动员内尔森·吉村以来，日本已经先后引进了六名外籍球员，而另外一些在日本效力的外籍球员也有此考虑。一方面，关于是否使用归化球员在整个体育界一直存在争议，但实际争议的中心已经由是否能够使用转移到如何使用，使用归化球员的方向已经是大势所趋，合理的使用只会是利大于弊。另一方面，这种归化现象实际上也是外籍球员对加盟国认知、认同的反映，其背后是竞技水平提高与认知程度加深的良性互动。

毫无疑问，日本足协采取的这些措施无疑对提升整个日本足球的水准起到了重要的作用，日本足球在 1993 年职业联赛开办之时，竞技水平在亚洲也不过是处于二流地位，但经过十几年的良性发展，已经成为亚洲当之无愧的"领头羊"。相反，对比日本仅晚一年成立的中国足球职业联赛，由于管理的混乱无序和制度弊端，伪职业化不仅未能给中国足球带来成功，反而逐渐沦落

---

① 日本足球电视转播费用从 2003 年的 5000 万美元，到 2004 年的 7000 万美元，此后一直在 8000 万～1 亿美元之间。中国在 2003～2006 年 4 年间每年 5000 万人民币，2007 年后为每年 2000 万人民币。数据参见日本足球协会网：http://www.jfa.or.jp/；中超联赛网：http://csl.sina.com.cn/

为亚洲二流的水平。即使出于竞技之外的因素考虑，我们也不难发现这些措施所带来的长远的影响。通过足球这项影响巨大的体育运动，日本不仅拓宽了与拉美外援所在国交流的渠道，更使越来越多的国外民众通过足球加深了对日本的认识。但是中国足球职业联赛由于管理的不规范，以及缺乏可行的前瞻性目标，不仅没有为提高竞技水准做出多少贡献，更在扩大中国体育和国家形象方面的积极影响力碌碌无为。尽管在成功促进拉美民众加深对日本足球乃至国家的认知方面，日本足协可能是无心插柳之举。但客观结果的成功，还是表明其中相当多的经验是值得我们借鉴的。

三

仅仅以中日足球的简单对比来尝试说明复杂而多样的民间交流的全部无异于管中窥豹，但是，作为现代世界民间交流的主要手段之一，体育交流以越来越频繁的速度在全世界进行着，并且以前所未有的重要性影响着世界，如克林顿曾称王治郅是"中国对美国的最大一宗出口"，姚明更几乎成为华人在美国的形象代言人。所以体育交流的活跃与否，也在很大程度上反映了民间交流是否能成功地进行，进而影响着双方民众的认知、认同乃至双方关系能否健康平稳地发展。因此，以日本与拉美的足球交流为参照，适当采取有利于发展中拉双方民间交往的措施，以便推广加深双方的认知，促进民间交流对双边关系的推动作用，对发展中拉关系还是具有重要意义的。

首先，与官方交流紧密联系而各有侧重。一方面，民间交流由于其自发性，很可能由于缺乏强力的支持力量而无法正常延续。因而民间交流的成功与否，离不开官方交流的协助，甚至很大程度上是由官方交流决定的，民间交流不能脱离后者而单独存在；另一方面，由于民间交流具有自己特定的利益取向，与官方交流有着很大的不同，将两者过分紧密地联系甚至混同可能会抹杀民间交流本质上的意义，也不利于二者最大功能的发挥。因此，既有民间交流与官方交流的紧密合作，又正确处理两者之间的差别，才是将两者功能最大化的正确途径。

其次，提升自我，建立高水平的交流平台。提升自身水平要建立一个科学规范的制度体系，促进交流主体能力的最大化；而高水准的交流平台无疑更能提升社会的关注度，进而持续地实现其潜在的影响。一个高水准的交流平台也离不开各个部门的共同努力和通力协作，如体育主管部门应该将重点放到科学地建立一个规范公平的体育竞技平台，制定可行的长远计划，这将不仅是体育界的幸事，也会为对外体育交流提供很好的竞技平台；外交部门则可以保障交流人员的便利与安全等等。

第三，采取更加开放便利的交流措施。开放而方便的交流将有助于迅速地引进引进高水准人才，而且合理地采取更大胆的拿来主义也是符合世界体育交流中的大趋势的，这不仅在帮助本国体育事业得到提升的同时，也会促进球员家庭甚至球员出生地区对本国的认知与认同，从而形成体育竞技水平提高和运动员认知之间的良性互动。

总而言之，民间交流、尤其是体育交流需要通过加强自身建设、确立科学规范的制度体系，作为逐渐提升体育竞技水平的一个重要手段，不仅可以扩大交流团体的群众基础，也将大大提高我们的竞技水平与经济效益。同时通过与官方交流的紧密合作，注重国家利益与组织利益的兼顾和协调，树立民间交流主体的大局观、全局观，真正意义上实现民间交流效果的最大化，必然会对加深中拉民众对彼此的认知、认同产生重要的影响。

随着全球化趋势的日益加强，"民间社会"的作用不断扩大，民间交流必将出现更为广阔的前景。而中拉关系稳定而安全的发展，不仅要有政府间的紧密合作，也要有加深了认知、相互了解的双方民众来共同保障。因此开拓更多的、更有效的民间交流渠道，以加深中拉双方对彼此的认知，仍是保证中拉关系健康发展的重要举措。

（作者单位：南开大学拉丁美洲研究中心）

中墨文化交流之汉语教学现状探析①

王文仙

　　中国和墨西哥建立外交关系以来，30 多年来一直保持着良好的经贸合作关系和政治上的友好往来。尽管两国在地理位置上相距甚远，但同作为文明古国的两个大国，无论是官方交流还是民间交往都促进了两种异质文化的碰撞和交融，增进了两国人民之间的了解。文化是一个国家的思想，而在对外文化交往中，语言文字的传播起到非常重要的作用，因为语言文字承载着文化的灵魂，可以超越地域的限制而真切体会到一个国家的文化和生活方式。

　　墨西哥的汉语教学始于 20 世纪 70 年代。1973 年我国政府首次派遣对外汉语专业的教师赴墨西哥学院教授汉语。此后，在我国驻墨西哥大使馆教育处的努力下，1977 年起开始向墨西哥国立自治大学派遣对外汉语教师。一直到 20 世纪 90 年代初，也

　　① 本文写作过程中得到我国驻墨西哥使馆教育官员戴朝富先生，墨西哥国立自治大学孔子学院中方院长孟爱群女士、陈金梅教师，墨西哥华夏中国文化学院和墨西哥城孔子学院院长谈毅先生，墨西哥华夏中国文化学院理事长周玲燕女士、副理事长彭春丽女士，墨西哥国立自治大学外语教学中心金雅曦教师，墨西哥国立自治大学分校 Acatlán 高等研究系许宏鉴教师，墨西哥中华文化学院胡静教师，墨西哥学院亚非研究中心华雷斯（Beatriz Juárez）同学提供的资料和给予的真诚帮助，在此表示衷心的感谢。

只有墨西哥学院和墨西哥国立自治大学这两所高等院校开设汉语课程。截至到目前，我国共派出汉语教师大约 33 名，其中绝大部分来自北京语言大学。

进入 21 世纪以来，随着我国经济实力的增强和国际社会地位的提高，以及中国文化的广泛传播，越来越多的外国人被汉语的独特魅力所吸引，开始关注并学习这门语言，全球逐渐掀起了"汉语热"。据统计，当前世界上学习汉语的外国人已经突破4000 万[1]。截至目前，墨西哥共有 50 多所院校开设汉语课程，分布在墨西哥首都墨西哥城及其他 24 个州，大约有 4000 名在校汉语学生。整个墨西哥大约有 70 多名任课教师，其中我国公派教师大约有 26 名（其中包括志愿者）。

本文拟以墨西哥城为例，介绍墨西哥的汉语教学现状，并就当前在教学过程中出现的一些问题提出浅显的看法，希望能引起深入的思考，更有利于中华文化的传播以及中墨两国的文化交流。

一

墨西哥的汉语教学经历了 30 多年的发展，已经形成一定的规模。20 世纪 70 年代主要集中在高等院校，到 90 年代出现了华人华侨建立的民间汉语学校。进入 21 世纪，出现了以孔子学院为主要特色的办学模式。墨西哥汉语教学机构大致可以分为三类：第一类是与我国政府签定合作协议的正规高等院校，例如墨西哥学院和墨西哥国立自治大学；第二类是华人华侨创办的民间

---

[1] 参见《全球热学汉语 看好中国未来》，载《人民日报》（海外版）2009 年 3月 13 日，第 5 版

汉语学校及其他一些私立的汉语培训机构；第三类是中墨双方合办的专门汉语教学机构——孔子学院。目前在墨西哥已经建立了5 所孔子学院。

（一）高等院校汉语教学基地

墨西哥学院亚非研究中心①。墨西哥学院是墨西哥最重要的科研机构之一，甚至在整个拉美地区都享有盛名。它也是墨西哥政府政策咨询机构，性质类似于中国社会科学院。墨西哥学院下设 7 个研究中心，亚非研究中心是其中之一，只招收硕士生和博士生。该研究中心的中国学专业现有 2 名正式的汉语教师，一名来自台湾地区，另一名来自马其顿。另有一名兼职的汉语教师，教授古代汉语，一般是来自我国的高校教师，并不定期轮换。据统计，在 2007 年至 2009 年这一届硕士生中，共有 8 名学生学习汉语。汉语水平分为初级和中级，初级水平的教材和墨西哥国立自治大学外语教学中心的教材相同，中级水平的教材不固定，通常是选读中文报刊的文章、故事，或是汉语水平考试（HSK）的练习题，或是中西翻译技巧之类的训练。据了解，该中心的博士生在第一学年需要到国外进修 1 年，大部分中国学专业的学生会选择来中国深造，或者进修汉语或者搜集论文资料。这对他们提高汉语水平和了解中国提供了十分有利的条件。

墨西哥国立自治大学外语教学中心。根据我国教育部与墨西哥国立自治大学签署的协议，我国派遣汉语教师赴该大学的外语教学中心任教，一般保证每学年有 2 名汉语教师在职，同时该中心还有 1～2 名墨西哥籍教师。目前大约有学生 300 名，任课教师 6 名。

外语教学中心主要教授普通话，学习简体汉字，培养学生的

① 2009 年是墨西哥学院亚非研究中心成立 45 周年。

听说读写能力，使用的基本教材是北京语言大学的《汉语教程》。汉语学习划分为 6 级：一级和二级主要学习发音和汉语拼读规则，让学生掌握元音和辅音、声调以及熟悉一些汉语音节；三级和四级主要学习基本语法，达到学生可以进行简单汉语对话的目的；五级和六级主要强化语法学习，增加词汇量，锻炼学生汉语表达的连贯性及流利性。整个汉语学习时长为一学期（17周），周一到周四上课，每周 8 小时。另外还开设特殊的汉语课程，例如汉语水平资格证书的考试辅导班。①

此外，在墨西哥国立自治大学分校 Acatlán 高等研究系也设有汉语课程，其教师配置及其教学方式与外语教学中心类似。目前有 5 ~ 6 名汉语教师，其中 1 名来自北京语言大学，是国家汉办派遣的教师，其余的是墨西哥籍教师。学生人数大约在 200 人左右，每个班有 10 多名学生，年级越高，学生数量越少。

（二）民间汉语学校

民间汉语学校的建立是中墨两国民间交往的成果之一，也体现了民间交往在促进两国文化交流及加强两国关系方面的重要作用。在墨西哥城比较有影响的民间汉语学校是墨西哥华夏中国文化学院和墨西哥中华文化学院。

墨西哥华夏中国文化学院。虽然从 20 世纪 70 年代起我国就在墨西哥的知名高等院校开设了汉语课程，但是直到 90 年代，汉语教学还远远没有得到重视，也没有走出高校走向社会，普通的墨西哥人还没有意识到汉语可以作为一门外语来学习。墨西哥华夏中国文化学院就是在这种情况下成立的，初衷是为了满足华侨及华裔子女学习汉语的愿望，其前身是华夏中文学校，1999年由旅墨中国学者及华人华侨创办。这是全墨西哥第一所比较正

---

① 参见墨西哥国立自治大学外语教学网：http://www.cele.unam.mx

规的、非商业性的、以学习汉语为目的民间汉语学校。2003 年
11 月正式注册为墨西哥华夏中国文化学院。

经过近 10 年的发展，华夏中国文化学院已经成长为较成熟
的汉语教学机构。设置的汉语课程主要有儿童汉语班（分为小
班、中班和大班）、成人普通汉语班以及成人专业汉语班。同
时，还设置了中国汉语水平考试（HSK）强化班以及暑期汉语
教学班。在教材使用方面，主要采用中国教育部和国家汉办专门
编写的最新对外汉语教材，培养学生的听说读写能力。例如，为
孩子们准备的教材有《快乐儿童汉语》、《快乐汉语》及《跟我
学汉语》；成人的汉语教材主要是《今日汉语》、《汉语教程》、
《经贸汉语》、《旅游汉语》等。除此之外，该院还设置了内容丰
富的才艺课程，例如，在儿童才艺班，孩子们可以学习中国的书
法、绘画、剪纸、乒乓球、舞龙舞狮；在成人才艺班，可以学习
中国烹饪、中国武术、太极拳、舞龙舞狮，以及针灸等方面的知
识，在学习过程中可以充分领略到中华文化的独特魅力。①

墨西哥华夏中国文化学院的师资力量在墨西哥的民间汉语学
校里是比较强的，在汉语教学方面取得了良好效果，学员人数逐
年增加，而最突出的表现是所培养的学生在汉语水平考试及优秀
汉语学生比赛中多次取得优异成绩。最为可喜的是，该学院的汉
语教学已进入到墨西哥一所重要的公立大学，大幅度拓宽了汉语
教学的范围。

由于墨西哥华夏中国文化学院在办学规模及管理等方面日臻
成熟，为进一步扩大汉语教学的影响，2006 年与国家汉办合作，
创办了墨西哥城孔子学院。由此，墨西哥华夏中国文化学院的
"职能由以前单纯面向华侨服务的公益性中文学校转变为传播中

---

① 参见墨西哥华夏中国文化学院网：http://www.huaxiamex.com/News/

国宏大文化的教学机构"①。

墨西哥中华文化学院。该学院是 2004 年由华人华侨创办的一所台湾学校，以教授汉语为主，同时宣传中华文化。学院设有幼儿班、学童班及成人班。目前，大约有 12 名汉语教师，大部分是来自我国大陆的兼职教师。除本院内的教学外，还在当地的 10 多所中小学校开设汉语课程，深受欢迎。学院现在面向 500 多名不同年龄阶段的学生教授汉语。该学院也开设了才艺班，例如，中国烹饪班、中国太极拳班以及中国书法班等。②

此外，在墨西哥城也有一些规模比较小的私立汉语培训学校。例如，"你好"中文学校。还有一些不知名的汉语培训机构，大部分是墨西哥人创办的。

（三）墨西哥的孔子学院

为满足国外学习汉语人数的日益增长的需求，推动中华文化的传播，加强中国与世界各国的文化教育交流合作，2004 年 11 月我国在韩国首尔建立了全球第一所孔子学院。这是我国在对外文化交流方面的突破。据统计，截至 2009 年 4 月，已经启动建设了 326 所孔子学院（课堂），分布在 81 个国家和地区③。根据《孔子学院章程》的规定，孔子学院系非营利性的教育机构，本着"相互尊重、友好协商、平等互利"的原则，由中外双方共同建立。在学院管理方面，实行理事会领导下的院长负责制，理事会成员由双方共同组成，其人数及构成比例由双方协商确定。在经费使用方面，中方投入一定数额的启动经费，后续费用由双方共同筹措，承担比例 1：1 左右。

---

① 《墨西哥借力中国热 孔子学院专门教墨华子弟汉语》，墨西哥华夏中国文化学院网。
② 参见墨西哥中华文化学院网：http：//www. iicc. org. mx
③ 参见国家汉办网：http：//www. hanban. edu. cn

孔子学院在墨西哥的建立始于 2006 年。该年 2 月，中墨两国教育部长在蒙特雷市签署合作建立孔子学院的意向书。在这一文件精神的指导下，截止到目前，在墨西哥已经建立了 5 所孔子学院，分别是墨西哥城孔子学院（墨西哥华夏中国文化学院与潞河中学合作）、墨西哥国立自治大学孔子学院（与北京语言大学合作）、尤卡坦自治大学孔子学院（与中山大学合作）、新莱昂州自治大学孔子学院（与对外经贸大学合作）、奇瓦瓦自治大学孔子学院（与北京第二外国语学院合作）。这 5 所学院学习汉语的学生大约有 800 人，其汉语教学工作主要由我国公派教师担任。下面主要介绍一下墨西哥城的两所孔子学院的基本情况。

墨西哥城孔子学院。该学院正式成立于 2006 年 11 月，是我国在拉美地区建立的第一所孔子学院。2007 年 7 月，经国家汉办推荐，墨西哥华夏中国文化学院与北京潞河中学签署了合作开办孔子学院的协议。9 月，墨西哥城孔子学院面向整个墨西哥社会正式招生。

截止到 2009 年 8 月，墨西哥城孔子学院共有 7 名汉语教师，其中国家汉办派遣了 4 名教师，另外 3 名是该学院自己聘请的教师（含 1 名墨西哥籍教师）。在近两年的时间里，墨西哥城孔子学院在汉语教学方面不断取得佳绩，最突出的成果就是首次成功地在院外为 4 个著名的中小学开设了汉语班，其中的一所学校已经把汉语列为正式课程，同时学生人数翻番，从原来的 100 多人达到了现在的 200 多人。据统计，目前该孔子学院在院内外共开设了 31 个汉语学习班，大约有 220 个学生。周一到周五开设 9 个学习班，周六开设 11 个学习班，学员大约有 110 人左右，其中儿童大约有 40 人。在校外为 4 个中小学开设了 11 个汉语班，大约有 110 人。另外，今后该学院将逐步增设中国历史及中国烹饪等文化课程，这意味着学院在课程设置方面将逐步走向全面。

墨西哥国立自治大学孔子学院。由于近几年来在墨西哥国立自治大学外语教学中心学习汉语人数日益增长，自治大学希望在校外开设汉语课程以应对这种局面，墨西哥国立自治大学孔子学院就是在这种形势之下应运而生的。2006年11月，国家汉办主任许琳在墨西哥城同墨西哥国立自治大学总务长及人文部负责人共同签署了"关于合作建设墨大孔院协议书"，并委托北京语言大学同墨西哥国立自治大学合作创办孔子学院。2008年11月12日，墨西哥国立自治大学孔子学院举行了隆重的揭牌仪式。目前已经以孔子学院名义较大范围地招收学生。

该学院的建立是对墨西哥国立自治大学外语教学中心的有益补充，该学院中方院长孟爱群女士认为"这是北京语言大学同墨大长期合作的丰硕成果"。目前，这个学季有2个年级，8个班。下学季准备招收9个班，并会根据8月底的报名情况适当增加名额。任课教师中2名来自国家汉办，3名是墨西哥人。使用的教材是北京语言大学的《汉语教程》。学员成分趋向多元化，他们来自社会各个阶层，有的来自当地政府机构，有的来自公司企业，有的是家庭主妇。年龄呈多样化，从18岁大学生到70岁退休老人，无一不有。关于学习汉语的动因，有的人是为了满足工作需要，有的人是出于兴趣和好奇，还有一些华人后裔想重新认识祖先文化。

为更好地发挥孔子学院作为文化交流平台的作用，中方院长孟爱群女士表示，孔子学院今后将有望开展以下汉语教学活动：（1）利用多媒体和网络等多种方式教授汉语；（2）为各所大学培训汉语教师；（3）开展汉语水平考试以及对外汉语教学资格考试；（4）为不同地区的学生开设不同专题和方向的课程；（5）组织与汉语和中国文化有关的活动及各类竞赛；（6）放映中国电影和中国电视节目；（7）为有意赴中国留学人士提供咨询；（8）为教育界及其他行业人士提供参考信息；（9）组织各种具有孔子学院特点的活动。

二

如前所述，从墨西哥城的汉语教学的现状来看，其教学范围逐步拓宽，在原有两所高等院校设置汉语课程的基础之上，已经形成比较有影响的民间汉语学校和孔子学院并存的办学模式，可以说在教学方面特点各异，各有千秋。在墨西哥学院亚非研究中心学习汉语的学生主要是来自中国学专业的硕士生，他们一般都已经具备一定的汉语基础，因专业学习所需，所以专业性和实用性比较强。在墨西哥国立自治大学外语教学中心及其分校学习汉语的学生主要是在校大学生，他们一般对汉语很感兴趣，想了解中国和中国文化，从而把汉语作为备选的一门外语。这两所高校的师资力量也比较稳定，积累的教学经验也比较丰富。但是由于学习汉语的对象是高校学生，汉语教学的普及面比较窄。相比之下，民间汉语学校和孔子学院除了在中小学校开设汉语课程之外，还面向社会招生，满足不同阶层的成年人对汉语学习的兴趣，扩大了汉语学习的范围。如果说高等院校的汉语教学倾向于纵向深度发展的话，那么民间汉语学校和孔子学院的汉语教学一定意义上属于横向宽度的发展。

孔子学院作为新的办学模式，还处于起步阶段和摸索发展阶段。但是，不能否认孔子学院的建立使得汉语教学更趋于规范化和制度化。这一点可以从 2008 年 12 月召开的第三届孔子学院大会上得到明显印证。大会总结了孔子学院建立以来所取得的成绩，主要体现在三个方面：一是初步建立了以孔子学院为骨干的汉语教学体系；二是创造了中外密切合作的国际化办学模式；三是探索建立了一系列管理和规章制度。同时，根据实际情况，提出了"坚持办学宗旨"、"注重提高质量"、"鼓励探索创新"、

"推动平等合作"等四点建议，为孔子学院的健康发展指明了方向。① 墨西哥的几所孔子学院基本上采取了"大学对大学"的合作模式，不但可以充分发挥大学的有利条件和丰富的资源，而且一定程度上还可以保证办学质量。有的孔子学院是在充分吸收民间汉语学校的精华之上建立起来的，例如墨西哥城孔子学院。从学员的广泛性而言，民间汉语学校和孔子学院比高等院校在推广汉语上更有影响力，从而也把墨西哥的汉语教学推进了一步。

另外，民间汉语学校和孔子学院在传播中华文化方面更具有优势和实力，它们利用自身资源积极参与并组织开展文化交流活动。虽然墨西哥城的两所孔子学院成立时间不长，但是先后举办了一些重要的文化活动，真正发挥了孔子学院在宣传中华文化方面的作用。例如，2007 年 9 月 12 日墨西哥城孔子学院应邀在墨西哥一所著名私立大学 ITAM 举办了介绍中国文化和孔子学院的活动；2008 年和 2009 年分别组织参与了首届及第二届墨西哥城春节花车游行活动。2009 年 2 月 20 日还举办了"墨西哥第一届全国孔子学院研讨会"，就成立全墨西哥孔子学院联盟、墨西哥及西语美洲孔子学院汉语教学资源共享、教师培训、教材编写、孔子学院文化活动等议题达成了共识。为庆祝新中国成立 60 周年，该学院正在积极筹备第一届秋季中国文化节，届时将有近万人参加游园活动。墨西哥国立自治大学孔子学院也已经举办过几次文化交流活动。例如，2009 年 4 月 21 日墨西哥国立自治大学孔子学院联合该校外语教学研究中心成功举办了"墨西哥国立自治大学孔子学院第一届中国文化节"，这是该学院正式揭牌以来举行的第一次文化活动。该活动以汉语比赛、服装表演及中国

---

① 参见刘延东在第三届孔子学院大会上的主旨演讲：《共同参与 平等合作 把孔子学院越办越好》。http://www.qdisp.com/ldhd/2008 - 12/09/content_1173203.htm

书画展的形式充分展现了中国文化的魅力。另外，7 月 17 日该学院又成功举办了"墨西哥第二届全国孔子学院研讨会"，并在研讨会上达成了一致意见，计划从 2009 年 9 月开始，墨西哥国立自治大学孔子学院将定期举办 4 个中国文化讲座：中墨友好关系发展史、中国现行教育制度、中医与墨西哥人的健康、中国的经济与对外贸易。通过这些文化讲座，将使人们更好地比较全面地了解中国。①

需要补充的是，在我国驻墨西哥使馆教育处的努力下，墨西哥的汉语教学工作逐渐向全面化方向发展，为其他拉美国家的汉语教学作出了表率。最突出的表现是 2008 年 10 月 12 日在墨西哥城召开了"墨西哥第一届汉语教师学术研讨会"，这是墨西哥乃至拉美地区首次举办的汉语教师学术研讨会。墨西哥 9 所开设汉语课程的教学机构派出 17 名教师代表与会，涉及的内容比较广泛，主要是针对墨西哥汉语教学的难点提出了许多有效的解决方法及前瞻性的建议。在会上，一致提议争取 2009 年上半年成立墨西哥汉语教师协会，并创办相关刊物。另外，为提高汉语教师的教学水平，2009 年 7 月在墨西哥城举办了为期 10 天的"第一届墨西哥汉语教师培训班"，这是由中国国家汉办主办，我国驻墨西哥大使馆委托墨西哥国立自治大学孔子学院承办的，这次培训活动取得了圆满成功。培训内容丰富而广泛，既有"汉语语法教学的基本方法"和"汉语综合课堂教学技巧"，又有"语音教学"、"词汇教学法"及"课文操练示范课"，还讲授了"民族音乐和舞蹈"，极大满足了从事汉语教学的学员们的知识需求，为汉语教学注入了新的活力。②

不可否认，30 多年的发展，墨西哥的汉语教学已经取得一

---

① 参见国家汉办网：http://www.hanban.edu.cn
② 同上。

定的成绩，在推广中华文化方面也取得了一定的效果。但是我们不能盲目乐观，应该客观地分析现状，认真对待在办学及教学过程中出现的不足。墨西哥的汉语教学困难仍然很多，孔子学院的办学模式还处于摸索阶段，出现问题也在情理之中，这也是新生事物成长过程中不可避免的。下面以孔子学院为例，分析一下当前汉语教学过程中存在的主要问题，从某种程度而言，这些问题也具有一定的普遍性。

我们知道，汉语教学最基本的组成要素是教师、教材和学生，当然还包括管理及其他方面的要素。据了解，汉语教学过程中存在的问题主要集中体现在以下三点：一是师资力量缺乏保证。由于国家汉办派遣的教师数量有限，不能有效地满足合作院校在师资方面的需求。而且由于赴墨西哥的入境手续办理比较繁杂，影响了派出时间，以及在教师轮换计划方面缺乏连续性，这些直接影响到正常的教学计划。二是教材显得比较单一化，在本土化和多样化方面还远远不够，不能满足不同阶层的汉语爱好者的需求，尤其是儿童及专业人士。三是在管理制度方面缺乏规范化，中外双方院长的职责有些模糊。孔子学院是中外双方合作办学，但是主导权在外方，尤其是经费方面。这样在处理一些具体问题方面，需要不断地同外方沟通协调。因此，为进一步提高办学质量，提高汉语教学水平，针对存在的问题可以从以下几个方面采取积极有效的办法。

1. 在师资力量方面加强本土汉语教师的培训和培养。

据了解，在墨西哥任教的汉语教师大致可以划分为两类：第一类是以汉语为母语的教师，例如国家汉办派遣的对外汉语专业教师和汉语教师志愿者。第二类是墨西哥人，他们熟悉当地的教育体制和教学水平，但是汉语水平有限。在这种情况下，第一类人员要发挥"领头羊"作用，有必要的话，还应该尽可能在墨西哥再次接受本地的教育培训，提高教学技能，以便更好地适应墨西哥的教学特点。另外，这些教师还担负着培养当地教师的重任。再者，应该充分发挥第二类教师的作用，并对之进行行之有效的培训，最好将其送到中国接受正规教育体制的培训，提高汉语教学水平，从而培养一批本土汉语教师。因此，从一定意义上讲，外援力量像"火种"，主要发挥引导性作用，而本土汉语教师则是能够维持汉语教学长盛不衰的最主要的师资力量，可以探索一下"请进来"、"走出去"的汉语师资培训模式①。

其次，在缓解汉语教师资源短缺方面，还应该充分发挥志愿者的优势。自 2004 年以来，国家汉办已派出近 7000 名教师志愿者，分布于世界五大洲 48 个国家。② 目前，在墨西哥 16 所院校和企业从事汉语教学的志愿者共有 21 位，尚有 10 位左右的志愿者正在办理赴墨西哥的相关手续。汉语教师志愿者是对外汉语专业教师的有益补充，从国内派出志愿者是行之有效的途径。另外，还可以考虑从墨西哥的华人华侨中选拔汉语教师，发挥他们作为母语国汉语人才的作用。加之他们又比较熟悉墨西哥当地的风土人情，十分有利于汉语教学工作的开展。

最后，在加强师资力量方面，还应该注意提高汉语教师的综合素质。其实，从事汉语教学对教师的综合素质要求很高，既需要懂得教学方法和具备相应的语言文化素质，又需要懂得西班牙语或英语进行双语教学；既需要熟悉中国文化，又需要了解墨西哥文化。这样在教学过程中才能游刃有余，把课堂气氛调动起来，把内容讲解得有声有色。

---

① 参见《质量是孔子学院的生命线》，载《2008 年孔子学院大会简报》，第 21 期，孔子学院总部（国家汉办）编印，2008 年 12 月 10 日。

② 参见国家汉办网：http://www.hanban.edu.cn

2. 力求汉语教材的本土化。

在拉美国家，缺乏西班牙语注释的汉语教材①，这只是教材不足的一个方面。另一个方面是教材的不适用性。由于中国经济地位的逐渐提升，大部分墨西哥人能够认识到学习汉语的重要性，因此一些父母希望自己的子女从小学习汉语，接触了解中国文化。据一位从事多年汉语教学的中国教师反映，由于距离问题，大多数墨西哥人学汉语并不是直接为了工作而学习汉语，纯粹出于兴趣。或者说他们对中国的发展抱着一种很好奇的心理，想了解中国。但是，也有一些墨西哥人是抱着和中国人做生意的态度学习汉语的，或者其工作性质和汉语有关，比如在政府外交部门工作的公务员。因此，要充分考虑到学习汉语的人员来源，应该在课程设置和教材选用上遵循"因材施教"的原则，要考虑到儿童、青年及成年人不同的学习目的和特点，编写针对性和实用性强的教材。

此外，还有必要考虑到特殊人群的需求，例如律师、医生、工程师、工人、厨师、家庭主妇及退休老年人等，有必要根据他们的特点，在现有教材的基础上开发选择相应的汉语教材，"学以致用"。如果不考虑学员的特殊性，而单纯的以专业的外语教学形式来教学生，估计学习效果不会令人满意。

再有一点就是，在教学过程中积累教学经验，了解墨西哥人在学习汉语中的难点，然后对症下药，加强这方面的训练。有的汉语教师在教学过程中发现，墨西哥人在学习汉语拼音方面难度不是很大，比较难掌握的汉语字母发音有 e, j, q, x, z, c, s, zh, ch, sh 和 r。但对于他们而言最难的是声调和汉字。因此，在汉语教材的本土化过程中需要一段时间的摸索和积累，逐渐从

---

① 参见《孔子学院应加强评估分享资源》，载《2008 年孔子学院大会简报》，第 19 期，孔子学院总部（国家汉办）编印，2008 年 12 月 10 日。

不适用到适用，再到完全适用，在教学过程中逐步建立起较为完整的教学制度，制定教学大纲并实施具体的教学计划。

3. 教学方法的适用性和实用性。

由于是墨西哥人学习汉语，应该摸索出一套适合他们学习特点的教学方法，而不能生搬硬套地使用国内的汉语教学方法，因为语言环境和学习对象发生了很大的变化。这就要求汉语教师不仅要熟悉墨西哥的历史文化背景，还要深入了解墨西哥人的性格心理及生活和思维习惯，清楚他们想怎么学习汉语，知所需，给所需，才能取得良好的教学效果。这就要求汉语教师在教学过程中要注意教学方法的适用性和实用性。

有的汉语教师认为，在教学过程中应该有意地比较汉语和西班牙语的语音、语法和文化等，可以让学生比较轻松地接受知识。如果在课堂上仅仅讲解关于中国的内容，学生会望而却步，因此，在教学中采用一种比较的教学方式，会取得良好的效果。这种教学方式不妨尝试推广一下。

4. 课程设置的多样化及开展各类文化活动。

汉语是窗口，窗口里面是丰富多彩的中国文化。学习汉语只是第一步，最终是了解中国和中国文化来满足自身需要。因此，在课程设置方面力求多样化，在开设汉语课程的基础之上，开设中国历史和中国文化课程，从而"发挥孔子学院作为双窗口的作用，即在课程设计上要突出孔子学院既是外国朋友了解中国的窗口，也是中国民众看世界的窗口"①。

与开设文化课程相辅相成的，是举办形式内容适宜的各种文化活动。开展文化活动的目的是推动汉语教学，激发学习汉语的兴趣，让墨西哥人更多更好地了解中国文化。因此，建议"文

---

① 参见《孔子学院应加快本土化师资培训》，载《2008 年孔子学院大会简报》，第 17 期，孔子学院总部（国家汉办）编印，2008 年 12 月 10 日。

化讲座尽可能用当地人明白的语言，用汉语就有强迫听众接受的嫌疑"①。再者就是提高文化活动的档次和水平，中国传统文化博大精深，中国哲学是中国文化的精髓和活的灵魂，是中华文明智慧的集中体现。此外，有必要多引进通俗易懂的关于中国思想文化方面的小册子，以便更好地认知中国。因此，还有必要在挖掘展示中国文化内涵方面下些功夫，而不要仅仅流于形式的和感性认识的宣传。

5. 加强规范管理，友好合作。

规范管理是孔子学院正常运转的有力保障，建立规范化的管理制度是非常必须和必要的。中外双方院长在国家汉办的政策指导下尽量做到分工明确，职责明晰，在友好的气氛中合作办学。外方院长应该具备一定的汉语水平，保障对孔子学院的教学质量进行监管。另外还应该充分发挥学院理事会的指导性作用。

总的来讲，汉语教学走出国门，到陌生的环境中，需要一个落地生根发芽成长开花结果的过程。生长环境的改变也需要汉语教学适应当地的生存环境，入乡随俗，只有本土化，才能焕发旺盛的生命力。就墨西哥而言，由于地域的缘故，中国人对墨西哥了解其少，往往习惯于把它看作是一个北美洲国家，甚至忽略了它是拉美大国的事实，而墨西哥人也往往从外观上把中国人看作是日本人或韩国人。再者，由于墨西哥受西方文化影响很深，在思想意识形态及文化价值取向方面更趋向于西方化，尤其是美国化，其广播媒体接受欧美媒体报道的影响较多，在很大程度上误导了墨西哥人对中国的看法。而要扭转这种局面，汉语教学的作用非常重要。试想，如果人们学会了汉语，就可以直接阅读中国的报刊杂志，就能够听懂关于中国的广播、看懂关于中国的电视

---

① 参见《孔子学院需加强教师培训、教材开发及开展文化活动》，2008年孔子学院大会简报，第18期，2008年12月10日。

节目，到中国看一看，就会明白事情的真伪了。

我国和墨西哥已经建立了战略合作伙伴关系，可以看出墨西哥在我国经济发展及对外关系中的重要性。虽然 2008 年在北京举办的奥运会为世界了解中国提供了一个良好的契机，但是大部分墨西哥人对中国的印象还停留在 20 世纪六七十年代。在这种情况下，有必要在宣传策略方面多动脑筋。也许我们还没有真正了解这个遥远的国度，也许我们只是从我们的角度来考虑怎么传播中华文化，而没有考虑到墨西哥人的文化需求。因此，首先，有必要做一项市场调研，了解其所需，投其所好。其次，可以充分发挥墨西哥华人华侨的积极作用，他们长期生活在那里，非常熟悉当地的风土人情，在一定程度上更有发言权，他们或许可以提供比较符合实际情况的合理化建议。另外，可以考虑让墨西哥人自己设置一些文化宣传活动内容及形式，以便弥补我们在文化宣传工作方面的不足。中国文化的传播任重而道远，具有极其重要的现实意义。

因此，说到底，在对外文化交流中，汉语教学发挥了媒介的作用，其效用性最终要落实到传播中华文化以及塑造中国形象上，为中墨两国教育文化全方位交流与合作铺垫和谐的氛围，扩大我国的文化影响力，从而加强两国政治上的友好合作，推动两国的经济往来。而如何充分发挥汉语教学在中墨文化交流中的作用，是一项长期性的重要课题。

（作者单位：中国社会科学院世界历史研究所）

历史感怀篇

中拉交谊　甲子感怀

黄志良

新中国同拉丁美洲、加勒比国家的交往，从中华人民共和国成立之日算起，至今已经历了 60 个年头。60 年，对一个人来说，一个甲子轮回几乎涵盖了整个人生的主要历程；而在历史的长河中，半个多世纪的岁月不过是一段短暂的时光。但今天，当人们在回想这 60 年中拉交谊的巨大变化发展时，如同感慨新中国成立 60 年来祖国发生了天翻地覆的变化和进步一样，也会情不自禁地发出"今非昔比"、"出乎意料"的感叹。由于历史的机遇，我的大半生全部融入在发展中拉友谊的壮丽事业之中，亲身经历和见证了中拉关系从无到有、从小到大、曲折而漫长的历程。值此欢庆新中国迎来 60 周年华诞、中拉关系获得突飞猛进之际，我感慨万端，思绪绵绵，不免又想从个人视角回望一下走过的 60 年不平路，追寻一下在开拓中拉关系的道路上先驱者们留下的深深的脚印，并反思一下工作实践中得到的一些体会。

往事并非如烟

回想起来，中拉关系大概经历了四个时期：1949 年新中国成立后 20 多年里，中拉之间以民间交往为主的"民间外交"时期；20 世纪七八十年代，中国同拉美大多数国家实现建交，中拉关系进入迅速发展时期；90 年代，中拉各领域友好合作取得长足发展时期；进入 21 世纪，中拉关系呈现全方位、多层次、宽领域迅猛发展的崭新时期。在前三个时期里，我是身历其境的热情"参与者"，最近 10 多年里，我已退出一线，成了一名热心的"观察员"。

关于"民间外交"时期，我首先想到一件大事，是 1952 年 9 月在北京举行的亚洲及太平洋区域和平会议。这是新中国成立后第一个在首都举行的规模空前的国际盛会。这次会议来了 11 个拉美国家的 150 多名社会各界代表，占了全体与会代表的 1/3。那时期，对绝大多数中国人来说，拉丁美洲还是个非常遥远、完全陌生的新大陆。这 100 多位种族不一、肤色各异、热情奔放、思想活跃的拉美来宾，简直像群前所未见的"外星人"，他们只讲西班牙语，拒绝使用英语，这下着实难为了我方接待人员，那时期在全中国找不到一个通晓西班牙文的人才。这次会议之后，中央领导决定着手培养从事拉美工作的西班牙文翻译，指示北京外国语学校立即开办西班牙语系。我就是自那时起，由学英语改学西班牙语，从此走上了一辈子从事拉美工作的"不归路"。

我们 20 多名第一届西班牙语班同学中，不少人还没有等到毕业就被抽调到外宣部门作拉美工作。有的同学被借调去陪同文化、艺术、新闻、经贸等团组出访拉美，这些团体最早把璀璨的中华文化传播到了拉美大陆，结交了一大批各界友好人士。我和其他同学则在国内经常参加接待来访的拉美外宾，我多次见到毛主席、周总理等党和国家领导人会见拉美客人，亲自作友好工作。许多拉美朋友回国后发起成立了对华友好团体，积极活动，发挥了增进中拉人民友谊和了解的桥梁作用。

应该看到，中拉之间的民间交往并不是一帆风顺的。由于美国的敌视和阻挠、拉美执政者的反共偏见和台湾当局的破坏、捣乱，中拉间的民间交往历尽艰难与波折。我国派出人员遭到拒绝入境、吊销签证、限制活动，甚至被无理扣留和驱逐出境的事件屡屡发生。其中最严重的一次是，1964年4月发生的巴西军事政变当局以莫须有的罪名，无端将我在巴西临时工作的9名派出人员投入监狱的震惊世界的"9人事件"。这一变故以及拉美政局的变化使中拉之间的各种交往在相当一段时期里陷入了空前的严重困境。

然而，已播撒在沃土中的中拉友谊种子一直期待着春风化雨的一天的来临。

20世纪50年代的最后一个春天，古巴革命胜利像一声惊雷震动了全世界。古巴人民革命的成功在美国"后院"打开了一个缺口，也为我国同拉美国家发展友好关系提供了良机。我国中央领导高度重视古巴革命，及时作古巴革命领导人的工作。我就是在1960年7月作为翻译被派到古巴工作，终身难忘地目睹了卡斯特罗总理在百万人群众大会上宣告中古建交的感人情景。中古建交实现了中拉外交关系"零"的突破。

中古建交后不久，我随中国经济贸易促进会代表团出访南美的巴西、阿根廷和智利3国。这是一次开拓南美工作的探路之旅，我第一次踏上了南美大陆的土地，那时不曾想到，后来我还会到南美洲长期工作。

随着国际形势的变化，中国通往南美航道上的"坚冰"渐渐消融。我党中央外事领导根据当时的国际形势和未建交国地区分布特点，决定对若干与我建交上有难处的国家采取"分两步走"的方针，在拉美地区选择了智利作为试点。那时智利执政的基督教民主党政府奉行较开明的对外政策，接受我国在其首都圣地亚哥建立半官方性质的商务代表处。外交部美澳司副司长林平任正代表，外贸部一位副总经理任副代表，两位代表的夫人，再加上我和夫人刘静言，一共 6 个人组成了新中国在南美大陆创建的这一个特殊类型的外交据点。林平领导的商代处，在环境复杂、条件艰苦的情况下，惨淡经营了整整 6 年，为中智建交打下了良好的基础。

1970 年 10 月，智利社会党领导人、中国人民的老朋友阿连德当选总统，他不顾美国和国内右派的反对，毅然决定立即实现智中建交。那时我在外交部翻译室工作，怀着兴奋的心情翻译了智方提出的西班牙文的建交公报稿。这份建交公报后来成了我国同拉美国家宣告建交的一个样板，被称为"智利模式"。中智建交是又一个历史性的突破，从此五星红旗开始在南美大陆上高高飘扬。

中智建交未及一年，位于安第斯山脉中段的秘鲁，也冲破重重障碍，向新中国伸出了友谊之手，缘起当时秘鲁等拉美国家掀起了捍卫 200 海里海洋权的斗争，我国政府旗帜鲜明地支持这一斗争。政变上台的进步的秘鲁军政府推行较为激进的民族主义政策，同美国矛盾有所发展，有意与我国发展关系。1971 年 6 月，我作为翻译参加了接待来华访问的第一个秘鲁军政府代表团，这个代表团与我贸易部达成了两国互设商务办事处的协议。有趣的是，客观形势发展的比人们预计的还快，两国商代处还来不及在对方首都挂出牌子，两国政府已经达成了建交协议。这是基辛格访华的消息传出后在拉美产生的第一个积极反应。在美国总统尼克松即将访华的公报发表后，位于拉丁美洲一北一南的两个大国墨西哥和阿根廷都不愿在开展对华关系方面落在美国后头，决心抢在尼克松到达北京之前与中国建交。接着，又有拉美和加勒比地区 11 个国家纷纷投入到与新中国缔结邦交的行列中来，其中最重要、最引人注目的是拉美最大国家巴西也终于在 1974 年夏同中国达成建交协议。那几年里，我在外交部除了忙着翻译一个接一个的建交公报外，多次参加新建交国领导人来华访问的口译工作。至上世纪 80 年代末，我国已同拉美和加勒比 33 个国家中的 19 个国家建交，这些建交国的面积总和与人口总和超过了拉丁美洲总面积和总人口的 90%，这些国家的 GDP 和在一起，占了全拉美和加勒比 GDP 的 95%。

这期间，我个人已从"民间外交"时的年轻翻译，成为了政府派出的外交官。我先是在我国驻阿根廷大使馆工作了 4 年，后被派驻巴西，当了 4 年驻圣保罗总领事。我外交生涯的最后一站是任中国驻委内瑞拉大使。在这 10 年里，我直接参与了我国政府首脑、国家主席、党的总书记等人对拉美国家历史性访问的接待工作，亲自感受到中拉建交后各领域友好合作的势头强劲和经贸发展的巨大潜力，兴奋地看到双边关系已呈现出官方与民间并举，全方位、深层次、迅速发展的大好局面。

说到这里我也不得不提到，我不仅有幸见证了中国与多个拉美国家建交和发展的过程，我还亲历了我国与中美洲国家尼加拉瓜建交又断交的过程。1983 年 10 月在阿根廷首都布宜诺斯艾利斯，尼加拉瓜桑地诺政权总统奥尔特加首次与我方接触，提出希望与中华人民共和国建交，我是那次秘密会见的联络员和翻译。1989 年我出任驻尼加拉瓜第二任大使，适逢尼加拉瓜政权更迭，美国扶植的尼加拉瓜右派势力上台执政。台湾当局乘机施展"银弹外交"，重金收买尼加拉瓜新政府。虽然我方大力开展工作，但争取无果，终止了与尼加拉瓜的外交关系。这是中拉关系史上一个不幸的插曲，是历史长河中一时出现的逆流，但它阻挡不了中拉人民友谊的历史洪流滚滚向前。

我在回忆中拉关系发展的亲身经历时，着重追述了中拉关系从无到有、从点到面、曲折漫长的艰辛一面，从中可见，新中国与拉丁美洲国家之间外交关系的建立和发展真是来之不易，对今天的大好局面我们应该倍加珍惜。

铭记这些开拓者

每当我看到中拉关系取得新的进展时，总会在欣喜之余想起当年那些为拓展中拉关系默默耕耘、无私奉献的老领导、老同事和老朋友，尤其会怀念起那几位曾为架构跨洋的中拉友谊大桥作出过不朽贡献，现已作古的中拉老一代领导人和各界知名友好人士。我首先缅怀的是我们敬爱的周恩来总理。

在新中国成立之初，美国对我采取政治孤立、经济封锁和军事威胁的敌对政策，又视拉美为其后院禁脔，严格禁止拉美国家同新中国进行官方来往。对此，毛主席曾向拉美媒体表示："只要拉美国家愿意与中国建立外交关系，我们一律欢迎。不建立外交关系，做生意也好；不做生意，一般往来也好。"根据这一精神，新中国外交总指挥周恩来同志确定了与拉美国家"积极开展民间外交，争取建立友好联系和发展文化、经济往来，逐步走向建交"的基本方针。20 世纪 50 年代，我国就是遵照这个指导思想，同拉美国家发展民间往来，开展"民间外交"。

周总理不仅为对拉工作制定大政方针，对"请进来"、"派出去"的民间往来活动给予具体指导，而且还身体力行，亲自做来访的拉美友人的工作。新中国成立初期的 10 年间，周总理单独会见的拉美友好人士不下 100 批，他向这些朋友介绍新中国的情况和对外政策，同他们探讨建交与发展关系的途径，以特有的真诚和坦率赢得了友谊和信任。

周总理特别关心古巴革命，亲自指挥援古工作。后来又重点做智利工作，精心部署在智利设点和与智利建交的具体事项。70 年代初，周总理又敏锐地抓住拉美国家掀起捍卫 200 海里海洋权斗争的契机，推动了中国同秘鲁建交。拉美和加勒比国家纷纷同中国建交后，他又不辞辛劳，热情细致地做来访的拉美国家领导人的接待工作。尤其令人感动的是，他在身患绝症、生命垂危之时，还在医院4次会见了拉美客人，同他们促膝长谈。称周恩来是中国同拉丁美洲关系不辞辛劳的开拓者、卓有成效的耕耘者和中拉人民友谊的主要奠基人，他都是当之无愧的。

大家都知道中国驻古巴首任大使是申健，但很少有人知晓在中古建交之前中国已派出了一位"地下公使"到革命胜利后的古巴做联络工作，这个人就是曾涛。1960年初，古巴领导人托人传话：希望中国派一名比较重要的干部到哈瓦那作为中国官方代表进行各种联系，等待时机两国建交。毛主席指示："派一名公使去。"周总理和陈毅外长选派了时任上海市人民政府秘书长兼外办副主任的曾涛，以新华通讯社驻哈瓦那分社社长身份去古巴完成这项特殊的外交任务。古巴离美国迈阿密只有90海里，革命胜利后的古巴已遭到美国的封锁和包围，随时有被入侵的危险。曾涛怀着对党的无限忠诚和"壮士一去不复返"的思想准备，带着夫人和一名青年翻译来到哈瓦那。当时我也在古巴，就是在曾涛的领导下工作的。曾涛机智灵活地做古巴领导人的友好和联络工作，赢得了古方的信任和了解。卡斯特罗总理在群众大会上宣告中古建交时，把曾涛拉到身边高喊："中国代表已经在这里了！"曾涛被我国政府任命为建交谈判代表，双方很快达成协议。签署建交公报后，曾涛完成使命，回国复命。

世上的事情往往难以预料。原本准备与古巴人民同命运、共生死的曾涛，在古巴工作了一年多，顺利完成任务，平安回国了，而政府正式派出的首任大使申健刚到古巴就遇到了极大危险。申大使到任之日，正是古美关系日趋紧张之时。1961年1月，美国宣布同古巴断交，美国入侵古巴迫在眉睫。4月15日美国飞机偷袭了离我国使馆不远的哈瓦那空军基地，入侵随之而来。4月17日凌晨，申大使得到新华分社急报：一支配备美制新式武器、有 1600 名古巴反革命分子组成的雇佣军在古巴中部吉隆滩登陆，情况十分危急，卡斯特罗总理已亲赴前线指挥抗击。美国雇佣军的入侵是对新生古巴革命政权一次存亡攸关的考验，对我们在古巴工作的全体中国同志来说，也是一次危及生命安全的严重考验。在古巴军民英勇抗击入侵之敌的日日夜夜里，身负重任的申健大使自始至终都显得十分执著、刚毅、严谨、乐观。这位曾在我党隐蔽战线上工作多年、身经千难万险、以大智大勇为革命事业立过大功的老战士，在此危急时刻，尽显英雄本色。他冷静分析形势，周密部署使馆应变措施，同时对全体同志进行气节教育。申大使在全馆动员大会上宣读了中央指示，传达了使馆党委的决定，号召全体同志以"处处青山埋忠骨"的国际主义精神武装自己，坚守各自的工作岗位。申大使身先士卒，不顾自己相当严重的高血压和心脏病，日夜操劳，四处奔波，了解战况，分析形势，及时向国内报告。第三天晚上，申大使夫妇在去卡斯特罗总理办公室打听前线作战情况时，传来捷报：古巴军民经过三天三夜英勇奋战，已全歼入侵之敌。申健同志欣然返馆，立即将喜讯电告国内。吉隆滩事件后，申大使与古巴领导人的关系更加密切。申大使辛勤工作，大大增进了两国领导人和人民之间的友谊和了解。我后来在国内听说，不久后古巴总统多尔蒂科斯访华，见到毛主席和周总理时特别提到："申健同志是我们共危难的战友和同志，我们对他的工作和帮助极为赞赏，非常感谢！"

说完三位领导，我要特别提及一位比我年少的同事和朋友——张宝生。张宝生出生于 1939 年，福建福州人。他在南开大学外交系学习期间被高教部选拔到澳门学习葡萄牙文，1963 年 2 月尚未结业就调进外交部，让他随中国国际贸易促进会代表团赴巴西筹办中国经济贸易展览会。他们是应巴西总统古拉特邀请去巴西工作的，抵达巴西后还受到了古拉特总统的亲切接见。但不久，风云突变，右派军人发动政变，推翻了古特拉政府。政变当局随即以莫须有的"颠覆罪"将张宝生和其他8名中国工作人员（其中3名是新华社记者）非法拘捕，投入监狱。张宝生在监狱中表现杰出，坚贞不屈、机智勇敢地与政变当局做斗争，是被全中国人民誉为"9颗红心"中最年轻的一位。由于国内领导展开的有利斗争和营救，张宝生等9人经受了1年又9个星期"洋监牢"的苦难，获释回国。1965年起，张宝生在外交部美澳司工作，从事拉美地区事务，经历了中国与巴西建交的全过程。中巴建交后，两国关系深入发展，往来增多。1979年6月，康世恩副总理应邀访问巴西，张宝生作为主管处长和翻译随访，在巴西受到了隆重热烈的欢迎。14年后故地重访，张宝生想起了这10多年来他本人在中巴关系中经过了座上宾—阶下囚—又座上宾的变化，感慨万千。1989年初，外交部成立拉丁美洲司，张宝生众望所归，出任拉美司首任司长。1990年5月，杨尚昆主席出访巴西等5个拉美国家，张宝生作为政治组负责人随同前往，这是张宝生继1965年后第二次重返巴西。中巴关系由拘禁我9个公民、掀起一场震惊世界的反华闹剧到热烈隆重欢迎我国国家元首访问，经历了四分之一世纪。张宝生是这一大落大起、大悲大喜演变的亲历者和见证人，他本人付出了20多年的辛勤努力，经受了严峻的考验，自有一番苦尽甘来的体味。

不幸的是，1995年张宝生在驻安哥拉大使任上突患绝症，与病魔苦斗了2年后，离我们而去。我在他治病期间多次探望他，谈话时他念念不忘的还是如何展开对拉工作。张宝生英年早逝，令人痛惜。今天我们可以告慰宝生的是，我们的事业正在蓬勃发展，我们的工作后继有人。前不久，外交部拉美司举行庆祝建司20周年联欢茶会，我们这些多年从事拉美工作的老同志都去了，老中青三代欢聚一堂，场面感人。年轻的现任司长动情地说："我们现在做拉美工作的青年人是踏着前辈们的脚印前进的，也可以说，是登在先驱者们的肩膀上向上攀登的。"诚哉，斯言！

在大洋彼岸多位已故的朋友中，我要着重提一提 4 位智利人。

拉丁美洲第一位访华的知名人士是智利诗人巴勃罗·聂鲁达，他因创作《我心中的西班牙》、《伐木者，醒来吧！》等表现社会政治生活的诗歌而蜚声拉美和世界文坛。1951 年 9 月，聂鲁达同苏联作家爱伦堡一道来北京向宋庆龄颁发"加强世界和平国际委员会"的金质奖章和奖状。在授奖典礼后的宴会上，聂鲁达见到了周总理，周总理称赞他是"中拉友谊之春第一燕"。之后聂鲁达常来中国，同萧三、艾青等多位中国诗人成了莫逆之交。聂鲁达不仅将拉美的诗歌文学带到了中国，还推介了好多位智利和拉美有影响力的政治家和文化界人士访华。1952 年 9 月 1 日，以智利当选总统私人代表身份来华、最早同我方探讨建立外交关系及贸易关系可能性的政治活动家达梅斯蒂，就是拿着聂鲁达的亲笔信来京会见周总理的。聂鲁达还推介了他的好朋友万徒勒里来华工作。

万徒勒里是智利著名画家，世界和平运动不倦的战士，他于 1952 年中来到北京，协助中国筹办亚洲及太平洋区域和平会议。会后他担任亚太和会秘书长，常驻北京。他的夫人黛丽娅是我们最早的西班牙语老师，他的女儿在北京出生和长大，取名"和平"。我们亲切地称万徒勒里为"老万"，这位"老万"为促进中智和中拉人民之间的友谊和了解作出了重大贡献。

在开辟中智友谊的道路上还有一位辛勤的拓荒者，他就是被认识他的中国同志亲切地称为"佩老先生"或"佩老头"的佩德雷加尔先生。他是智利著名的企业家、无党派民主人士，当过内政部长、代总统。这位具有远见卓识、亦官亦商的特殊人物于 1959 年第一次来华时受到了毛泽东、刘少奇两位主席的接见，同周总理会谈。他从贸易着手积极推动中智两国关系，他在促成中国在智利设立商务代表处过程中发挥了他人难以替代的作用。

我们在智利最重要最伟大的朋友是萨尔瓦多·阿连德。阿连德博士是智中文协的创始人，多次访华，对中国革命、中国领导人和中国人民怀有深厚的感情和敬意。他当选总统后，履行诺言，立即实现智中建交。周总理热情称赞他为南美国家同新中国建交"开了好头"。阿连德总统在右派军人政变中以身殉职，令中国领导人和中国人民无限悲痛。据后来美国国务院解密的外交文件披露，阿连德政府被推翻的起因之一是同"中共"建交，在南美开了"危险的先例"。

像阿连德博士这样甘冒重大政治风险敢于访问"共产党中国"的拉美杰出政治家，50 年代还有墨西哥前总统卡德纳斯将军和被美国一手推翻的危地马拉前总统阿本斯上校。60 年代初则有"敢吃螃蟹"的巴西工党领袖古拉特（古拉特当时任巴西副总统），他为开展巴西同中国的关系付出了惨重代价。

1961 年 4 月，我国贸易代表团访问巴西时曾带去了董必武副主席给古拉特副总统的邀请函，是年 8 月古拉特副总统率团访华，这是巴西、也是美洲国家领导人的首次访华。访问期间，毛泽东、刘少奇、周恩来、董必武等国家领导人会见了古拉特。古拉特在华表示："巴西希望同世界各国人民接触和建立贸易关系。"并宣称，巴西"将在联合国投票赞成讨论中国问题，中国是不可忽视的"。岂料，古拉特访华尚未结束，巴西国内发生了亲美军人政变，民选总统夸德罗斯被推翻，流亡国外，副总统古拉特被拒于国门之外。经过数月斗争，古拉特得以依法接任总统。古拉特执政后，继续推动巴中关系发展。巴西政府批准中国在巴西设立新华社分社、举办经贸展览会和开设商务办事处。1964 年 4 月，巴西右翼军人在美国策动下进一步发动军事政变，以武力推翻了古特拉政府，古拉特逃往乌拉圭。

值得我们永远怀念的拉美朋友很多，篇幅有限，我只写了以上几位。

因势利导　更上层楼

记住昨天，是为了把握今天，更是为了开创明天。我一边回忆这些颇不平凡的往事与故人，一边在想我们应从"温故知新"中得到些什么启示呢？曾使中拉关系的发展困难重重、曲折反复的障碍现都消除了吗？在当今新形势下，是什么因素在起着主导作用，我们应如何把握时机，把事业更快、更好地推向前进呢？现拟就若干问题，做一些不成熟的思考。

1. 美国因素。

从以上回顾中明显看出，在新中国成立初期的头 20 年里，中拉关系，尤其是双边的官方关系之所以举步维艰，一波三折，主要原因是遭到美国的阻挠和破坏。第二次世界大战及战后年代，美国利用西欧国家对拉美影响削弱之机，加强了对拉美国家在政治、经济、军事等各方面的控制，将拉丁美洲看成他的"后院"。中国革命胜利后，美国在政治、经济、军事各方面对我国采取敌对政策。在这种情势下，我国要想同拉美国家发展官方关系难之又难。双方稍有一点积极动向，即遭美国封杀，连一些正常的贸易交往也被美国以"战略物资"、"封锁禁运"为由百般阻挠。那时期，我国对拉美国家实行以开展民间往来为主、"以民促官"的方针，实出无奈。古巴革命胜利及阿连德当政，才摆脱了美国的控制，出现了中古建交、中智建交的历史性突破。20 世纪 70 年代初期，中美关系开始"解冻"，中拉关系也随之"转暖"。随着冷战的结束和世界政治、经济格局的变化，美国同拉丁美洲的关系发生了重大变化，拉美国家民族主义依势上升，逐步摆脱美国的控制，普遍奉行独立自主、多元化的对外政策，美国再也不能任意摆布、控制拉丁美洲了。同时，中美关系实现正常化后，美国对对华政策做了重大调整，它对中拉关系的发展，既无甚必要反对，也没有能力制止，徒叹"无可奈何花落去"而已。可以说，自20世纪80年代以来，美国已不再是中拉关系发展道路上的拦路虎了。但我们也不能因此得出结论：美国因素已成明日黄花，无关紧要。不是的，我们不能忘记拉丁美洲毕竟是美国的近邻和大后方。在经济、贸易方面，美国依然是拉美各国离不开的主要伙伴；在政治和意识形态上，多数拉美国家还是美国的盟友，很难完全摆脱美国的影响。因此，我们在发展同拉美国家的关系时仍不能忽略美国因素。我认为，我们在拉美地区同当地合作开发资源和能源时，态度要积极，做法须谨慎，应低调处理，多做少说，只做不说。在军事或内政等某些敏感问题上，我们应避免刺激美国，不去挖美国的墙脚，也不跟美国争地盘，必要时还需同美国通通气，做点解释，去其疑虑，增其理解。

2. 台湾因素。

台湾问题一向是干扰中拉关系顺利发展的沉疴痼疾。在全世界与台湾维持"邦交"的20多个小国中，一半以上在拉美和加勒比地区，台我争夺十分激烈，一度几趋白热化。现在情况有变，在当前的台海形势下，我认为，应从全局着想，对该地区与我尚无外交关系的16个小国，暂时按兵不动，维持现状，静待事态发展；同时，我应坚守"一中"原则，严防台方利用"外交休兵"之际，钻空子，"暗渡陈仓"，提升其在某些我们的邦交国里的地位。

3. 经济因素。

如果说，前20年里美国是阻碍中拉关系发展的最主要的消极因素的话，那么也可以说，近40年里经济已跃升为推动中拉关系发展的最重要的积极因素。其实，在中拉关系发展的最初阶段里，经济就是推动发展的原动力之一。我国政府一开始就重视开拓拉美工作，原因之一是希望从拉美买到我国经济建设需要的一些原材料和紧缺物资（如铜、粮食等）。我们也注意到，在拉美国家各阶层中，最积极主张同中国发展关系并建立外交关系的就是企业界。墨西哥是进出口商，智利是中小铜矿和硝矿业主，阿根廷是粮商、皮革商，巴西是咖啡出口商。我国改革开放后，经济迅速发展，国力日益壮大，实力空前雄厚，应积极开拓"两个市场"。与此同时，近一二十年来，拉美地区政治上相对稳定，各国经济都有长足进步，普遍看重庞大的中国市场。在全球化的大潮推动下，中拉双方都在积极寻找符合各自利益的契合点。曾几何时，我们这些拉美工作者都抱怨过，中拉之间滞后的经贸关系与良好的政治关系很不相称。今日喜见，双边经贸关系已开始突飞猛进，政治经济两个车轮都在同步飞速前进。从中拉经济发展的潜力看，当前这种迅猛发展的势头还处在始发阶段。若论中拉双方在经济合作和贸易交流方面互有需要的话，在我看来，中国更需要拉美。我们应该进一步提高认识，抓住时机，寻找经贸关系新的生长点，加快步伐，增加力度，下大手笔，在拉美地区争取到更加广阔的拓展空间。

4. 民间外交。

我国同拉美国家之间的相互了解和信任还很欠缺，中国人民今日的形象和风貌还不为广大拉美人民熟知，社会主义中国的声音在大洋彼岸还很微弱。同样，中国人对拉丁美洲那边的情况也是知之甚少，或一知半解，对拉美人的性格和心理特征更是缺乏研究。可喜的是，近年来中拉双方国家领导人之间的高层互访日益频繁，各阶层人士的往来逐年增加，并已建立起一整套有效的磋商和沟通机制，发挥了非常重要的作用。但这些还不够，我们仍需通过各种途径多方面地在拉美地区展示我国的软实力，充分利用现代化的传媒工具和各种各样的舆论平台，宣传自己，了解对方。在这方面，我认为我们今天有必要重新珍视当年"民间外交"的特殊作用。在当前官方外交顺畅的情况下，不能把"民间外交"视为可有可无的"补充"或"配角"，还应该像上世纪五六十年代那样，投入相当大的人力和物力，"请进来"、"派出去"，开展各式各样的人际往来和文化交流，要深入细致、切实有效地做拉美各阶层人士、各种民间团体和非政府组织的友好和沟通工作，尤其要做有影响力的基层群众代表和传媒界人士的工作。

60年，新起点。我对中拉关系的发展前景充满信心，期待很多。我深信，再过10年，我们又将会为中拉关系的新发展发出"今非昔比"、"出乎预料"的感叹！

（作者为中国前驻尼加拉瓜、委内瑞拉大使）

古巴总统多尔蒂科斯访问中国

——新中国成立后访问中国的
第一位美洲国家元首

朱祥忠

1961 年 9 月 22 日至 10 月 3 日，应中华人民共和国国家主席刘少奇的邀请，古巴总统奥斯瓦尔多·多尔蒂科斯对中国进行了正式友好访问，并参加了新中国成立 12 周年庆祝典礼。那时，在整个美洲只有古巴同中国建交，因此多尔蒂科斯总统成为访问中国的第一位美洲国家元首，双方对此次访问都十分重视。我到外交部工作不久就有幸参加了这次接待工作，感到十分高兴，至今记忆犹新。

多尔蒂科斯访华的背景和目的

多尔蒂科斯是在古巴处境十分困难的情况下来访的。1959年初古巴革命胜利后，美国对古巴施加强大的政治压力和严厉的经济封锁，并进行各种颠覆破坏活动，企图扼杀古巴革命。美国还组织雇佣军于 1961 年 4 月 17 日对古巴进行了武装入侵，但遭到可耻失败。这就是著名的"吉隆滩事件"（又称"猪湾事件")。在这次战斗中古巴人民付出了很大的牺牲和代价，使原来就很困难的经济形势雪上加霜。

正是在这种情况下，古方通过我国驻古大使申健提出，多尔蒂科斯总统在出席 1961 年 9 月 1 日至 6 日在南斯拉夫举行的不结盟国家会议之后访问中国。古方提出主要商谈以下三个问题。

第一，从长期考虑古巴食糖销售问题。古巴长期以来一直是以产糖为主的单一经济国家，以出口糖换取国内所需的人民生活必需品，而糖主要销往美国。古巴革命后美国停止了进口古巴糖，只能向社会主义国家找出路。

第二，古巴国内供应困难，需要中国等社会主义国家合作。美国在停止进口古巴糖的同时，还禁止向古巴出口其所需要的商品。古方说，食品等供应只能维持 19 ～ 20 个月，希望中国能帮助古巴克服困难。

第三，从长期考虑古巴经济建设、工业发展问题，以及同中国等社会主义国家的经济发展相互配合和合作的问题。

当时，中国对古巴人民反美、维护国家主权和民族独立的斗争，给予了全力支持。特别是 1960 年 9 月 28 日古巴同中国建交后，成为拉美国家中以至西半球同中国建交的第一个国家。中国认为，古巴革命在美国后院打开了一个缺口，中国与拉丁美洲的关系翻开了新的一页，中国有责任支持古巴。因此，对古巴采取了积极、主动、耐心、谨慎的方针，大力支持古巴革命及其反美斗争。国家主席刘少奇还十分高兴地向多尔蒂科斯发出了访华邀请。

我国领导人同多尔蒂科斯进行政治会谈

陪同多尔蒂科斯来访的有古巴革命统一组织领导人布拉斯·

罗加及夫人、古巴驻华大使皮诺·桑托斯、驻墨西哥大使何塞·安东尼奥·波尔图翁多、驻捷克大使劳尔·罗亚和总统军事助手、国家银行顾问等 20 多人。

多尔蒂科斯一行受到了中国政府和人民极其热烈和隆重的接待。他们于 9 月 22 日上午 11 时抵京时，刘少奇、董必武、朱德、周恩来、彭真、陈毅等我国 100 多位领导人和 4 000 多群众到机场欢迎。访问期间，毛泽东主席、刘少奇主席、周恩来总理等同多尔蒂科斯举行了亲切友好的会谈，就双边关系、古巴革命和建设、拉美和国际形势等问题，深入坦诚地交换了意见，并取得了广泛的共识。

关于拉美和国际形势。毛主席说，我们是兄弟国家，是好朋友。你们在拉美对美国是个意外。多尔蒂科斯说，是个不愉快的意外。毛主席指出，古巴得到社会主义各国人民的支持，全世界人民特别是亚非拉人民的支持，还有西方国家人民的支持。古巴的朋友很多，不孤立。多尔蒂科斯以巴西为例说，巴西在对帝国主义和反动势力进行的斗争中已取得胜利。但这种胜利还是局部的，人民还要保持警惕。周总理说，巴西三军部长都换了，看来是一步步来，巴西国会还是站在古拉特一边的。毛主席说，看来古拉特还有点办法，很策略。形势对古巴有利，但美帝国主义还会继续孤立古巴，斗争还没有终止。对我们来说，斗争也没有终止。世界在变化，非洲在变化，拉美也可能起变化。刘主席说，英勇的古巴人民、古巴革命领导者，在美国的脚底下，进行了英勇的反对帝国主义的斗争，给世界人民，也给中国人民以极大的鼓舞。有人说，中国是大国可以反对美国，小国不行，但现在古巴起来反对美国，就在美国的脚底下，完全证明，美帝国主义是可以反对的。

在会见中，毛主席在提到蒙哥马利答应明年访古一事说，古巴争取他明年去也好。对帝国主义要分别对待。蒙哥马利是英国保守党的一个派别。由于英国垄断资本受美国的排挤，着了急，凡是哪里出了事，都想借机打美国一下，如苏联、中国这个石头吧，他都要拾起来打美国一下。古巴也是个石头，可以打美国。帝国主义着急时是不择手段的，不管是石头还是鸡蛋，也不管这个石头是红的还是白的。

关于古巴革命和建设问题。在会谈中多尔蒂科斯说，赫鲁晓夫认为我们宣布革命的社会主义性质为时过早。刘主席表示对卡斯特罗等领导人接受马列主义感到高兴，看到古巴革命胜利后采取社会主义道路，我们从心底感到高兴。宣布社会主义不要紧，现在世界上说自己搞社会主义的国家多得很，如苏加诺、纳赛尔、尼赫鲁、西哈努克等，有各种各样的社会主义，但不要公开宣布加入社会主义阵营。这完全是策略问题，这对当前斗争是有利的。

多尔蒂科斯说，在建设中古巴缺乏知识分子、教授、工程师、自由职业者，认为古巴实际上没有能够利用民族资产阶级知识分子。毛主席向多尔蒂科斯介绍了我国对民族资产阶级进行赎买政策的经验，指出要培养自己的知识分子，也要争取利用资产阶级知识分子。刘主席说，资产阶级分两部分，一部分是可以参加反帝革命的，另一部分是亲帝国主义的。周总理说，前一部分可能为数不多，但是可以争取的，如果革命政府的政策正确的话，甚至在社会主义革命阶段也可以争取一部分资产阶级。你们如能争取一些资产阶级代表人物跟你们合作，对于拉丁美洲将起很好的影响。在社会主义革命中，可以少讲一点，多做一点。

当多尔蒂科斯说他们有领导革命和土改经验，而缺乏建设的经验时，毛主席说，这跟我们一样，会革命不会建设，这是新事情，可以学会。在学习过程中，可能经历一些挫折，但遭受挫折有好处，没有挫折就没有经验。建设工作也是这样。世界上的事情没有不经过挫折一帆风顺地获得成功的。全世界的事情总是这样，新生的前进，反动的下降。在土改中那些人，虽不会建设，但总有一天是可以学会的。干劲是第一，没有干劲是不行的。有干劲的，不会可以学会。刘主席说，讲革命我们是有一套办法的，但讲经济建设，经验还很不够，恐怕需要相当长的时间，才能使我们的国家和党的干部、人民学会经济建设，掌握经济建设规律。别人的经验，总是别人的，经过实践才能取得经验。对一个革命者和革命党来说，犯错误不要紧，重要的是从错误中学习，改正这个错误。别人的帮助，其他国家的帮助都是辅助的。有成功的经验，也有犯错误的经验，要这两条，一条不行。

关于国际共运问题。刘主席在为多尔蒂科斯送行去机场途中，还同多尔蒂科斯谈起国际共运问题。刘主席说，在帝国主义、资本主义仍然存在的条件下，"没有武器、没有战争、没有军队的世界"这一口号是违反马列主义的。但不必忙于争论，可以慢慢来，以同志方式进行讨论，不要引起社会主义阵营内部不团结，不要引起各国共产党之间的不团结。但马列主义观点是必须坚持的。可不可以以同志方式进行讨论，而不影响社会主义阵营团结呢？我看应该说是可以的。多尔蒂科斯说，我也认为是完全可以的。不同意见，不应该影响内部团结，可以继续讨论以达到团结，讨论也可不急于进行，因为古巴革命的发展方向是已经定了的。

中国对古巴提供力所能及的援助

刘主席、周总理就中古贸易关系问题同多尔蒂科斯、罗加等进行了具体商谈。

多尔蒂科斯首先感谢中国政府和人民对古巴的大力支持和援助，说中国为了援助古巴作出了自己的牺牲。他表示，糖在古巴外贸出口中占 80% 以上，希望扩大糖的出口。希望中国从 1962 年起进口古巴糖的数量从现在的 100 万吨，每年递增 25 万吨，到 1965 年增至 200 万吨。关于糖价，希望 4 美分 1 磅（他们已同苏联谈妥这一价格，国际价格是 2.39～2.4 美分 1 磅）。关于经济援助问题，根据 1960 年 11 月古巴国家银行行长格瓦拉访华期间达成的协议，中国向古巴提供 6000 万美元的贷款。希望贷款能得到最迅速有效的使用。

周总理向古方介绍了我国处于经济困难时期的情况，但表示将尽力支持古巴。中方答应今后 4 年（1961～1965 年）每年进口古巴糖 120 万吨，即每年增加 20 万吨，糖价按苏古商定的 4 美分 1 磅计算。周总理说，苏联将每年进口你们 300 万吨，东欧 50 万吨，还可以向资本主义国家推销一些，总共每年可出口 600 万吨。你们糖的出口问题基本可以解决，还可以拿出一些土地种粮食、油料、棉花等。由于我国遭受自然灾害，粮食歉收，首次需要进口粮食，但还是答应向古巴转口 12 万吨大米（古方要求 16 万吨）。大豆可供应 4 万吨（古方提出 6 万吨）。关于古方提出的土特产、油脂、机械、化工、矿产品和五金等，只能满足一部分。今后 4 年双方每年进出口贸易额保持 1 亿美元左右。关于利用我国贷款问题，周总理表示，原计划搞 24 个项目，后减为 23 个，现在看来这 23 项也可能不完全恰当，要根据你们的需要和我们的可能，要重新进行调整。

周总理说，我们双方都有困难，要互相照顾。多尔蒂科斯说，我们完全理解周总理所谈到的中国困难，也充分理解关于双方贸易的建议。我们看到你们遭遇的困难，你们已经作出了很大的努力，对会谈结果表示很满意。周总理表示，根据你们反美和国内革命斗争激烈、艰巨程度来说，我们这点帮助是太不相称了。现在我们尽了力量，希望能尽更大力量。刘主席在会谈中也表示，首先是你们支援我们，然后才是我们支援你们。我们对你们的帮助还是很少。周总理补充说，帮助是相互的。你们对我们的帮助很大，你们拖住了美国。毛主席也常这样说，朝鲜和越南，是他们支持我们多，还是我们支持他们多？如只从物质上谈，似乎我们拿出去东西多。但总的来说，他们从东、南两个方面拖住了敌人，他们是在前线。而你们古巴更是在最前线了。

坚决支持古巴反对外来侵略的正义斗争

根据古方的建议，刘少奇主席和多尔蒂科斯总统发表了联合公报。双方声明，始终不渝地奉行和平对外政策，不同的社会制度国家实行和平共处；坚决支持一切被压迫民族和被压迫人民的民族独立和自由的正义斗争。中方认为，古巴人民革命胜利具有深刻的历史的意义和伟大的世界意义，中国政府和人民将像过去一样全力支持古巴人民为保卫祖国、反对美帝国主义侵略和建设自己国家的伟大事业。古方则表示，坚决支持中国人民为解放自己的领土台湾、反对美帝国主义制造"两个中国"阴谋的正义斗争，坚决主张恢复中华人民共和国在联合国的合法权利。双方认为，中古两国人民之间的战斗友谊是永恒的、牢不可破的。双方将尽一切努力进一步巩固和发展中古之间的团结和友谊。

多尔蒂科斯访华取得了圆满成功。双方对此都表示满意。但外交部礼宾司在接待工作中出了点问题，受到周总理和陈毅副总理的严肃批评。9 月 25 日下午，北京市在工人体育场举行欢迎古巴总统访华的盛大群众大会，刘主席等国家领导人出席，彭真市长和多尔蒂科斯分别发表讲话。气氛十分热烈。但外交部礼宾司从政治考虑不够，而是按惯例（一般欢迎国宾大会不邀请各国驻华使节，只是在欢迎国宾又庆祝签订重要条约时才邀请使节）没有邀请各国驻华使节出席大会。当时的礼宾司司长为此两次向周总理和陈毅副总理写了书面检查。

（多尔蒂科斯 1919 年生于西恩富戈斯。青年时期就读于哈瓦那大学，毕业后在哈瓦那当律师。30 年代末加入人民社会党，曾任该党领导人马里内略的秘书。50 年代初脱离人民社会党，1956 年参加反对巴蒂斯塔独裁统治的人民斗争。后加入"七·二六运动"，并担任该运动在西恩富戈斯地区的领导人。1958 年被捕入狱，同年 12 月流亡墨西哥。1959 年古巴革命胜利后返国，任革命法律部长，同年 7 月担任共和国总统。1964～1976 年兼任经济部长和中央计划局主任。1965 年任古共中央政治局委员和书记处书记。1975 年古共"一大"时当选为政治局委员。1976 年总统职务取消后，改任国务委员会委员、部长会议副主席，后在古共"二大"上连选连任政治局委员。1983 年 6 月 23 日因患抑郁症自杀身亡。）

（本文作者为中国前驻秘鲁、智利大使）

拉美的华人社会在中拉
关系发展中的作用

徐贻聪

　　拉美的华人社会历史悠久，其在中拉关系发展中的积极作用不容低估。如今，随着中国的崛起和强大，拉美华人社会在不断壮大，不仅人数在迅速、大幅增多，地位和影响也都在显著提升，他们对中拉关系发展的推动作用更应受到客观承认和公正评价。

　　追根溯源，华人抵达拉美的年数已久。不计历史记载或传说中关于中国人与拉美国家的上古渊源和中世纪的片段往来，包括那些被一些历史学家称之为前往墨西哥、秘鲁等国的"马尼拉华人"，成规模的华人到达拉美的记录已有 170～180 年。去古巴及一些产糖国家种植甘蔗、参加巴拿马跨洋铁路和运河的建设，到南美洲一些国家开采矿石等，是记录中国人早期成批抵达拉美的重要见证。在拉美的华人社会也应从那个时候开始出现并逐渐成形、壮大，可谓是历史悠悠。

　　除去历史悠长外，人数众多、分布广泛，也是拉美华人社会的一大特点。据不完全统计，至 20 世纪 60 年代末，在拉美各国的华侨总数已超过 16 万。我国实行改革开放政策以来，随着双方政策的放宽，在拉美的华人社会又有迅速的扩大，目前达到

40余万之众。他们遍布拉美各个国家和地区，在巴西、秘鲁、巴拿马、委内瑞拉、阿根廷等国则相对比较集中，在巴西就约有20万，占拉美华人社会总人数的近一半。由于华人的婚配和繁衍，带有中国血统的人数则更众。20世纪80年代初，巴拿马内政部的人曾经告诉过我，巴拿马全国总人口中约13%的人拥有中国血统。古巴相关官员对我说过，大约有8%～9%的古巴人拥有中国姓氏。在秘鲁，人们稍带夸张地说，每10个秘鲁人中就有1个是中国人。在巴拿马，也有类似的表述，因为如果你在街头同当地人谈及华人社会，常可听到他们眉飞色舞地告诉你"巴拿马城乡每有3户人家的地方就有1家是中国人"。这些统计和说法表明，在拉美的华人社会既有较大规模，也有同当地社会深入的融合。

在近200年的历史空间，连绵、接踵而至的中国人不仅给拉美带去了生产和发展的动力，更带去了中国人的的优良传统和良好道德风范，使拉美各国近代史进程中的解放斗争、独立运动和社会发展如虎添翼，华人社会为所在国所增添的积极进步作用受到普遍承认和赞扬。1000多名华工参加了古巴1868年至1878年的第一次独立战争，在战斗中还形成了由中国人组成的营级战斗单位，其勇敢善战、不怕牺牲的作为和精神至今还被许多古巴人以十分景仰和崇敬的心情所津津乐道。其后，在古巴已获得自由的华侨继续把古巴的独立解放当作自己的事业，无所畏惧地参加了古巴革命先驱何塞·马蒂领导的古巴第二次解放战争，为古巴人民推翻西班牙殖民统治作出了巨大的贡献和牺牲。为表彰华侨的贡献和体现出的良好精神，1931年古巴政府在首都哈瓦那的一条重要街道上专门修建了一座10多米高的大理石纪念碑，并在上面刻写了"没有一个古巴华人是逃兵，没有一个古巴华人是叛徒"的碑文。在古巴工作期间，我曾专程前往纪念碑凭吊，并以一个象征中古友谊的花篮表示了我的敬意和崇敬。在巴拿马，我曾亲耳听到该国的一代天骄、民族英雄、国民警卫队司令托里霍斯将军谈他对中国人的印象。他在请我为他会见一个中国代表团担任翻译时曾满怀感情地说：他曾经给巴拿马国民警卫队的高、中级军官严肃交代过，如果在街上看到警察与"巴依萨诺"（巴拿马人对华人的昵称）发生纠纷，可以把"巴依萨诺"放走，将警察带回去审问，因为过错十之八九应该在执法者身上。我的这些所见所闻，让我深深感受到，在拉美的华人社会是广受崇敬的，他们创造了历史，以他们的勤劳勇敢、谦卑诚实赢得了拉美人民的信任，拉近了中国和拉美的关系，是值得所有华人世世代代为之骄傲的。

在政治、社会领域以外，拉美的华人社会在这个地区的经济、科技、军事、文化、艺术、学术等方面也颇有建树，为所在国家的相应领域作出了杰出的贡献。在我见过的巴西、古巴、秘鲁、委内瑞拉、阿根廷、厄瓜多尔等国的华侨华人中，都有一些成就颇丰、声望很高的华人或华裔企业家、军事家、科学家、艺术家，他们中的不少人还获得过所居国政府的嘉奖、勋章。比如古巴的将军邵黄、画家冯，厄瓜多尔的王老二，秘鲁的戴氏家族，阿根廷的朱志华、袁建平，哥斯达黎加的邓煦平夫妇，等等。应该说，他们的贡献不仅体现在对所在国的发展中，也体现在这些国家对中国人民的友好感情上。

拉美的华人社会为这个地区各国人民带去了中国人民的文明、传统、风范、精神，使得他们对中国有了直观的了解和理解，增进了他们对中国和中国人民的感情和信任感。这种作用的本身就有非常积极的意义，值得大书特书。除此以外，他们在中国与拉美国家近代和现代政治、经济、外交关系的建立和发展上也起到了非常独特和重要的推动作用，同样应该被载入史册。新中国成立以后，中国和拉美国家外交关系的发展有过几个阶段。虽然这种关系的建立和发展主要靠的是中国政府的政策、威望、地位和影响，但拉美华人社会的推动作用不应被抹杀和遗忘。据我接触到和听到的情况，中国与不少拉美国家建交前，旅居这些国家的华侨和华人都曾以不同的方式向居住国的高层和相关官员广泛作过工作，进行游说。他们中的一些人数十载坚持不懈，在艰难的环境中介绍新中国的政策、变化和进步，甚至多次出资邀请和安排对方人员到中国来实地考察和了解情况，不图任何回报。在中国和拉美国家的经济贸易合作方面，拉美华人社会所起的作用则更加直接、具体，作用也更加明显。许多华侨华人不仅自己长期与祖国作生意、搞合作、行投资，还以多种方式向当地政府、企业界、工商界、金融界和媒体介绍中国的政策、产品和投资环境，为中国企业与拉美国家开展有效合作牵线搭桥。在中拉大幅增加的贸易额中，在双边数量可观的相互投资中，华人社会所占的直接比例都相当大。这些方面的事例多之又多，难以例举。在中国与拉美国家的科技、文体等方面的合作和交流上，也不乏拉美华人社会的积极作用。我记得，如果不是旅居阿根廷的华侨华人紧急自发出资，2000年我国一个已在赴拉美途中的歌舞团将面临无人接待的境遇。这件我亲身经历的这个简单事例不算很大，但曾令我感动不已，使我真切感受到了拉美华人社会在中拉关系发展进程中实实在在的积极作用。

谈到华人社会对我国驻外机构的直接帮助，我则有更多的体会和感受。我曾经在6个拉美国家常驻过，访问过的拉美国家就更多，其中有与我国建交的，也有尚未建交的。无论是与我国的建交国，还是未建交国，华人社会都以他们对祖国的满腔热忱，一往情深地给我们以真诚的、多方面的、无私的帮助，令我没齿难忘。根据我自己的经验，无论是在对驻在国情况的了解和理解上，还是在与其各界人士的结识和交往上；无论是在安排国内高访团队的接待上，还是在日常工作甚至人员的人身安全上，我们的驻外机构都无法离开华人社会。很多时候，华人社会在这些方面能够起到的作用确实是他人无法替代的。

总之，无论是有形的，还是无形的，拉美华人社会对中拉关系发展所起的作用都十分巨大，受到了广泛的承认和尊重。

毛泽东主席关于任何事物都是一分为二的断言非常有哲理。拉美的华人社会有它的长处，但也有它的短处，甚至还有它的局限性和消极面，对此我们也无须讳言。

首先，在拉美的华人社会中，有进入政界、军界的，也有进入科技界、艺术界的，但总的说，无论是在以往，还是在现在，类似人员数量都极少，简直可以说是凤毛麟角，寥若晨星。此种状况形成和存在的原因是多方面的，虽然无须去批评，但它毕竟影响华人社会同当地人的全面沟通和融合，也影响到华人在当地地位的提高和当地人对华人社会的认同。在有些拉美国家至今仍把华人视为外国侨民而非同他们一样是本国公民，原因可能就在这里。这种局限性的改变只能靠华人观念的变化和他们自身的努力，外界难有什么大的作为。不过，作为他们的祖国和亲人，我们仍有必要认识这种缺陷对拉美华人社会发展的阻碍作用，提醒他们特别是他们的后代努力进入拉美各界尤其是对国家的发展能起关键作用领域的重要性和必要性。

在拉美华人社会中另外一个值得提及的现象是，几乎在所有国家都存在一些类似黑社会的活动，有些还明目张胆地形成自己的组织和网络。从事此类活动的人数量不多，但他们绑票杀人、敲诈勒索、明抢暗盗，无所不干，手段毒狠，引起了各国的普遍不满和憎恶。虽然这类事情在当今世界上的各种社会里都还普遍存在，各国政府也都难有应对的有效方法和途径，但对他们这些危及华人社会的声望和进步、破坏当地社会秩序和安宁的坏人坏事，华人社会需要予以严肃对待。应该强调的是，虽然这些涉黑现象的性质是十分恶劣的，但与拉美华人社会在中拉关系中的正面作用相比，它所产生的负面影响还是小的，属主流以外的支流。不过，这种现象的存在和蔓延的确应该引起国内相关方面和我国派驻拉美正式机构的认真关注，并要想方设法让这些害群之马危害社会同时也对中国在拉美的形象和中拉关系的发展产生极大破坏性的所作所为能够有所减少。在做这种工作时，不能急于求成，而要各方通力合作，以细致入微、亲切有效的工作方式予以遏止和弥补，必要时还应取得所在国政府的支持与合作。

拉美的华人社会总体健康、向上，与祖国的关系也深切、融洽，但仍有需要加强的工作和及时的正确引导。譬如，各国的华侨华人团体众多，相互之间往往矛盾甚众，需要帮助化解。他们之间的矛盾虽非根本性冲突，但亦非全无个人的利害问题，国内或派驻单位协助处理时需弄清其中的方方面面，不宜贸然行事或随便表态，以免使本不太大的问题复杂化，形成僵局或死结，不易随后的化解。华侨华人的利益需要也应该保护，但在护侨中应该弄清是非曲直，还要尊重驻在国的法律、传统及政府的情面，不能强行无理偏袒。我在一个拉美国家担任馆长期间，曾经接到过国内某省侨务部门的函件，要求使馆向对方政府为一位遇害的华侨索要赔偿金，数额越大越好。使馆在了解清楚有关情况后告诉该侨务部门，遇害的是一位非法入境者，且系华人社会里的黑势力所为，找不到向对方政府索要赔偿金的理由，建议他们对赔偿金的问题另作考虑。后来此事只能不了了之。

我敬重拉美的华人社会，为祖国也为个人对他们怀有感激之情。同时，我深切希望并真诚期待拉美的华人社会能够继续健康地发展壮大，更多、更好、更深地融入当地社会，同时能在促进和推动所在国和中国的各种关系更加和谐、更加深入的发展上不断作出新的贡献。

我深信，我的希望符合拉美华人社会的心愿，他们也一定会以越来越多的事实来给予证实。一颗中国老拉美工作者满怀期待的心肯定能够得到不断的慰藉。

(作者为中国前驻阿根廷、古巴大使)

其他篇

中美洲共同市场研究述评

雷泳仁

中美洲共同市场是发展中国家之间较早形成的区域经济一体化组织之一，并在相当长的时期内是一个较为成功的范例。中美洲共同市场的形成和发展，为深入理解全球化进程中外围区域经济一体化提供了一个富有启示性的案例。

中美洲西北部与墨西哥交界，沿着地峡至东南部与哥伦比亚为邻，连接着南北美洲，中美洲人民自称处于"世界的中心"。从地理上看，中美洲包括7个国家，即伯利兹、危地马拉、萨尔瓦多、洪都拉斯、哥斯达黎加和巴拿马。其中，最北部的伯利兹1981年才获得独立，是英联邦成员，其历史和文化与英国和加勒比联系在一起，和其他中美洲国家有别。最南边的巴拿马，在中美洲也向来自以为是一个与众不同的国家。在历史上，每个中美洲国家与域外国家、主要是与美国的经贸联系比相互间的联系更为密切。与发达国家的垂直联系强，而相互间的联系弱，这是外围发展中国家的典型特征。

中美洲共同市场的兴起几与欧洲共同体同时，有的学者在把拉美自由贸易协会比之于欧洲自由贸易区的同时，特别把中美洲共同市场比之于欧洲共同体。尽管中美洲共同市场无论是成就还是影响，都与欧洲共同体不可同日而语，但也曾有其辉煌的年代，随后虽然日趋衰落，以至于瘫痪，但终于又重新焕发了新的活力。

中美洲共同市场自成立以来一直受到国际学术界的关注，研究成果不断出现。20 世纪 60 年代是中美洲共同市场的"黄金时代"，中美洲共同市场所取得的突出成就吸引了许多学者的注意，到 60 年代后期就出现了不少研究成果，其中包括联合国拉美经委会的《中美洲经济一体化进程》（1966 年）、卡斯蒂略的《中美洲增长和一体化》（1966 年）、汉森的《中美洲：地区一体化和经济发展》（1967 年）、J. 奈的《中美洲地区一体化》（1967 年）和拉姆塞特的《中美洲地区工业发展：一种一体化工业机制的个案研究》（1969 年）。前四种都是综合性的研究，最后一种是部门性研究。拉美经委会为中美洲共同市场的形成和发展做出了多方面贡献，一向认为初级产品出口经济不利于经济发展和社会进步，工业化是增长的动力，而为了实现工业化，经济一体化是必需的手段。在 1966 年的研究报告中，拉美经委会总结了中美洲共同市场所取得的成就，强调了中美洲工业利用规模经济和提高效率的重要性。报告中还分析共同市场各种机制及其作用。鉴于一体化进程中出现的矛盾，强调了避免冲突的重要性。卡斯蒂略遵循拉美经委会关于初级产品出口经济不利的观点，力图证明中美洲经济一体化的合理性。但他不同意拉美经委会关于一体化和进口替代能消除出口依附的观点。由于资本货和中间产品进口日益增多，中美洲经济可能加重对出口农业的依赖，一体化本身在短期内也不能使区外出口多样化。他把共同市场当作是促使中美洲传统社会结构向现代资本主义变革的工具。汉森对中美洲共同市场的演进和效应进行了综合研究，分析了中美洲共同市场形成的背景，强调了拉美经委会在形成中的作用。他根据中美洲共同市场有关的各种统计数据，认为中美洲共同市场起到了以下主要作用：（1）通过贸易创造改善了中美洲现有资源的配置和利用；（2）促进了社会经济结构变革，包括工业发展和产品多样化；（3）吸引了外国技术援助。在分析了中美洲共同市场上述主要作用的同时，他也指出了存在的一些重要问题，例如他认为高度保护将导致高成本工业，不仅妨碍出口增长而且会导致支付平衡问题；过分强调为地区生产，没有为世界市场生产的计划；过分依赖外资，出现了中美洲一体化是为了谁的利益的问题；特别是地区不平衡增长，他认为这是决定中美洲共同市场未来的关键问题；还有农业问题，强调农业部门不能像过去那样仍受到忽视。J. 奈对中美洲共同市场也进行了综合研究，特别强调中美洲共同市场之所以能最终形成，在于经济部长在共同市场建设中使经济因素和易引起纷争的政治因素相分离，加上外有拉美经委会和美国的支持。拉姆塞特主要是对中美洲一体化工业计划进行了分析，认为该计划之所以失败，有这样一些原因，如一体化工业需经过长时间的、麻烦的申请过程，批准程序要求所有五个成员国一致同意难获通过，以及美国对一体化工业计划的反对态度。

进入 70 年代，有关中美洲共同市场的研究著作更多。自从1950 年雅各布·瓦伊纳发表其经典性的论文以来，比较贸易创造和贸易转移的相对数量是评估共同市场经济效果经常采用的方法。所谓贸易创造是指产品在共同市场内部从较没有效率的生产者向较有效率的生产者转移。所谓贸易转移是指产品从共同市场外部较有效率的生产者向共同市场内部较没有效率的生产者转移。只有当贸易创造大于贸易转移时，共同市场才被认为经济上是有效率的。巴拉萨运用这种理论研究欧洲共同市场，1967 年发表了《欧洲共同市场的贸易创造和贸易转移》一文。后来许多学者纷纷仿效，运用这种方法研究中美洲共同市场。威尔福德在《中美洲共同市场的贸易创造》（1970 年）中，运用巴拉萨在研究欧洲经济共同体中提出的方法，得出中美洲共同市场的形成导致了纯贸易创造的结论。其他学者如纽金特的《中美洲经济一体化》（1974 年）也运用威尔福德使用的巴拉萨方法，得出了类似的结论。在分析共同市场对经济增长的贡献中，有些学者还进行了定量分析，如克莱因的《中美洲经济一体化的效益和成本》（1978 年）认为共同市场对中美洲经济增长率每年提高3% 至 4%。

由于萨尔瓦多和洪都拉斯之间战争的影响，加上洪都拉斯终于退出，中美洲共同市场遭受了严重挫折。因此，中美洲共同市场所存在的严重问题引起了研究者的重视。法甘的《中美洲经济一体化：不平等利益的政治学》（1970 年）主要论述了平衡发展问题，认为缺乏协调计划，加上依赖自由市场力量，导致共同市场内各国间利益分配不均，这种分配不均是一体化进程的最大威胁。托比斯在《中美洲共同市场：不发达的一体化》（1970年）中分析了美国对中美洲共同市场的渗透问题，认为中美洲共同市场加强了美国对中美洲的经济渗透，增加了中美洲对美国的依附，维护了美国在该地区的霸权。拉美经委会的《中美洲共同市场及其最近出现的问题》（1971 年）中分析了支付平衡、公共财政和地区失衡三个方面的问题。霍尔比克和斯旺的《中美洲共同市场的贸易和工业化：第一个 10 年》（1972 年）认为支付平衡、预算平衡和中美洲共同市场谈判中的拖延诸方面问题是一体化的主要障碍。1972 年，中美洲经济一体化常设秘书处在其研究报告《中美洲 10 年经济一体化的发展》（又被称之为《罗森塔尔报告》）中分析中美洲共同市场诸方面问题，并相应提出了许多改善的建议。

到 80 年代，中美洲经历着政治、经济和社会全面的危机，共同市场陷于瘫痪，关于共同市场的研究也相对衰落。到 80 年代末 90 年代初，随着冷战的结束和中美洲冲突的消弭，复兴中美洲共同市场日益提上了议事日程。因此，从 80 年代末起对中美洲共同市场的研究又受到重视，出现了不少有价值的研究成果，如欧文和霍兰主编的论文集《中美洲：经济一体化的未来》（1989 年）探讨了中美洲共同市场的重建问题，并分析了欧共体在重建中的作用。卡瓦列罗斯·奥特罗的《重新确定中美洲一体化的方向》（1992 年）在对中美洲共同市场发展的各个阶段进行考察的基础上对中美洲共同市场的重建进行了探索。1993 年 3 月，美国迈阿密大学北—南中心和佛罗里达国际大学经济学系、拉丁美洲和加勒比中心联合举行了一次中美洲经济问题包括中美洲共同市场问题的国际会议，参加会议的有美国、欧洲和拉美国家的学者。提交给会议的论文由伊尔玛·T. 德阿隆索主编成《20 世纪中美洲的贸易、工业化和一体化》（1994 年）一书。从收入该书的论文看，中美洲共同市场是讨论的重点。

总之，中美洲共同市场迄今历时半个世纪，国际学术界跟踪研究了近半个世纪。研究涉及到共同市场发展的方方面面，取得了丰硕成果。这里提供的仅是部分著述。

国内学者加强对中美洲共同市场的研究是从 20 世纪 90 年代开始的。进入 90 年代以后，中国改革开放进入了一个新时期，中国与世界经济的联系日趋紧密。由于冷战的结束，世界经济加快全球化进程；而区域经济一体化作为经济全球化的补充和深化，在世界范围内迅速发展起来。在这种背景下，国内学者自然在加强对经济全球化研究的同时，对区域经济一体化的兴趣也日益浓厚。中美洲共同市场以其起步早、成绩显著、过程曲折而作为发展中国家之间区域经济一体化的典型个案，引起了不少国内学者的研究。徐宝华和石瑞元合撰的《拉美地区一体化进程——拉美国家进行一体化的理论和实践》（1996 年）一书，虽旨在对整个拉美地区经济一体化问题进行论述，且重点放在 90 年代拉美地区经济一体化的进展，但也对中美洲共同市场的形成、80 年代的调整以及 90 年代的重振等问题进行了初步分析。方劾封和曹君所著《漫漫探索路：拉美一体化尝试》（2000 年）第 4 章专门分析了中美洲共同市场的兴盛、衰落和复苏，认为中美洲共同市场是"以自由贸易为主的低水平的一体化"。除此两书之外，尚有多篇文章就中美洲共同市场进行了论述。汤小棣的《中美洲共同市场复兴有望》（《拉丁美洲研究》1994 年第 1 期）、唐晓芹的《90 年代以来的中美洲一体化进程》（《拉丁美洲研究》2000 年第 5 期）着重分析了 20 世纪 90 年代以来中美洲共同市场重新恢复活力的原因和特点。雷泳仁的《非经济因素在中美洲共同市场起源中的作用》（《拉丁美洲研究》2000 年第 5 期）分析了非经济因素在中美洲共同市场形成中的决定性作用。王峥、项益鸣研究了中美洲与美国签署的《中美洲自由贸易协定》对中美洲共同市场的影响，认为该文件的签署改变了中美洲原先的次区域一体化优先路线，对中美洲未来的区域一体化将产生深远影响，从长期看对中美洲区域内一体化进程未尝不是好事（《试析〈中美洲自由贸易协定〉多角化影响》，《经济经纬》2007 年第 1 期）。王汉等在《浅析区域货币合作与区域贸易合作异步发展的原因——以中美洲共同市场和西非经济共同体为例》（《经济师》2008 年第 4 期）一文中，分析了中美洲共同市场强经贸合作、弱货币合作的特点及其成因。当然，与国际学术界相比，国内学术界关于中美洲共同市场的研究起步较晚，也有欠深入系统，迄今尚未有一部专著问世。由于中美洲多数国家与我国台湾地区保持着所谓的"邦交"，加强对中美洲诸方面的研究就不仅仅具有纯学术的意义。随着时间的推移，国内学术界对中美洲共同市场的研究定当取得应有的成绩。

（作者单位：中共绍兴市委党校、绍兴行政学院）

论拉美国家工业化发展
模式的历史演变

张家唐

拉丁美洲的主要国家优先于其他地区的发展中国家较早地步入工业化—现代化的轨道，其工业化发展进程中主要经历了三个发展阶段，即初级产品出口发展模式（1870～1930）、进口替代发展模式（1930～1982）、出口导向发展模式（1982 年以来）。在拉美工业化—现代化发展过程中，既出现过"经济腾飞"，也爆发过"债务危机"；既发生过革命，也进行过改革；既有发展工业化—现代化所呈现出来的辉煌成果，也有发展过程中出现的不少问题。认识、总结拉美国家的工业化—现代化进程中的成功经验与失败教训，对我国推进现代化建设有启示和借鉴作用。

一 依据实证主义理论推行初级产品出口发展模式

19 世纪初，拉丁美洲爆发的独立运动推翻了西班牙、葡萄牙的殖民统治，并取得了十几个国家独立的显著成果。但是，由于拉美国家的资产阶级自身的过分软弱，革命进行地很不彻底，依然由克里奥尔军阀、大地主、天主教会上层把持着国家政权，形成了"三元寡头"统治。直到 19 世纪 50 年代以后，拉美社会才逐步趋于稳定，并开始进入以经济增长、政治革新为特点的发展时期。与此同时，在拉美各国的统治阶级内部因利害关系不同发生了分裂，形成了自由派和保守派为首的各种政治派别，他们之间矛盾重重，斗争十分激烈。由于受到英、法、美等西方国家资产阶级政治思想的影响，自由派主张以欧美模式为榜样，实行政教分离，建立共和制，扩大选举权，鼓励移民，支持国家的教育以及自由贸易等。与其相反，保守派则主张沿袭固有的封建模式，维持罗马天主教的影响，实行中央集权制，限制移民进入，坚持闭关自守的经济政策。自由派与保守派之争的焦点是未来拉美国家如何发展的问题，是向工业化—现代化迈进还是维持现状。斗争的结果是自由派逐步取得了胜利，而保守派则节节败退。经过大约半个世纪的激烈较量，自由派终于把持了政权。拉美的志士仁人力主克服半个世纪以来的无政府状态，谋求实现安定的政治局面，以利于恢复发展经济。

19 世纪中叶，一些有识之士为寻求治国安邦、振兴经济之道，引进了法国哲学家和社会学家奥古斯特·孔德的实证主义学说。孔德的主要著作有《实证哲学教程》、《实证政治体系》等。孔德认为，他的哲学的基本任务是以"实证主义"为基础来改造社会，克服当时在科学领域和社会中占统治地位的精神上的无秩序和混乱状态，以"社会政治"来代替"保守的贵族政治"和"无政府的共和国"。孔德的社会学分为两个部分，即研究社会结构的"静力社会学"和研究社会发展的"动力社会学"。孔德以著名的公式"秩序与进步"把这两者概括起来。孔德的哲学思想主张，只有实证的知识即经验事实才有价值，才是科学的对象。这种思想具有反神学、反形而上学以及功利主义倾向。在社会学领域，他认为以肯定性的渐进代替否定性的革命，以保证社会和谐、平稳有序的发展。可是，孔德实证主义学说在当时阶级斗争激烈的法国社会中，并没有获得多少反响。

然而，在拉美国家的上层人物眼中，法国已经成为凌驾于其他欧洲国家之上的重要国家。到 19 世纪中叶，拉美国家初掌政权的自由派，仍面临保守派势力和来自"左"翼的资产阶级"雅各宾党人"更为激进势力的挑战。为此，执掌政权的自由派亟待谋求一种以科学为依据的进化理论作为建立新秩序的意识形态，用它统一民心，把政局稳定下来。孔德实证主义正是反映了资产阶级要求社会稳定和社会和平及资产阶级重现实、重实际的心理，在拉美国家产生了意想不到的效果。

19 世纪 70 年代以后，实证主义学说便在拉美国家的思想意识领域盛行起来，政府中掌权的人物大多是实证主义学说的信徒。他们利用实证主义学说的核心口号"秩序与进步"作为治理国家，发展经济的理论信条。结果，他们主张通过独裁统治的手段，来实现国家政局安定的"秩序"，依靠引进外资振兴经济来取得"进步"。

墨西哥的实证主义者抨击当时社会上所流传的西班牙殖民者宣扬的中世纪精神。批驳传统观念诱导人们轻视工商业、缺少实干精神、缺乏技术学校和技术人才、知识阶层只想当官、不想搞实业的社会现象。他们还根据孔德"实证阶段"是科学阶段也是人类理智的发展最后阶段的论断，引出"科学政治"的概念，其含义是用科学方法研究国家问题。统计学、社会学和政治经济学等科学知识则成为他们研究国家社会和人类发展的重要手段。因此，实证主义者在墨西哥的政府部门中和知识界形成一个特殊的政治集团，即所谓的"科学家派"。他们是一批勤奋、有才能的金融家、技术人员、知识分子和实干家。1877 年，波菲里奥·迪亚斯就任墨西哥总统后，把"科学家派"成员当作自己的心腹，他的私人顾问和政府要员都由科学家派充任，由他们控制墨西哥的宣传、教育、内政、外交等部门。"科学家派"则成为把孔德实证主义运用于墨西哥社会实际工作之中的鼓动者和推行者，主张大量引进外资和技术，实行西欧、北美式的资本主义化的治国方针。

巴西的本哈明·康斯坦特于 1871 年创建实证主义协会。实证主义在导致佩德罗二世垮台和奴隶制的废除的过程中起了重要作用。早期的巴西共和主义者是狂热的实证主义信徒，他们有意识地试图将自己对实证主义学说的含义和要点的理解付诸实施。1889 年设计的巴西共和国国旗至今仍印有实证主义的座右铭"秩序与进步"。

在阿根廷，萨米恩托总统于 1870 年创立了宣传实证主义的巴拉那师范学校。从 1870～1888 年，委内瑞拉总统安东尼奥·古斯曼·布兰科在实证主义宗旨的直接或间接影响下对国家进行治理。他首先强调建立秩序，然后开始追求意义并不明确的进步。古斯曼政府铺设了新的铁路，扩大了港口设施，增加了向欧洲的出口。

拉美各国在实证主义政治思想的指导下，建立了一种"政府、大庄园主、新兴资产阶级和外国资本的全国性联盟"的统治，实现了独立以来从未有过的国家统一和稳定。安定的政治局面为外来投资者创造了良好的条件，使拉美国家走上了引进外资实现初级产品出口发展模式的道路。拉美天然资源丰富，搞经济建设主要是缺乏资金、技术和经营管理经验，仅依靠自己的力量是不可能实现的。一些国家的政府把目光转向国外，以极其优惠的条件吸引外国人来拉美投资，鼓励移民到拉美开发。19 世纪上半叶，是英、德、法等欧洲国家和美国工业迅猛发展的时期。英、德、法、美 4 国工业生产（主要是棉纺、铸造和铁路）占全世界工业生产的 2/5 到 3/5。它们的工业发展和城市人口增加，对原材料和食品的需求日益扩大，国内供应已满足不了需求，转向海外寻求生产供应基地。为此，英、德、法、美等先发达国家早已觊觎拉美的丰富天然资源和低廉的劳动力，急于利用这个机会填补西班牙、葡萄牙被赶走以后所留下来的真空，于是纷至沓来到拉美投资。

到 19 世纪 50 年代以前，英国对拉美各国的贷款和投资总额已达 1 亿美元，并取得采矿、修筑铁路等特权。50 年代以后，英国对拉美各国进行了更大规模的资本输出，1890 年英国的投资总额已达到 4.2570 亿英镑。"到 1913 年，英国在拉美国家的投资达 117990 万英镑，在 77 条铁路、53 家公用事业公司、9 家银行、36 家硝石公司、15 家石油公司和 85 家其他矿业公司以及 112 家工业制造业、商业、地产业占有股份。"[①] 美国对拉美国家的关注比英国要晚一些。19 世纪 80 年代以后，随着对西部开发的完成、国内市场的逐渐饱和，美国也把剩余资本投向国外，其首选目标就是拉美国家。1899 年，美国对拉美的投资总额只有 3.08 亿美元，1913 年增加到 12.4 亿美元。从 19 世纪 80 年代起，德国也加紧了对拉美的经济渗透。据统计，到 1913 年，整个拉美地区的外债总额约 100 亿美元，其中英国占 53%，法国占 17%，美国占 13%，德国占 10%。外国资本的大量输入，加快了拉美各国经济的发展和社会的变革。

拉美各国政府还普遍采取鼓励欧洲和其他洲的移民到拉美的政策。移民中以欧洲人为主，还包括少量的中国人和日本人。从 1860 ~ 1920 年，有 4500 万人离开欧洲来到西半球，其中相当一部分来到阿根廷、巴西、古巴、秘鲁、乌拉圭和智利。据统计，1850 年拉美总人口为 3038 万，到 1920 年已增加到 7745 万人，人口增加了 1 倍多。有些国家的人口增长速度更快。例如，阿根廷 1850 年为 110 万人，到 1912 年已达 733 万人，大约增加了

---

① 郝名玮、冯秀文、钱明德：《外国资本与拉丁美洲国家的发展》，北京，东方出版社，1998 年。

5.6 倍；巴西 1850 年为 723 万人，到 1912 年已达 2438 万人，大约增加了 2.3 倍。在众多外来移民中，有的人掌握先进的技术，有的人拥有资金，他们为拉美的工农业发展和社会经济进步起到了不可磨灭的作用。

由于当时欧洲国家新的工业部门不断涌现工业高速发展，需要拉美作为它们的原料产地、商品市场和资本输出场所。于是，欧洲国家与拉美之间的贸易往来明显增加，这也为拉美的农牧业和矿业经济发展拓宽了市场。为扩大农牧业和矿业产品的生产，拉美国家不断更新技术设备，采用先进的生产工具。当时拉美的农业生产技术仍然比较落后，一般农户使用的劳动工具大多是手锄和木犁。由于受到欧洲先进技术的影响，有些农场已开始使用拖拉机、播种机和中耕机，有些农场修建了公路，使用汽车运输货物。由于采用了比较先进的农业生产技术，农业播种面积迅速扩大，劳动生产率不断提高，极大地增加了拉美农产品的出口量。

拉美有大量的农牧业和矿业产品，如甘蔗、咖啡、谷物、羊毛、皮革等，输往欧洲以及其他地区。从 1853～1873 年阿根廷出口量增长了 6 倍，到 1893 年又翻了一番。1850 年以后巴西咖啡出口有了迅速的发展，1912 年橡胶产量达到高峰，出口量为4.5 万吨，占世界产量的 90%。到 1860 年智利的硝酸盐出口量已增至 5.6 万吨。1876 年智利生产的铜占世界总产量的 38%。到 19 世纪末期，一些较小的拉美国家也掀起了出口贸易的热潮。1870 年后危地马拉的咖啡贸易迅速发展。1894 年古巴的糖产量已超过 100 万吨。1890 年玻利维亚的锡矿也开始为面向国际市场而大量生产，出口量从 1897～1913 年猛增了 1200%。1850年，拉美地区出口总值仅有 1.59 亿美元，到 1912 年出口总值已达 15.8 亿美元，在此期间出口总值增加了 9 倍左右。

从 19 世纪 70 年代开始，拉美的现代工业企业率先在出口经济领域建立起来。因为工业企业最容易得到政府的大力扶持，可以有较多的资金投入，又可能采用外国的先进技术和管理经验。巴西和古巴的制糖厂、阿根廷的腌肉厂、智利的炼钢厂和面粉厂、墨西哥的炼银厂等工业企业在大中城市里迅速兴建起来。这些大型企业一般技术较为先进，规模也比较大，具有现代工业企业的特点。到 20 世纪初，拉美的主要国家也迎来了工业革命，形成了工业初级产品和农牧产品出口的发展模式。可见，拉美的主要国家都已经步入了工业—现代化进程。

但是，拉美的经济部门相当狭窄，经济发展单一，主要集中在农牧业和采矿业。中美洲主要生产香蕉和咖啡，古巴主要生产烟草，巴西主要生产橡胶和咖啡，墨西哥主要生产剑麻、铜和白银，阿根廷主要生产羊绒、小麦和牛肉，智利主要生产铜。在世界市场需求量大、价格高的年代，这些国家能够获得巨大的收益，能够进口大量的外国产品，并且为美化城市和兴建其他政府工程提供资金。但是，由于国家的经济仅依靠单一出口导向经济的发展，则总是要冒风险的。其原因是拉美所生产的产品，在世界市场上的价格并不是由自己确定的，而最终是由该地区以外的条件所决定的。从这个意义上说，这种经济体系显得特别脆弱。一战以前，拉美大部分国家在经济上主要依附于欧洲各资本主义国家。

在第一次世界大战期间，拉美各国经济的发展出现了相当大的变化。大战爆发后，欧洲各国大多都忙于战争，甚至为筹措战争军费还从拉美国家抽出一部分资本，提走一部分贷款以及变卖一部分产业。仅在开战的第一年，英国对拉美的投资就降至 37 亿美元；法国的投资降至 12 亿美元，减少了 4 亿美元；德国的投资则丧失殆尽。然而，参战国对原料和粮食的需求大为增加，进出口增长模式进一步把拉美经济纳入到全球资本主义体系之中。这就为拉美各国（特别是阿根廷、巴西、智利、墨西哥、乌拉圭、古巴）较快地发展民族工业创造了有利的条件，使拉美各国的工农业生产得到了发展的机会，并从农牧业和农牧产品的殖民地和附属国类型的经济结构，开始转向工业化、都市化，产生了新的生产关系和新的经济结构，资本主义经济得到较快的发展。

然而，1929～1933 年的世界经济危机，不仅对世界资本主义是一个重大地打击，对有很强依附性的拉美国家经济也有相当明显的影响。经济危机发生以后，由于世界市场上对拉美输出品的需求大幅度下降，一向为拉美经济命脉所系的各种农牧产品、矿业原料产品，如咖啡、糖、香蕉、肉类、铜、锡、银的出口量，无不急剧下降。1929～1933 年，拉美年平均出口额从 50 亿美元下降到 15 亿美元。1928～1932 年期间，许多商品的价格下跌超过 50%。由于对外贸易合同大为减少，导致货物堆积如山，价格下跌，生产极端恶化。估计拉美有 20 个国家的总产值在1932 年下降到 1925 年的水平，其输出总值在 1929～1932 年间下降 63.4%。智利和玻利维亚输出总额则下降 80%。拉美各国政府在出口税收入急剧减少的同时，却面对利率居高不下所带来的债务负担加大，因而普遍陷入财政困境。经济危机使整个拉美地区的农田荒芜，矿山停工，造成大批工人失业和经济衰退。

二　依据发展主义理论推行"进口替代"工业化

自 20 世纪初期，一些有识志士就认识到了拉美国家所推行初级产品出口型经济发展模式的缺陷。厄瓜多尔中央银行行长埃米利奥在分析了本国的贸易条件恶化时，曾悲观地预料到拉美国家将因出口初级产品而永远面临着贸易条件持续恶化的趋势。因此，他认为对于厄瓜多尔和其他拉美国家来说，摆脱这一不利地位的出路，就在于发展民族工业。1930 年，瓦加斯在竞选巴西总统时表示，如果他能取胜，他的政府将更加重视制造业的发展。阿根廷农业部长则更加明确地指出，由于缺乏外汇，阿根廷应该自己制造原来依赖于进口的工业制成品，并表示政府将大力扶持民族工业的发展。

20 世纪 40 年代末期至 50 年代初，为探索拉美国家的工业化—现代化发展道路，形成了以劳尔·普雷维什为代表的拉美发展主义理论。劳尔·普雷维什是阿根廷经济学家，曾任阿根廷中央政府财政副国务秘书、中央银行总经理、布宜诺斯艾利斯大学经济学教授等职，1949 年到联合国拉丁美洲和加勒比经济委员会任秘书。他在 1949 年发表的《拉丁美洲的经济发展及其主要问题》中指出：以西方资本主义为一方的"中心"国家和以亚非拉发展中国家为另一方的"外围"国家之间的经济关系是不平等的。"中心"国家拥有先进的科学技术，工业发达、生产率高，向"外围"国家出口制成品；"外围"国家主要出口农矿产品和初级产品。贸易比价一贯以不利于以生产初级产品为主的"外围"地区，技术进步和提高生产率带来的好处主要落入"中心"手中，"外围"得益甚少，因此双方资本积累能力和生活水平都存在着明显的差别。"中心—外围"的国际经济结构的运转服从于"中心"国家的利益，而"外围"国家则处于依附的、被剥削的状态，这是阻碍拉美经济发展的主要原因之一。文章中还指出拉美民族经济发展的途径：从"中心"国家得到资金和技术、实行进口替代工业化、国家干预经济、控制基础工业部门和主要经济命脉等。此后，以普雷维什为首的一批拉美经济学家，从研究拉美不发达的历史条件出发，探索拉美国家的发展道路，提出了一系列关于拉美国家工业化和现代化的理论观点与政策主张，逐渐形成了一个具有鲜明的民族主义特色的发展经济学流派，被称为"拉美经委会思想"、"发展主义理论"等。

从 20 世纪 50 年代起，普雷维什所提出的工业化是拉美国家摆脱"外围"地位的唯一手段和根本出路，是"外围"国家经济发展的发动机。"发展主义理论"被许多拉美国家的领袖所接受，改变了以出口矿业初级产品和农牧业产品为主的传统的经济增长模式，开始普遍采用"进口替代"工业化发展模式。所谓"进口替代"就是用本国生产的产品来代替必须依靠进口的外国产品，由此带动经济增长，促进工业化的实现。这说明拉美国家所实行的"进口替代"工业化，已从自发阶段提升到自觉阶段。从 20 世纪 50 年代到 60 年代中期，是拉美"进口替代"工业化的"黄金时期"。在这一时期，拉美国家采取了保护国内市场、积极扶持"幼稚工业"、建立国有企业、完善基础设施、利用外国资本和开展区域经济一体化等措施。

为了改变拉美经济畸形结构和对外工业品的依赖性，各国政府都加大了对工业部门投资的力度，巴西、墨西哥、阿根廷、委内瑞拉等国对工业部门的投资占国家总投资的 50% 左右。拉美国家优先发展基础工业设施，主要投资于电力、燃料、钢铁和交通运输部门，为整个工业起飞打下基础，并且实行贸易保护主义政策，保护民族工业的发展。拉美国家还积极引进外资、容纳内资，依靠大量举债大力发展进口替代和基础工业建设，推动整个国民经济持续高涨。

20 世纪 50 年代至 70 年代中期，随着工业化进程的加快，拉美工业内部结构已经从传统的以劳动密集型为主的工业生产结构向资本和技术密集型工业结构转变。拉美经济发展的速度，不仅超过亚非发展中国家年均增长率的水平，有的工业部门，如制造业的发展速度还超过欧美发达国家年均增长率的水平。当时，西方国家年均增长率不到 6%，而拉美国家年均增长率为 6.4%。拉美生产高速发展，使国民生产总值连年上升。有些工业部门的产品成倍增长：在 1950～1975 年的 25 年内，水泥、能源、机械设备、钢铁和汽车制造分别增长 6 倍、8 倍、9 倍、15 倍和 27 倍。到 20 世纪 70 年代中期，巴西、阿根廷和墨西哥的重工业所占比重为 50%～60%，相当于发达资本主义国家 50 年代的水平；哥伦比亚、秘鲁、智利等国家的重工业比重占 40%～50%，相当于发达国家 40 年代的水平。而中美洲等经济较为落后国家的重工业占国民经济的 20%～30%。20 世纪 50 年代中期，拉美的制造业产值超过了农业产值，制造业已成为拉美地区战后最活跃的经济部门。

20 世纪 60 年代下半期，拉美主要国家已建立和发展起来一系列重工业和新兴工业部门，形成了较为完整的工业体系，钢铁、石油、化工、机器制造、汽车、造船、航空、电子工业等都较为发达，产量都成倍增长。1950 年以前，只有巴西、墨西哥拥有正规的钢铁厂。到 1970 年，阿根廷、智利、哥伦比亚、萨尔瓦多、巴拿马、秘鲁和委内瑞拉 7 国也相继建立了综合性（半综合性）的钢铁厂。从 1945～1969 年，巴西的钢铁产量从 20.6 万吨增加到 490 万吨；智利由 2.1 万吨增加到 60.1 万吨；墨西哥则由 23 万吨增加到 350 万吨；阿根廷由 13.3 万吨增加到 170 万吨。与此同时，拉美国家的汽车制造和装配生产也出现了高速增长。

1968～1974 年这 7 年间，巴西国内生产总值年均增长 11% 以上，其中工业年均增长达到 12%，钢产量增长 69%，汽车增长 248%。巴西不仅成为拉美最具有雄厚经济实力的国家，而且一跃为世界第 10 个工业大国，出现了令人瞩目的"巴西经济奇迹"。到 20 世纪 70 年代前期，拉美国家均以发展工业为中心，以发展制造业为重点，实施工业发展战略，先后出现了"经济腾飞"。

1973～1980 年，拉美地区的国内生产总值年均增长 5.0%，工业生产年均增长 5.4%，人均国内生产总值增长 2.5%。纵观拉美国家推行"进口替代"模式，为本地区在经济上创造了历史上的"奇迹"。

拉美国家为了达到发展民族工业的目的，推行"进口替代"的经济发展模式。在 1950～1975 年的 25 年内，拉美国家的工业化程度稳步提高，拉美经济发展水平已达到西欧 20 世纪 50 年代的发展水平。巴西、墨西哥、阿根廷等国已确立了资本主义的生产方式，改变了畸形发展的经济结构。制造业迅猛发展，对外贸易的商品结构也发生了明显变化，改变了原来单一的初级产品出口、工业制产品进口的局面。劳动就业结构也由农业劳动力向工业和城市劳动大军转变，第三产业得到明显的发展。

从 20 世纪 60 年代至 1976 年，拉美大多数国家都掀起大规模的国有化运动，把外国公司控制的石油、铁路、铝土、铜矿等企业收归国有。例如，玻利维亚、秘鲁、厄瓜多尔、哥伦比亚、委内瑞拉等国不同程度地将石油实现国有化；玻利维亚将锡矿、铁矿和锰矿收归国有；牙买加将两家美国公司霸占的全部铝土租让地和 51% 的股份权收归国有；圭亚那将铝土业和制糖业收归国有；智利将铜矿、委内瑞拉将铁矿都收归国有。据联合国统计，从 1960～1976 年，拉美国家共接管了 200 家外资企业，其中美资企业占 158 家。从 20 世纪 60 年代起，拉美许多国家已开始形成私人垄断资本集团。拉美民族资本在经济发展中占优势地位。与此同时，拉美许多国家还颁布了外资投资法，对外资的投资范围、在企业中的股份、外资盈余的汇出或再投资都作了明确规定。当时拉美各国都对外资实行了限制与监督的政策。通过国有化运动，使国家对能源、交通、基础设施、军工、金融信贷、进出口贸易等重要经济部门实现了垄断，从而建立了庞大的国营经济体系。在当时的历史条件下，它对于拉美国家的独立和民族经济的发展，无疑是有进步作用的。

由于制造业处于优先发展的地位，使全地区制造业生产总值所占比重从 1950 年的 9% 上升到 1970 年到 33%。50 年代中期，全地区制造业产值开始超过农业产值。在 60 年代，已解决了基本消费品的自给问题。70 年代中期，一般的生产资料亦可以自给。80 年代，工业在国内生产总值中的比重从 1960 年的 31.7% 上升到 1980 年的 45%，而农业比重则从 17.2% 下降到 10.9%。

"发展主义"理论也存在着严重缺陷，只注重发展工业而忽视了农业的发展。随着农业现代化发展进程的加快，拉美国家以大地产和小农制并存为基本特征的半资本主义、半封建的二元生产结构，已基本上被较为多样化的资本主义农业生产结构所取代。尽管拉美小农仍然占据着重要的地位，但传统的大庄园制已不复存在，具有资本主义性质的各种规模的商业农场则构成了主体。① 为追求利润改变了传统的经营方式，采用机械化生产，以适应国内外市场的需要，从事出口经济作物和城市商品粮生产。土地改革和工业化促进农业机械化水平的提高，科学种田逐步推广，农田灌溉面积有所扩大，拉美国家所实行的这些措施，对其农业的发展都起到了积极作用。

随着农业资本主义现代企业的发展，拉美许多小农面临破产的境地，而农业工人的队伍不断壮大。据统计，"1970 年，巴西的农业工人达 500 万（占农业经济自立人口的 43%）；墨西哥为 270 万（占 52%）；阿根廷为 100 万（占 66%）；哥伦比亚为 100 万（占 42%）。农业工人在拉美各国的农业资本主义生产中起到了很大作用。"20 世纪 50 年代以前，拉美地区农业生产主要是靠畜力和手工劳动，机械化程度很低。1948～1952 年，全地区仅有 15 万台拖拉机。"1960 年，拖拉机已增加到 37.4 万

① 陆国俊、金计初著：《拉丁美洲资本主义发展》，北京，人民出版社，1997年。

台；1980 年则接近 100 万台。二战以后的头 25 年，拉美拖拉机的年均增长率达 7%，增长率最快的是巴西、委内瑞拉、墨西哥、厄瓜多尔、洪都拉斯和巴拿马等国。"[①] 但是，农业机械、现代农业投入以及生产条件的改善，主要集中于现代农业部门，从而更增加了拉美现代农业与传统农业之间的反差。

拉美的小农经济，包括村社小农和个体小农，在整个农业经济中所占比重仍然比较大。据统计，1961 年，秘鲁有 1586 个印第安村社，拥有全部农业用地的 11.7%；1962 年，危地马拉有 17500 个印第安村社，占全部用地的 61%。20 世纪 70 年代初，拉美地区原来的村社小农和个体小农开始组织合作社，共组建了 7100 个农业合作社。这些合作社一般由国家提供资金，进行农业商品化生产。因此，拉美的农业也有了一定的发展。1950～1960 年，农业生产年均增长率为 3.7%。而后，农业发展速度呈下降趋势。1960～1970 年为 3%，70 年代为 2.7%。尤其在 1970～1980 年间，每年拉美有 5 至 7 个国家的粮食生产出现负增长。从 60 年代起，拉美地区需要用 12 亿～14 亿美元的资金进口粮食，70 年代则上升为 57 亿美元，拉美粮食短缺的现象日趋严重。

为了解决粮食问题，从 60 年代末至 70 年代初，拉美各国政府开展"绿色革命"、发展农业研究、推广先进耕作技术、加强农业基础设施建设等措施，逐步实现农业现代化。在农业现代化过程中，始终伴随着农业种植面积不断发展。据统计，1960～1977 年，拉美种植业收获面积由 6940 万公顷增加到 9590 万公顷，17 年间扩大了 2650 万公顷。1980 年以后的 20 年间，种植业收获面积又扩大了 1200 万公顷。1990～2000 年，拉美农业年均增长率为 2.6%。可见，90 年代拉美的农业发展缓慢。

----

① 江时学著：《拉美发展模式研究》，北京，经济管理出版社，1996 年。

从 20 世纪 60 年代起，拉美民族私人资本逐渐在国民经济发展中占优势地位。垄断资本在巴西、墨西哥、阿根廷、委内瑞拉、哥伦比亚和智利等比较发达的国家中，对本国的经济发展起到越来越大的作用。1965 年，墨西哥全国共有工业企业 13.6 万家，资本总额为 956.64 亿比索，其中大型企业约 200 家，仅占企业总数的 1.5%，但其资本额已达 738.24 亿比索，占工业资本总额的 77.2%。到 70 年代末，巴西最大的私人垄断资本集团弗朗西斯科·马塔拉佐家族集团拥有 30 家工商企业，经营纺织、食品、化工、水泥、塑料、非金属矿开采等行业，当时已跻身于世界 500 家大公司的行列。巴西另一家私人资本集团沃托兰廷集团，其经营活动涉及有色金属、钢铁、重型设备、水泥、化学、纺织、造纸、制糖、电力等生产领域，其中从事水泥生产的 12 家企业的资产，占巴西水泥生产部门资产总额的一半。在墨西哥，131 家私人企业控制了 1158 家工业、商业、金融和服务性企业。1980 年，巴西资产在 100 万美元以上的私人集团和企业联盟有 6561 个，他们的纯资产占农牧业、林业、建筑业、商业等行业的总资产达 90% 以上。1982 年，哥伦比亚 7 家本国私人财团拥有资本在 50 亿美元以上，而当年政府预算仅为 42.6 亿美元。萨尔瓦多 14 个家族控制着全国 250 家最大企业的 3/4 左右。在智利，全国 250 家最大的企业约有一半以上掌握在 5 家私人财团手里。[1] 私人垄断财团的代理人往往在政府机构中任职，参与制定国家各项经济政策，使其势力在拉美国民经济活动中发挥着重要的作用。

自 20 世纪 50 年代中期起，跨国公司在拉美国家进行工业投资的步伐明显加快。例如，1966 年，总部设在美国的跨国公司

---

[1] 陆国俊、金计初著：《拉丁美洲资本主义发展》，北京，人民出版社，1997年。

在拉美 19 个国家制造业中的产值是 9%，1975 年这一比重提高到 11.2%。由于跨国公司以占领当地市场为主要目的，投资集中在拉美市场较大的国家。而尽管本国私人工业企业战后在工业部门中参与比重相对下降，但其地位仍然是举足轻重的，特别是在非耐用消费品生产部门，它们所占的资产比重更高。由于拉美国家的私人工业企业普遍存在"横向多样化"和规模小的特点，这就造成私人企业资金投入不足，生产技术落后，只能从事一些修理业和传统工业或设计生产落后先进品牌 10～20 年的机器和产品。

拉美通过进口替代实现工业化也存在着结构性的缺陷。为了生产制成品，各公司企业不得不继续依赖从欧洲、美国和日本进口机械设备或生产线。如果不能进口这些机械设备或这些机械设备的价格十分昂贵，拉美国家的公司企业就会陷入困境。为进口外国的技术设备，公司企业需要用外汇支付技术、专利使用费、许可证和红利，从而进一步消耗了稀缺的资本。公司企业还要承受着巨大竞争压力，国内市场狭小、保护关税程度高，使企业往往开工不足，收益低下。拉美人们逐渐认识到，依靠进口替代实现工业化增长的发展，并没有结束他们对工业化发达国家的依赖，只是仅仅改变了依附的方式而已。

拉美国家从发达国家引进的工业机械设备和生产线，都属于十分典型的资本密集型和技术密集型设备。这是利用发达国家技术设备的各个公司，对付产品市场竞争和求得生存的必然选择。然而，由于工业生产设备的科学技术含量较高，在生产过程中对人力的投入需求必然减少，这就造成就业率低、失业率高，导致社会贫困人口增多，使得国内消费市场的规模受到限制。为了解决制成品的销售市场问题，就要建立多国的或地区性的贸易协会或共同市场等组织，但是问题依然难以解决，主要拉美国家的工业常常是竞争多于互补，而这种对抗性为实现各种协会或组织的作用设置了严重的政治障碍。

发达国家通过不断提高输出机械设备的价格，利用不平等的贸易条件获取高额利润，使拉美国家的公司企业处于困难的境地。世界市场价格使拉美主要出口商品（如咖啡、小麦和铜）的购买力持续下降。在国际贸易过程中，发达国家总是利用先进的科学技术赚取高额利润，而发展中国家所出售传统的农副产品则总是吃亏。

从20世纪60年代至80年代初，拉美国家通过实行进口替代发展模式，在工业化发展的道路上取得了显著的成效，但与此同时拉美国家也潜伏着危机。到80年代初，进口替代发展模式使得工业增长出现了停滞现象，迫使拉美国家不得不采用出口导向的发展模式取代进口替代发展模式。

进入20世纪80年代之后，拉美的经济形势急转直下，陷入严重的困境之中。1970年拉美地区的外债总额为700亿美元，1982年猛增至3313亿美元，净增3.7倍。到1981年，拉美国家支付的债务利息已占当年出口收入的26.4%，超过国际公认的20%的临界限度。前30年所积累的各种矛盾，以不同的方式充分地暴露出来，1982年8月墨西哥政府首先宣布无力偿还外债，标志拉美债务危机的总爆发。随之，巴西、委内瑞拉、阿根廷、秘鲁、智利等国先后宣布延期偿还外债，债务危机迅速蔓延，导致拉美各国的经济普遍陷于一场深刻的危机之中，形成了国际上有名的"债务危机"。

这场危机一直延续到80年代末，拉美的债务总额逐年增加，负担愈来愈重，1984年为3772.59亿美元，1985年上升到3894.15亿美元，1986年增至4092.18亿美元，1987年达到4453.58亿美元，1988年稍有下降，为4274.63亿美元，1989年升到4340.03亿美元。西方银行不愿意继续提供贷款，使得拉美国家更无力偿还债务。沉重的债务负担严重地阻碍了拉美国家的经济和社会发展，并从而引发了许多问题。

20 世纪 80 年代以后，伴随债务危机的爆发和经济全面恶化，政府通过增加货币供应量填补财政赤字、补贴国营企业亏损和庞大的公共开支，造成通货膨胀在拉美国家普遍蔓延，急速加剧的现象。1983 年的通货膨胀率平均为 130.5%，1985 年上升至 274.1%，1989 年高达 1161%。1985 年，玻利维亚的通货膨胀高达 8170.5% 以上。在人们的社会经济生活中，出现了许多令人啼笑皆非的现象。一辆丰田牌轿车的售价相当于 3 包阿司匹林，4 磅重的钞票只能买到 2 磅重的鱼，买一粒糖果要支付 2 英寸厚的 1000 比索面额的钞票。玻利维亚政府为了印制钞票，从英国进口的纸的价值大大超过了货币的面值，严重地阻碍了拉美国家经济和社会发展。

拉美国家沉重的债务负担与恶性的通货膨胀居高不下，严重地影响到社会经济的发展和人民的生活，造成尖锐的社会矛盾，导致城市骚动，农民示威抗议，乃至武装暴动时有发生。如巴西在一年内货币贬值 30 次，首都爆发了群众抢劫银行和商店的暴力事件。在此期间，群众和警察发生武装冲突，死伤了许多人。

三 依据新自由主义理论实行"出口导向" 发展模式

为了克服债务危机，拉美国家采取了压缩公共开支，减少进口、增加出口，裁减工职人员、冻结工资等办法，筹集资金以便偿还债务。20 世纪 80 年代以来，由于国际市场压低了农产品和初级产品的价格，尽管拉美国家出口增加了，可外汇收入却减少了。因此，靠外贸出口的盈余偿还债务是根本不可能的。1982 ~ 1986 年间，出口产品折合美元累计的损失相当于该地区支付利息的 3/4。这种只顾还债忽视国家经济发展的做法，导致了经济形势的恶化。1983 年国内生产总值呈负增长，为 - 2.7%，1984 年和 1985 年的增长率提升为 3.5%，整个经济形势有所好转。但由于国际实际利率降不下来、还债率的增加和国际市场对拉美国家初级产品需求不旺，累积外债总额非但没有减少，反而还在逐年增加。拉美国家沉重的外债负担，引发国内物价飞涨，失业人数增加，人民生活水平下降，社会动荡不安。正如拉美一些有识之士所指出的，西方大国妄图把衰落和动荡强加给我们，使拉美倒退到殖民地时代，重新沦为发达国家的附庸。拉美国家通过实践认识到，解决债务危机问题单靠自己国家紧缩政策并不能解决问题，必须团结合作与债权国谈判才会有出路。

拉美国家走上了团结合作、互相帮助、解决债务负担的道路。1983 年 3 月，墨西哥、巴西、哥伦比亚和委内瑞拉 4 国合作，帮助阿根廷筹集了一笔 3 亿美元到期的外债贷款。同年 7 月，阿根廷与秘鲁达成一项协议，阿根廷同意秘鲁将续借它的 95% 的欠款。

拉美国家还结成统一战线与债权国谈判，解决债务问题。到 1985 年 12 月 31 日止，拉美的外债已达 3680 亿美元，约占发展中国家外债总额的一半。这笔债务主要是发达国家对国际贸易和金融市场进行垄断，奉行不合理的国际经济关系造成的。它给拉美经济、政治和社会各方面带来严重的影响，并远远超出了经济的范围，成为当时国际政治局势的重大问题。面对这一局势，拉美国家已认识到需要团结，采取联合行动，共同来对付债权国。1984 年 1 月，拉美一些国家在厄瓜多尔的基多召开会议，与会者倡议拉美国家在解决债务负担问题上要"一致行动"。同年 6 月，巴西、墨西哥、阿根廷、智利、哥伦比亚、委内瑞拉、玻利维亚、厄瓜多尔、秘鲁、多米尼加和乌拉圭等拉美最大的债务国，在哥伦比亚卡塔赫纳城成立"拉丁美洲 11 国债务会议"

（又称"卡塔赫纳集团"），为解决拉美债务危机寻求积极途径。1985 年 12 月底，这个集团在乌拉圭通过了《蒙得维的亚宣言》，提出了解决债务问题的新计划，其中主要是要求债权国降低实际利率，增加流入拉美国家的资金，把现有的债务与将来的债务分开，限制资金外流，大幅度增加国际金融机构提供的贷款，取消贸易保护主义措施等。

在拉美一些国家的强烈要求下，迫使美国与国际金融集团对债务国有所松动，愿意与拉美债务国谈判。经过相互之间的对话、谈判，债权国同意把债务利率降到 11%；国际商业银行还同意将墨西哥 1984 年到期的 485 亿美元的外债延长到 1998 年偿还，利率给予优惠。这种办法对于工业发展较好的国家扭转债务有好处，而对其他拉美国家几乎没有带来任何转机。拉美地区的生产继续下降，通货膨胀率高达 3 位数。可见，债权国仅单纯考虑如何减轻拉美国家的债务，是不能解决债务危机的。拉美国家认识到，还债必须与国民经济的发展联系起来，以发展促还债，要求债权国给予新贷款。

当 1987 年，巴西的外汇储备已下降到危险点时，国家宣布无力偿还到期的外债利息，将无限期的暂停支付外债利息。巴西的这一举动使国际金融界大为震惊，而拉美国家则纷纷表示支持。并宣布如果国际金融界不做让步，他们都要效仿巴西的做法。1987 年 9 月，委内瑞拉、阿根廷、巴西 3 国在华盛顿召开会议，决定每半年会晤一次，专门讨论共同的利益问题。西方债权国认为，一个以大债务国为核心的债务国俱乐部已形成，这是十分可怕的事情。

1987 年 11 月 29 日，拉美 8 国（墨西哥、哥伦比亚、巴西、巴拿马、委内瑞拉、秘鲁、阿根廷、乌拉圭）总统在墨西哥的阿卡普尔科召开会议，签署了"争取和平，发展民主的阿卡普尔科"协议。该协议的主要内容包括：债权国与债务国共同分担债务责任；还债应与支付能力相适应；解决债务问题必须把债务国的经济持续增长作为必要条件。1988 年 10 月，在乌拉圭埃斯特角召开的 8 国首脑会议，强调拉美国家要团结，加强与发达国家的谈判地位。与会代表提出，债务问题不仅是经济问题，也是个政治问题；要求债务国与债权国共同协商，共同承担债务责任；减轻债务国负担必须给予新贷款；新贷款额必须大于还债的本息，既能保证债务国还债，还要有利于债务国经济的增长。

债权国也逐渐认识到，要解决债务危机问题，仅靠牺牲债务国的利益是行不通的，必须双方共同努力。因为，当今世界经济是互相依存的，如果债务国的经济一旦崩溃，就会给债权国带来严重后果。事实证明，拉美国家的债务危机直接影响了美国及其他发达国家的经济利益。1981 ~ 1986 年，巴西、墨西哥、阿根廷、委内瑞拉 4 大债务国的进口下降 30% ~ 50%；美国对拉美的出口也大幅度下跌，1986 年比 1981 年下降了 26%，从 421 亿美元降到 311 亿美元，损失达 110 亿美元。这就造成了以美国为首的发达国家出现了经济衰退，工厂倒闭，工人失业。1986 年，由于美国对拉美国家出口减少，至少有 50 万工人失业。

美国政府担心，拉美的债务危机问题会引发地区形势恶化，造成"后院"政局动荡，反美浪潮再起。不能把拉美债务国逼上绝路，应让债务国的还债能力与它们的支付能力相适应；应保证它们有最低限度的投资和适当的经济增长速度。1985 年 9 月，美国财政部长贝克提出了解决拉美国家债务危机的方案，即贝克计划。此计划的主要内容包括：（1）债务国进行"结构性调整"，减少政府对经济的干预，实行"市场经济"、"自由贸易"，鼓励外资直接投资，以恢复经济增长，提高偿债能力；（2）3 年内向世界上 15 个债务最重的国家（其中 2/3 为拉美国家）提供 90 亿美元的贷款，私人商业银行提供 200 亿美元，其余由国际金融机构提供。

为了吸引外资，促进经济发展，拉美国家（除巴西、秘鲁等少数国家外）对引进外资的方式做了调整，修改外资法，放宽对外资投资的限制，吸引外国直接投资；除少数本国政府认为具有战略意义的部门（如铀矿开采、电力、铁路、电子、生物工程等）外，鼓励外资投资其他一切部门，并增加利润汇出率。但是，由于拉美国家的债务危机严重，经济形势恶化，外国投资者不敢贸然行动，1982～1989 年的外国投资年均 45.99 亿美元，比 1978～1981 年减少了近 14 亿美元。由于西方国家和私人银行拒绝提供新贷款，"债务危机"一时难以解决，经济恢复乏力。

在拉美国家爆发债务危机后，西方国家认识到，如果拉美国家普遍倒账，势必会使他们的许多银行面临破产危险。1989 年 3 月，为了使拉美国家经济得以恢复和发展，西方债权国接受了拉美国家建议，美国新任财政部长布雷迪提出解决债务问题的新方案，即布雷迪计划，其主要内容有：鼓励商业银行取消债务国部分债务；要求国际金融机构继续向债务国提供新贷款，以促进债务国经济发展；提高还债能力。这个新方案也比较受拉美债务国的欢迎。

拉美债务国借助布雷迪计划，纷纷与债权国进行谈判，不同程度地减少了债务。例如，在 1990 年，墨西哥同债权银行签署了一项涉及 485 亿美元的中长期外债欠款的协定，使外债本金减少了 70 亿美元，每年少支付利息 16 亿美元。委内瑞拉、哥斯达黎加、乌拉圭也通过布雷迪计划减免了欠国际商业银行的部分债务。智利、玻利维亚和尼加拉瓜与美国谈判，达成减免债务的协议，减免的债务额分别为 1600 万美元、1.38 亿美元和 2.5 亿美元。巴西与债权国银行达成协议，减免所欠 440 亿美元债务的 150 亿美元。拉美国家通过与债权国的谈判，实现解决债务的办法，取得一定的成效。拉美地区的外债总额下降，由 1987 年占国民生产总值的 64.3%，下降为 1991 年的 37.4%。从而缓解了拉美地区受外债长期严重困扰的压力。

整个 20 世纪 80 年代,对拉美国家来说,被称之为"失去的10 年"、"衰退的 10 年"。为了走出困境,拉美国家从 80 年代中期开始步入改革调整的新时期。这次改革调整涉及到经济体制,特别是所有制以及经济关系的各个方面。其目的不仅解决各国经济发展中存在的弊端,而且要适应世界经济发展趋势的需要。拉美经济改革调整的理论依据是新自由主义和新结构主义。

新自由主义并不是拉美国家的发明,新自由主义是现代资产阶级经济理论之一。主要代表人物有美国的弗兰克·H. 奈特、亨利·C. 西蒙斯、米尔顿·弗里德曼等,联邦德国的沃尔特·欧根和路德维希·艾哈德等。新自由主义学说的中心内容,是减少国家干预经济和扩大对外开放市场。其主要措施是:(1)实行对外贸易自由化。外向型政策能从世界市场上获得竞争的压力,从而带来技术创新和高效益。(2)政府减少干预价格体系。未被扭曲的市场价格体系,能最大限度地促进经济增长。(3)缩小公共部门的规模。对生产领域中的大多数国有企业私有化。国家应废除有关限制私人部门进入市场的法规。(4)政府努力消除财政赤字。(5)减少政府控制。如放松对劳动力市场的控制,放开利率,取消对信贷的管制等。

20 世纪七八十年代,由于拉美国家所实行的进口替代工业化发展模式越来越失灵,弊端充分显现出来。一些拉美国家,如智利、阿根廷和乌拉圭等开始进行新自由主义的试验,在不同程度上实行由内向型发展战略——进口替代工业化发展模式转变为外向型发展战略——出口导向工业化发展模式。70 年代,在阿根廷推行新自由主义的试验并没有成功。而在智利皮诺切特军政府统治下,新自由主义的试验则收到了显著的成效。到了 80 年代后期,由于拉美债务危机的加剧,国际货币基金组织和世界银行为保持国际金融体系的稳定,在向拉美国家提供贷款的同时,都要求它们调整经济政策，开放经济。美国提出的贝克计划和布雷迪计划也要求拉美债务国进行新自由主义式的经济调整，作为债务谈判、重新安排外债的条件。在此背景下，拉美各国普遍兴起了新自由主义的改革浪潮。

拉美国家对发展战略进行全面的"结构性的调整"。调整的主要内容是：

1. 变革经济发展模式。放弃内向型的、以国内市场为主导的进口替代发展模式，实行外向型的发展模式，全方位对外开放。对外开放包括两个方面：一是生产面向国际市场，鼓励产品出口，在发挥初级产品和原材料生产的传统优势的同时，大力发展高附加值的工业品生产，参与国际市场竞争；二是开放国内市场（包括商品、资本和劳务市场），降低关税，取消非关税壁垒，扩大进出口贸易。

2. 减少国家对经济的干预。将经济推向市场，发挥私有企业的积极性，具体措施有两条：一是鼓励私人企业投资基础设施建设；二是实行私有化，将国营企业拍卖给国内外私人企业。只有少数由政府掌握的能源、交通、电力等重要部门的国营公司被保留下来。

3. 改革金融体系。中央银行独立，商业银行私有，允许外国银行参与国内金融业务竞争。颁布新外资法，放弃对外资的限制，放宽外资投资领域。

拉美国家的经济部门为了降低对外国资本的依赖，80 年代末 90 年代初，包括古巴在内的所有拉美国家，根据国际政治、经济格局的演变和自身的发展需要，为了克服"债务危机"，恢复经济增长，开始对发展战略进行全面的结构性调整，放弃内向型的以国内市场为主导的"进口替代"发展模式，实行外向型的"出口导向"发展模式。拉美国家实行全方位对外开放：一方面生产面向国际市场，鼓励产品出口，在发挥初级产品和原材料生产的传统优势的同时，大力发展高附加值的工业品生产，参与国际市场竞争；另一方面开放包括商品、资本和劳务市场在内的国内市场，降低关税，取消非关税壁垒，扩大进口贸易。拉美国家实行的"出口导向"发展经济的政策，取得较明显的成效。

从20世纪60年代开始，巴西、阿根廷、墨西哥、哥伦比亚都能独立生产小轿车，秘鲁、委内瑞拉和智利也有汽车装配厂。当时阿根廷的汽车产量达到20万辆以上，巴西的汽车产量达到35万辆以上。到80年代，拉美的汽车产量已超过200万辆。墨西哥、巴西、阿根廷等国的飞机制造业已成为国家的重要工业部门，其中巴西的飞机已出售到世界各国。拉美国家的国民经济有明显的飞跃，向资本和技术密集型转变，跨国公司在生产技术、产品质量与国际市场接轨等方面具有优势，并向世界其他国家出口电机机械、交通运输工具、电气器材和电子通讯设备等。拉美地区所生产的工业品，在国际市场上具有较强的出口竞争力。

拉美地区改变了过去只靠技术进口、不能技术出口的状态。巴西、墨西哥等国已成为技术出口国。它们的出口技术是在引进欧美先进技术之后，结合本国实际情况，经过长期消化、改进和创新的技术。它们的技术有更加适合发展中国家需要的特点。拉美技术出口主要在拉美本地区、中东和非洲的一些国家，深受发展中国家的欢迎。有些技术也出口到欧美地区，如巴西的再生能源技术就出口到美国。1981年，美国建立的4个酒精厂，其技术就是从巴西引进的。拉美技术出口的形式，主要是工程承包、技术咨询、许可证出口、直接投资等。由于各国的具体情况不同，它们各自技术出口的侧重面也不尽相同。阿根廷注重直接投资，墨西哥和巴西注重技术咨询。

20世纪80年代末90年代初，拉美国家通过全面、深入的结构性调整，即采取开放国内市场（包括商品市场、资本市场和劳务市场），发挥自身优势，参与国际竞争等措施。实施这些措施后，使拉美国家融入世界经济体系，适应当今生产国际化和资本国际化的世界潮流。改革取得了明显的效果，改变了 80 年代的债务危机、经济衰退和发展停滞的状态，拉美地区经济得到恢复增长。1981～1990 年，拉美国家的经济增长率只有 1.1%，而 1991～1996 年则达到 3.1%，1997 年为 5.3%。①整个 90 年代，拉美国家经济处于逐步恢复增长态势。

1990 年，拉美经济开始走出低谷，进入恢复增长的阶段。拉美国家一直坚持"稳定性战略"，促使经济稳步恢复增长，外部资本的流入出现上升态势。1991～1994 年，拉美国家国内生产总值年均增长率为 3.6%，1994 年底受墨西哥金融危机的影响，1995 年下降到 0.7%，1996 年又恢复增长到 3.1%。拉美的通货膨胀率由 1990 年的 4 位数降到了 1998 年 10.2%，为近 50 年来的最低水平。与之相辅相成的是外部资金流入逐年增多。1989 年外部资金开始流入拉美国家，当年净流入 53 亿美元，1990 年为 160 亿美元，1991 年为 340 亿美元，1992 年为 480 亿美元，1993 年为 550 亿美元，1994 年为 536 亿美元，1995 年为 543 亿美元，1996 年为 743 亿美元，1997 年为 804 亿美元，1998 年为 623 亿美元。新进入的外国直接投资大都投入到制造业、电讯业、商业和金融服务业以及基础设施。

人们又称 20 世纪 90 年代是"有希望的 10 年"。据联合国拉美经委会统计，1991 年世界经济下降 0.3%，而拉美经济却上升了 3%，阿根廷、智利、墨西哥和委内瑞拉的经济增长率分别为 5%、5.1%、4.8% 和 4.2%。恶性通货膨胀得到抑制，通货膨胀率也大幅下降。阿根廷的通货膨胀率从过去的 1344% 降至 1991 年的 173%；过去通货膨胀率较低的国家则继续呈现下降趋

---

① 苏振兴主编：《拉美国家现代化进程研究》，北京，社会科学文献出版社，2006 年。

势。墨西哥物价上涨指数由 1990 年的 30% 降到 1991 年的 20%，巴拉圭从 44% 降为 14%。1982 年爆发债务危机以来，拉美的外债一直有增无减。1990 年外债总额达到 4353.9 亿美元。90 年代后，拉美外债的增长速度放慢，外债还本付息额占出口额收入的比重由 1990 年的 25% 降至 1991 年的 23%。拉美持续多年的外债得到控制，并逐渐趋向缓解。1991 年，拉美的资金开始回流。根据《全球金融发展报》统计，1996 年流入拉美地区的资金有 743 亿美元，其中有 281 亿美元流入墨西哥，147 亿美元流入巴西，113 亿美元流入阿根廷，46 亿美元流入智利。这些资金为拉美经济的发展注入了新的活力。

但是，新自由主义经济改革也产生了一些负面影响：（1）由于收入分配不公越来越明显，社会问题日益突出；（2）随着国内市场的开放，许多竞争力弱的民族企业陷入了困境；（3）在降低贸易壁垒后，进口大幅度增加，从而使国际收支经常项目处于不利的地位；（4）国有企业私有化使私人资本和外国资本的生产集中不断加强，失业问题更为严重。

拉美国家正在不断地调整其经济发展战略和政策，为发展经济、促进新的出口和降低通货膨胀做出努力。

（作者单位：河北大学工商学院）

拉美现代化：进步的贫困和发展的劫掠^①

——《简明拉丁美洲史》中文第 8 版导言

张森根

本书译自 2007 年英文第 8 版。自 1972 年本书问世以来，一直是美国各大学拉丁美洲历史概论的基础课本和拉美研究的入门读物。在 1972～2002 年的 30 年间，它共出了 12 种不同的英文和西班牙文版本，入藏世界各国 1462 家图书馆。一位美国教授在 20 世纪 70 年代初专为本国学生了解拉丁美洲而编写的历史课本，竟从英语世界进入了西班牙语世界，影响之大，流传之广，不由得令人感慨不已。

1989 年，我们把该书第 4 版译成中文并在国内出版；开设拉美史课程的一些高校把该书列为参考读本；该书同时还受到学术界、经贸界和党政机关的一致好评。伯恩斯教授曾为中文版撰写了前言。他深情地写道："中国人毕竟同拉美人有着一些共同的相似的历史经验……中国读者由于有 20 世纪的亲身经验，对于充分了解当代拉丁美洲的活力，他们是十分敏感的。"

---

① 原题为《简明拉丁美洲史》第 8 版译序《从"进步的贫困"到"发展的劫掠"》。

正如伯恩斯所估计的，中国渴望了解拉丁美洲并真诚地盼望分享拉美的历史经验，以便与拉美一起在现代化的道路上民富国强，欣欣向荣。从本书中文第 4 版到中文第 8 版的 20 年里，中国对拉美的认知程度及中拉之间在政治、经济、文化等方面的交往已有日新月异的变化。众所周知，在对外情外域的认知方面，对历史和现状的了解是相辅相成的，二者互为犄角，衔尾相随。随着彼此间交往的不断深入，我们就会从粗浅了解拉美今天的政治和经济深入到它们的历史和文化背景，进而又能更深入地领悟拉美目前的政治背景和经济形势。

为了使我们更系统、更理性地了解拉美，为了使中国人能全面地向拉美介绍中国，为了使拉美了解中国——这是我向读者再次推荐本书的唯一心愿。

伯恩斯教授的《简明拉丁美洲史》自首版至今已有 37 年了。1995 年 12 月他病故后，由美国惠特曼学院拉美史教授朱莉·阿·查利普在前 6 个版本的基础上完成了第 7、第 8 版。查利普教授说，她"力图延续本书的特点，追随伯恩斯教授的足迹"；她对原书的结构和内容作了不同程度的调整、修订和增补。因手头没有该书的第 6 版（1994 年）、第 7 版（2001 年）可供参照，这里难以对查利普教授的后续工作作出恰如其分的评论。但仅就第 8 版而言，她至少做到了以下三点。

1. 重申并进一步阐述了伯恩斯在本书首版以来一贯的基本观点，即本书的宗旨是："殖民地历史长时期遗留下来并在 19 世纪得到加强的结构体制，至今还继续存在着"，因为，这里的上层人士仍然"趋于将自己的利益和愿望与整个国家的利益和愿望混为一谈"。而"维持现有体制比实行真正变革要容易得多"，这就造成了拉美永久的不解之谜——在具有巨大潜力的富裕地区却普遍存在着贫困。结论是，为发展而斗争是当代拉美的主旋律。作者的话语超越了时空与国界，已成为至理名言。

2. 充实了内容，使本书叙述的时间下限延续至 2005 年前后。本版第 11 章的大部分内容，如关于新自由主义、北美自由贸易协定（NAFTA）和墨西哥萨帕塔运动、拉美左派政治领袖——委内瑞拉的乌戈·查韦斯（1999 年）、智利的里卡多·拉戈斯（2000 年）、巴西的路易斯·伊纳西奥·卢拉·达席尔瓦（2003 年）、阿根廷的内斯托尔·基什内尔（2003 年）、乌拉圭的塔瓦雷·巴斯科斯（2005 年）和 2005 年 12 月在玻利维亚的选举中的当选总统埃沃·莫拉雷斯——后续者都给予了足够的关注。连查韦斯热衷的南方石油公司和南方电视公司、哥伦比亚的两支游击队（FARC 和 ELN）以及与达沃斯的世界经济论坛相抗衡的世界社会论坛，也都在她的视野之内，足见查利普教授同伯恩斯教授一样，都具有强烈的当代意识，使教学与写作贴近现代生活。

3. 增添了大量资料，使本版更臻精美可读。本版不仅配有精选的统计资料，概括性、典型性较突出的图表及与正文的内容相关的插图，而且还专门列有《从艺术看拉丁美洲》和《从小说看历史》两篇附文。本版的附录与正文相得益彰。作者指出，历史学作品与艺术作品之间有共同之处，二者的界线并不是十分清楚的。历史学家用他们的想象力，且根据自己对资料的潜心研读，将过去的历史展现并叙述出来；而小说家则用他们的想象力，用他们的感情、激情和抒情来展现历史，这一点历史学家或社会学家很难做到。譬如，如果有人想了解资本主义在工业革命时期的英国是如何运转的，他可以读许多优秀历史学家的作品，可以读卡尔·马克思的分析，也可以读查尔斯·狄更斯的小说。本版对口述史资料的引用也有独到之处。

由此可见，查利普教授不愧为伯恩斯这部权威著作的后续者。

需要指出的是，不论是本书中文第 4 版或第 8 版，伯恩斯教授这部著作的精华在于他对拉美现代化历史进程的诠释。他从经济、政治、社会和文化等视角，对拉美各国现代化道路的抉择作出了深刻分析。

他认为，起始于19世纪下半期的拉美各国的现代化，只是一种"表面性的现代化"；这种现代化只简单地仿效19世纪欧洲的现代化和20世纪美国的现代化，无论在理念上还是在形式上都无创造性可言。他指出："这种现代化只是一层虚饰，为顽固的机制加上装饰性的点缀，同时却不去实现这一概念所涵盖的改革。拉丁美洲的现代化缺乏真正的实质。"由于现代化的表面性保证了过去的继续统治，现实的变动性与传统的延续性、变化与无变化，在拉美各国同时并存。

20世纪初或21世纪初，大多数拉丁美洲人的生活并不比一个世纪前更好，在伯恩斯看来，"发展""进步"和"现代化"等字眼，在拉美都走了样。在"发展"的名义下，甚至连"能够满足人民需要并为他们提供文化福利的传统生存文化"也往往遭到了破坏。因此他把19世纪和20世纪拉丁美洲的现代化分别贬称为"进步的贫困"和"发展的劫掠"。通过对这一地区100多年现代化进程的剖析，伯恩斯得出的结论是："发展（应该）是为大多数人民提供最多的好处。"如果从这个角度来分析，拉美的"发展""进步"和"现代化"显然是不着边际的。

伯恩斯在20世纪70年代初的基本观点与约20年之后英国著名拉美学者维克托·布尔默—托马斯教授的结论几乎完全一致。后者在1994年出版的《独立以来拉丁美洲的经济发展》一书中指出："拉丁美洲可以从自身经济史中学到很多东西。两个世纪以来，许多事情发生了变化，许多事情没有发生变化……无论农村还是城市地区的经济权力结构却没有发生大的变化……社会权贵仍保持着自身利益的机能。"他得出的结论是，两个世纪的拉美经济史，是"一部失败的历史，而不是成功的历史"①。

伯恩斯教授有关发展是为大多数人民提供最多好处的观点，不仅有助于我们深刻领悟和把握拉美现代历史的脉络，而且对于正在现代化道路上大胆探索、奋勇前进的其他发展中国家也具有十分重要的借鉴意义。拉美的经验告诉我们，表面的现代化，特别是只求 GDP 增长的经济层面的现代化，并不能从根本上解决任何国家的发展问题。如果只考虑单纯的 GDP 年均增长率或人均 GDP 增长率，1870～1950 年，拉美的综合数字都高于西欧国家的综合数字或单个国家（如英、德、法）的统计数字。② 上述80 年间表面上的数字并不能改变拉美在世界经济结构中所处的边缘地位。究竟如何看拉美发展的问题，还可以从它们与美国相比较的研究中得到启发。经济史学者指出，1995 年拉美人均GDP 相当于美国人均 GDP 的 12.8%，这一百分比与1900 年的百分比几乎完全相同。

无疑，如果大多数人民没有获得最多好处，经济权力的运作又始终由一小撮人操盘，公正、公平的收入分配问题长期得不到解决，甚至以破坏生态环境、严重消耗各类资源为代价，这样的国家能称得上真正实现了现代化吗？无怪乎国际学术界近几年提出了"绿色 GDP"指标和幸福指数等新的发展概念问题。因此，本书提出了 20 世纪末 21 世纪初拉美社会存在着传统（前现代性）、现代性和"后发展"、后现代性等多元并存的"混杂现象"（Hybridity），认为争取基本需求和生存能力的斗争必须成为拉丁美洲未来的焦点。本书作者对学者们提出拉美算不算真正的发展中国家、能不能成为新兴工业化国家以及通过自治制度与社团主

---

① ［英］维克托·布尔默－托马斯著：《独立以来拉丁美洲的经济发展》，"作者序"，北京，中国经济出版社，2000 年。

② ［英］安格斯·麦迪逊著：《世界经济千年史》，北京，北京大学出版社，2003 年，第 180～181 页。

义能否取代资本主义与民族—国家机构等一系列需要质疑问难的理论性问题，一概采取了述而不作的立场。这是一种非常可取而又严谨的学术态度。

近几年，国内学术界对所谓的"拉美化"问题进行了热烈的讨论。有人说，这是个"伪问题"。又有人说，"拉美化"就是"拉美病"。还有人说，这是"现代化的陷阱"或"发展的陷阱"。更多的人认为，这是拉美发展模式产生的问题。本人认为，许多论者都是从为我国改革开放借鉴拉美的经验教训这一良好意愿出发而加入这场讨论的。但就拉美本身而言，就无所谓中国人笔下的"拉美化"问题。如果读者弄通弄懂并领悟了伯恩斯在本书中的基本观点（包括通读英国学者维克托·布尔默—托马斯教授的《独立以来拉丁美洲的经济发展》），所谓的"拉美化"问题也就迎刃而解了。伯恩斯概括的"进步的贫困"和"发展的劫掠"10个字，就是最简明扼要的回答。简言之，任何国家的现代化是与"发展"和"进步"伴生的长期结果，如果不能为大多数人民提供最多好处的话，都会出现这类问题。人们可以对本国人说，要防止"四小龙化"，也可以说，要避免"印度化""俄罗斯化"乃至"中国化"等等，不一而足。

这里请允许我回忆一下对伯恩斯教授的印象以及我们之间交往的一些情况。

我是在1985年秋季认识伯恩斯的。当时我接受了美国福特基金会提供的机会，在洛杉矶加州大学以该校拉美研究中心客座研究员的身份与他邂逅。伯恩斯是那里大名鼎鼎的教授，曾任该校人文学院首任院长，桃李盈门，弟子如云。他的道德文章、言行逸事，时常有人向我提起。我十分喜欢旁听他的讲课。文科各系的学生都愿意选修他的"拉丁美洲史概论"讲座，学生每次多达350人。学生们知道，伯恩斯虽说是历史学教授，却具有强烈的时代意识。通过对拉美革命与变革、现代化与不发达、增长与发展、依附性与国际贸易等一系列迫切问题的了解，学生们就能获得分析、观察、解释历史的能力和相应的知识量，因此学得十分充实。

在课堂上，他习惯沿着教室四周来回踱步，嗓门洪亮，吞吐抑扬而不失幽默。伯恩斯身躯颀长而健壮，穿着六七十年代的装束，一双碧蓝的眼睛不时闪烁着智慧的火花。讲课时，每当学生突然举手提问时，他总是耐心地予以解答。他以老师和朋友的身份对待学生，态度和蔼亲切。他常说，学生们提出的问题及其探讨问题的热情，对他帮助甚多。他多次郑重其事地对我说，他的《简明拉丁美洲史》是为他们而写的，学生们不断地提问，逼着他不断地思考、解答，不断地修订、增补，因而也是因为他们才能写成的。

伯恩斯曾任美国拉美史学会主席。他以观点鲜明、视角新颖和分析精辟而受到同行们的称赞。他在另一部力作《19 世纪拉丁美洲进步的贫困》一书中，对民众表现出深切的同情和关注，努力反映民众在现代化冲击下的真实遭遇。他认为，19 世纪拉美的现代化只是盲目模仿和采纳欧美的思想、价值观、生活格调和工艺发明，是一种表面形式的现代化；铁路、轮船、电力、机械、巴黎的时装、英国的纺织品等等"进步"的装饰物，虽然改善了上层人物和中等阶层的命运，却没有改变传统的体制结构，结果导致文化冲突、依附和贫困；它留给 20 世纪的遗产是"大众的贫困和持续的冲突"。拉美的出路在于以崭新的体制取代殖民地时期遗留下来并在 19 世纪得到加强的传统体制；拉美不能带着旧体制的桎梏进入 21 世纪。

对 20 世纪拉美发生的 5 次社会革命（墨西哥 1910 年革命、危地马拉 1944 年革命、玻利维亚 1952 年革命、古巴 1959 年革命和尼加拉瓜 1979 年革命），伯恩斯给予了充分的同情、理解和支持。他严厉批评美国政府对这些国家采取的错误政策，特别是谴责了中央情报局的罪恶行径。他认为，美国总是把拉美发生的事情一成不变地套入美国和苏联的冲突以及资本主义和共产主义斗争的模子，而不能理解拉美人民为争取变革而斗争的意义；美国政府自诩为民主政府的典范，却去维护拉美落后的体制和独裁统治。

进入80年代，伯恩斯还在报刊上不断撰文，抨击里根总统以"国家安全"为名卷入了反对尼加拉瓜的战争。1981年后，他前后6次访问尼加拉瓜。他在洛杉矶加州大学专门开设了有关尼加拉瓜当代问题的讲座。他认为，美国与尼加拉瓜的冲突，是美国历史上卷入的时间第二长的战争，仅次于侵越战争。他在《尼加拉瓜展望》杂志上写道，尼加拉瓜反政府武装（"孔特拉"）完全是一支由美国提供经费和装备并由其控制和指挥的雇佣军，它的48名高级军官中，有46名是索摩查独裁政权旗下的国民警卫队成员。

伯恩斯的无情揭露使里根总统十分恼火。里根竟亲自出马，在1986年3月11日的午间新闻发布会上不指名地攻击了伯恩斯，指责他在尼加拉瓜问题上替桑地诺民族解放阵线说话。里根一面称他是洛杉矶加州大学的"知名教授"，一面又说他犯下了"宣传和散布'破坏性情报'的过失"，并请求"上帝救救他的学生"。

伯恩斯不甘示弱，随即通过新闻媒体予以反击。一时间，报刊和电台纷纷报道他对里根中美洲政策的批评。他的坐落在好莱坞山丘上的住宅顿时成了电视台6个频道的"播映室"。他又以"我和总统"为题在《洛杉矶周刊》撰文驳斥里根。他称里根为"自负的老艺人"，他本人才是"宣传和散布'破坏性情报'"的行家里手。他写道，里根总统"在1984年11月用了整整一周的时间向我们保证，苏联的米格飞机正在飞往尼加拉瓜"，并无中生有地说，尼加拉瓜把"整飞机、整火车和整船的枪支送到萨尔瓦多"。里根甚至要让美国纳税人相信，"尼加拉瓜的士兵们装成孔特拉分子，'谋杀并残害'尼加拉瓜人"。里根的话毫无事实根据。伯恩斯认为，这位总统的花招显然是明目张胆地替孔特拉分子长期以来对老百姓实施的残暴行径开脱罪责。

在伯恩斯的抨击下，在里根讲话的第二天（3 月 12 日），美国官方不得不假惺惺地宣布，"孔特拉"分子已经与索摩查脱离关系，并要求"孔特拉"分子公布一项"对未来有意义的民主计划"。

后来伯恩斯风趣地说，这位"世界上权力最大的人"还"不算是个太坏的家伙"，因为为了他一篇仅 500 字左右的短文，总统竟慷慨地提供了让他在电视台新闻节目上露面的机会，让他痛痛快快地面对全国观众讲述了整整 15 分钟，从而赢得了数以百万计的普通民众对他的青睐。他写道："我的评论为历史的改变——虽然是小小的改变——作出了贡献。"伯恩斯在次年出版的《尼加拉瓜的战争：里根主义和怀旧病的政治关系》一书中，对里根政府丑恶的中美洲政策再一次进行了正义的审判。

伯恩斯勇敢捍卫自己学术观点和人格的大无畏精神受到美国知识界和广大进步人士的钦佩。那几天，邻居、同事、朋友、学生以及一大批他不认识的人通过电话和便条纷纷向他祝福，甚至把大束鲜花送到他家门前。一位南加州全基督教理事会主席对他说："我想让你知道，我也为你的学生祷告。我祈祷他们将继续学习真理。"

3 月 13 日，星期四，即里根讲话后的第二天。当他走进课堂时，学生们以最热烈的掌声欢迎了他。我恰巧也在现场，作为旁听者聆听他的现代巴西史讲座。开讲前他看到我坐在梯形教室的上端，就款步由讲台往上向我走来，把我上周要向他借阅的英文本《剑桥拉丁美洲史》第二、三卷直接送到我的座位前。我握着他的手，对他说："你大获成功！"他露出了喜悦而自信的神情，并会心地向我一笑。随着伯恩斯徐徐而上的步伐，我纵目四望，瞅见学生们的眼里充满着对伯恩斯的无限爱戴和信任。我有生以来第一次亲身感受到，一位历史学教授竟能在数百位学生面前具有如此巨大的影响力和亲和力。伯恩斯超群的才识与崇高的人格使他富有无穷的魅力，因此无论美国总统掌有多大的权力，都无法在他面前掩盖真理、真实和真相的存在和传播。

伯恩斯不仅以犀利的学术见解和尊崇气节的人格魅力吸引人，而且对中国和中国的拉美研究事业怀有美好的情感。他多次对笔者说："凭你们中国人的亲身经历，你们最能了解拉美"；"张，什么时候，你们应当就现代化、工业化和城市化的问题比较一下中国和巴西的经验。"对于拉美研究所和中国社会科学院其他单位到他那里去的访问学者，他总是抽出时间给予热情友好的接待。为了使我们尽早与国际学术界接轨，他把《简明拉丁美洲史》英文第4版的版权无偿地赠送我们。他还不厌其烦地向我邮寄该书的插图和照片。伯恩斯还帮助中国学者与美国和其他国家的拉美学者结识。1986年年初，笔者与英国伦敦大学莱斯利·贝瑟尔教授的一面之缘，就是经他介绍才结下的。后来，这位英国教授同笔者保持通信联系，渐渐地我们二人就翻译出版11卷本《剑桥拉丁美洲史》一事达成了共识。中文版《剑桥拉丁美洲史》现在除第9卷以外都出版了，比同书的西班牙文版和葡萄牙文版提前了好多年。该书的出版大大拉近了中国学者与国际拉美学者之间的距离，使中国人对拉美的认知上升到了一个新的台阶。

1988年9月伯恩斯还应邀访问过中国。在短短10天多的访问中，他不顾舟车之劳，在北京、上海和武汉作了多次学术报告。他的精彩讲演受到拉美研究所、世界历史研究所、中国人民大学、复旦大学、湖北大学和中国国际交流协会同行们的好评。在京逗留期间，他还慨然接受中国国际广播电台西班牙语节目组的采访。伯恩斯心中总是燃烧着一团助人为乐的火苗。与笔者同时在洛杉矶加州大学访问的一位巴西女教授孔苏埃洛·诺瓦伊斯·桑帕约也受到了他无私的帮助。伯恩斯不仅让她与他共用一间办公室，而且专门请她以"巴西的政治进程"和"巴西的城市劳工运动"为题组织讲座，让她在异国异地一展才学。孔苏埃洛说，伯恩斯的"每一个行动，每一句话都充满了激情"。

伯恩斯教授 1932 年生于美国艾奥瓦州，比我才大 5 岁，却于 1995 年 12 月 19 日因肝癌驾鹤西行了。按孔子 73 岁、孟子 84 岁中国古代男子的寿数来说，他实在弃世过早。若据国际上以 65 岁为老年人的标准看，他实际上是英年早逝。这位拉美问题专家，一生写了有关拉美的著作 12 本，论文 150 多篇。1991 年他出版了生前最后一本书《族长和家族：1798～1858 年尼加拉瓜的显现》。去世后，他写的有关艾奥瓦州地方史的著作也付梓出版。他以专攻巴西史而享有盛名，为此，巴西曾授予他里约·布朗库勋章。在 19 世纪拉美史和中美洲各国史的专业领域里，他也留下了传世之作。

1994 年 8 月 17 日，他在致笔者的信函中说，他将于 1995 年年初以终身荣誉教授的名义退休，退休之后他将继续从事研究和写作，并打算乘火车去观赏沙漠、落基山和大草原，领略大自然无限的美景。然而，他的退休生涯太短促了，才享受了一年多的时间。今天，当我再次抚读这封手写的信函时，人天相隔，不觉心生一股莫以名状的悲哀和无奈，为之泫然。

值此中文第二版付梓之际，我要特别向本书译者王宁坤女士表示由衷的感谢。她不计辛劳和回报的工作精神以及娴熟的英译汉本领，深深地打动了我。在她的帮忙下，我终于可以再次以传播学术成果的方式来寄托我对伯恩斯的敬佩、仰慕、感恩、缅怀之情。

（作者单位：中国社会科学院拉丁美洲研究所）

试析 16～19 世纪跨太平洋 "大帆船贸易" 及其对拉丁美洲与中国的影响

韩 晗

中国与美洲的交往是以跨越太平洋开始的。虽然从考古学角度，有观点认为中国与美洲的关系可以推到 3 万年前或是更早①，但根据有文字记载以来的历史，"中国最早与美洲的交往，始于 16 世纪中期，中国移民经他国越过太平洋抵达墨西哥"②。1570 年西班牙征服马尼拉，1575 年 12～15 艘大帆船由菲律宾马尼拉驶往墨西哥，跨太平洋的 "大帆船贸易" 由此开始并逐步走向辉煌③。

这条跨洋贸易航线即 1575～1815 年间的太平洋 "大帆船贸易"④，是从菲律宾（古称吕宋）的马尼拉到墨西哥的阿卡普尔科，也称跨太平洋的 "海上丝绸之路"。该航线与 16 世纪初葡

---

① 杨令侠：《中国与美洲的早期交往》，载《历史教学》，1988 年第 8 期。
② 同上。
③ 沙丁等著：《中国和拉丁美洲关系简史》，郑州，河南人民出版社，1986 年，第 57 页。
④ 16～18 世纪西班牙—墨西哥—吕宋—中国的 "太平洋航线"；西班牙船只被称作 "马尼拉大帆船"（El Galeón de Manila）或 "中国船"（Nao de China），为该航线的贸易载体。大帆船多由中国工匠在菲律宾建造，因此该航线又称 "大帆船贸易"。

萄牙人在太平洋西部半环经营的里斯本—果阿（印度）—马六甲—澳门—长崎—马尼拉的贸易组成了当时的太平洋贸易网①。

在中国，关于该航线的研究，我们可以在历史、经贸、文化交流，以及沿海地区地方志研究中寻得，甚至在陶瓷、丝绸、农业乃至钱币等专业领域文章中也有论述。可是，相对于闻名中外的中国陆路"丝绸之路"与属于西汉的"海上丝绸之路"②，虽然中国在跨太平洋的"海上丝绸之路"的"大帆船贸易"中扮演了主导者的角色，但在中国，这条始发港并不在中国的贸易航线的历史光芒被其他丝绸之路所湮没。中国只有少数学者进行过专门研究，例如，中国社会科学院世界历史研究所张铠研究员所著的《中国与西班牙关系史》一书以及沙丁等人所著的《中国和拉丁美洲关系简史》等，是较为全面论述 16～19 世纪跨太平洋"大帆船贸易"的著作，文中有专门的章节系统介绍了该航线的兴衰过程，以及与航线有关的产品及港口。从历史的角度论述了该航线在中、西及中、拉关系史中的重要地位。

本文以张铠研究员著作作为线索，就当前各研究领域涉及该航线的内容进行粗浅整理，并试图从新角度提出对该问题的理解，在庆祝新中国成立 60 周年之际回顾与拉美的早期联系，为双方今后的相互理解与进一步合作提供文化历史方面的支持。

一　跨太平洋海上丝绸之路形成背景

葡萄牙人最早于 16 世纪初经营了澳门—果阿—里斯本—巴

---

① 纪宗安：《十六世纪以来澳门在太平洋大帆船贸易网中的作用与地位》，载《暨南学报（哲学社会科学）》，1999 年第 6 期。

② 同上。

西的贸易，被称为印度洋"香料之路"的延长线。这一往来于欧亚之间的"香料贸易"，由葡萄牙商船将中国的丝绸以及东方的香料带到巴西巴伊亚（Bahia）港口，开辟了中国与拉美之间的第一条贸易通道①。当时作为葡萄牙的主要竞争对手的西班牙，也进行全球扩张，海洋冒险导致航海事业和海上实力的发达，西班牙逐渐成为海洋强国，要求与葡萄牙有同等的权利。

（一）西班牙殖民统治需求

为了避免冲突，1493 年由罗马教皇制定的"教皇子午线"规定：西班牙的海上航行只能向西航行，而葡萄牙则须向东航行。按照这项规定，欧洲经南非好望角至东方的航线则被葡萄牙独占②，西班牙去往亚洲就必须向西横穿大西洋和太平洋，经美洲前往。1565 年西班牙殖民者侵占菲律宾之后，西班牙人为了保障对菲律宾的殖民统治，派船队航行于墨西哥与菲律宾之间，用于运送信件、接济在菲律宾殖民统治所需白银以及为殖民统治补充军队和修道士③。为了减少对菲律宾殖民统治的补贴，西班牙人想开辟贸易，但菲律宾出产产品单一，主要为香料肉桂，不足以形成跨洋贸易。西班牙殖民者通过利用菲律宾同中国的贸易，实现了西班牙经菲律宾与拉美的贸易，不仅维持西班牙在菲律宾群岛的统治，并且减轻了西班牙对菲律宾殖民统治的负担，还可以赚取巨额贸易利润④。

---

① 罗荣渠：《中国与拉丁美洲的历史联系（十六至十九世纪初）》，载《北京大学学报（哲学社会科学版）》，1986 年第 2 期。

② 纪宗安：《十六世纪以来澳门在太平洋大帆船贸易网中的作用与地位》，载《暨南学报（哲学社会科学）》，1999 年第 6 期。

③ 李永锡：《菲律宾与墨西哥早期的大帆船贸易》，载《中山大学学报》，1964 年第 3 期。

④ 沙丁等著：《中国和拉丁美洲关系简史》，郑州，河南人民出版社，1986 年，第 51 页、第 53 页。

（二）中菲经贸促进了大帆船太平洋贸易的产生

早自公元 3 世纪，中国就开始与东南亚地区友好往来。而后，中国在明朝时期出现了对白银需求的急剧增加，而当时西班牙殖民者在拉美地区有白银开采；同时，沿海地区丝绸、瓷器等货品产量增速迅猛，有足够的生产能力满足亚洲乃至全球对其商品的需求。加之中国南方悠久的海外贸易史，随着对中国商品需求的不断扩大，中国东南沿海地区海运也迅速发展①，奠定了跨洋间贸易的物质基础。此外，随着中国与菲律宾的交往不断深入，中国工匠远赴菲律宾等南洋各国劳作、定居，促进了当地贸易、造船业的发展，为跨洋"丝绸之路"提供了必须的交通工具——大帆船②。

（三）墨西哥等西属殖民地的需求

由于 15～16 世纪间欧洲经历了"价格革命"，使西班牙等国经济陷入困境，工业受损，并直接影响了时为其殖民地的拉美，导致输入拉美的西欧国家商品价格昂贵且生产水平有限，更满足不了拉美的需求。"当时的世界，能向拉美提供物美价廉商品的，唯有中国！"③

另外，自文艺复兴以来，虽然欧洲在科学技术方面取得了长足进步，但其生产力却还未能满足世界市场上广有需求的商品（如纺织、金属乃至农产品）"订单"。而当时中国的生产力水平

---

① 沙丁等著：《中国和拉丁美洲关系简史》，郑州，河南人民出版社，1986 年，第 42 页。

② 李永锡：《菲律宾与墨西哥早期的大帆船贸易》，载《中山大学学报》，1964年第 3 期。

③ 张铠著：《中国与西班牙关系史》，郑州，大象出版社，2003 年，第 86 页

在如上领域远高于同时代的欧洲①。价格便宜、技术先进、精美而大量的"中国制造",更是深受殖民地各阶层人们的喜爱。因此,当时的中国商品输出就成为维持美洲西属殖民生活不可或缺的要素,而中南美洲对丝绸等亚洲产品的依赖更使中菲墨之间多边贸易在此后得以迅速发展。

总之,跨太平洋"海上丝绸之路"的形成是当时世界经济发展的需求,也是西方殖民扩展初期,为了竞争世界财富的产物。中国的经济、贸易和技术,以及美洲的物产与"开发"为该航线的最终形成提供了可能。

二 海上丝绸之路贸易及规模

(一) 起始时间与地点

根据现在的研究,跨太平洋"海上丝绸之路"的开始时间实在 16 世纪中后叶,具体时间还存有争论。有文章认为,1565 年第一艘西班牙商船满载中国丝绸、瓷器,正式开辟了跨太平洋"大帆船贸易"②。还有文章以 1575 年第一批十几艘大商帆船由菲律宾马尼拉驶往墨西哥作为该航线的起始时间③。虽然是商船(队)从马尼拉出发,但是很显然,菲律宾主要是起中继站的作用,是贯通中国跨太平洋"海上丝绸之路"的始发点,而该航线的实际起点是中国。菲律宾—中国这一段航路主要握在中国商人手中。由于所运货物几乎全部来自中国,因此中国闽、粤、浙

---

① 张铠著:《中国与西班牙关系史》,郑州,大象出版社,2003 年,第 87 页。

② 罗荣渠:《中国与拉丁美洲的历史联系(十六至十九世纪初)》,载《北京大学学报(哲学社会科学版)》,1986 年第 2 期。

③ 沙丁等著:《中国和拉丁美洲关系简史》,郑州,河南人民出版社,1986 年,第 57 页。

应该称为该航线的真正起点，而马尼拉虽是大帆船起锚城市，但实则是跨太平洋贸易的转口港。航线的终点是位于墨西哥西海岸的天然良港阿卡普尔科。

（二） 海上航线及墨西哥境内内陆路线

随着马尼拉—阿卡普尔科贸易的发展，中国与菲律宾间开辟了新航路。中国商船于每年春季 3 月由漳州或厦门启航，当月可抵达马尼拉，在 5 月底台风季节来临前，即可离开马尼拉返航。与传统往返需 1 年的绕道航线相比①，缩短了航程和航行周期。关于该航线，明万历四十五年（1617 年）张燮所撰《东西洋考·东洋针路》有所记载。它促进了中菲间的贸易往来、人员互访以及经济文化的交流②。

北太平洋副热带环流促成了往返于墨西哥与菲律宾之间的跨太平洋航线（又称"马尼拉航线"）的形成。受洋流及季风的共同作用，大帆船于每年 6 月和 11 月分别从马尼拉和阿卡普尔科启航，5 个月即可从马尼拉航至阿卡普尔科，而返程则仅需 3 个月的时间③。运载货物的船只系西班牙殖民者及商人用马尼拉木材制造，故被称为"马尼拉大帆船"（El Galeón de Manila），又

---

① "从宋、元到明初，我国与菲律宾的贸易，主要走传统的南海航线，明后期称之为'西洋针路'，即沿我国东南沿海顺风放洋南下，由泉州—广州—占城（今越南中部）—渤泥（今加里曼丹岛北部）—到达麻逸、三屿、苏禄等菲律宾古国。"但由于该航线航行时间长，不能满足马尼拉大帆船贸易，"从明代中后期开始，由中国水手发现了太武山（漳洲外洋海角）—澎湖屿—沙马头澳（台湾最南端猫鼻角）—大港（今吕宋岛北部阿帕里港）—密雁港（今吕宋岛西北岸维甘港）—欢增港（今吕宋岛仁牙因港）—吕宋港（今马尼拉港）的航线，遂成为中菲海上贸易和华侨往来的主要航线。"引自江道源：《大帆船贸易与华侨华人》，载《八桂乔史》，1996 年第 1 期。

② 江道源：《大帆船贸易与华侨华人》，载《八桂乔史》，1996 年第 1 期，第 53 页。

③ 张铠著：《中国与西班牙关系史》，郑州，大象出版社，2003 年，第 78 ~ 79 页。

称"丝船"或"中国之船"（The Ship From China, Nao de China）①。

此外，澳门葡萄牙人也曾于1581年西班牙第二次统治葡萄牙之后短期介入了这条跨太平洋贸易。按西葡"八项和平条款"规定，葡人有权与马尼拉自由通商交往，自此开通了马尼拉—澳门—日本航线，但使用这条航线的商船数量很有限。直到17世纪20年代，随着葡西两国关系改善，两地的贸易才有了较大发展。但由于中国往来马尼拉的船只常常遭遇荷兰船队的抢掠，以致17世纪末的10多年间，中菲间的贸易多次被澳葡垄断。澳葡控制下运往马尼拉的货物仍是以中国丝绸、瓷器及其他日用品为主。

中国生丝等货物到达墨西哥西岸海港"中国城"② 后，"购得中国贵重商品的商人便兵分两路：从利马来的商人乘船南下秘鲁，墨西哥本地商人则雇用骡队驮着东方宝物竞相奔向墨西哥城以售高价"③。从阿卡普尔科向东到墨西哥城的道路艰辛，困难重重，需经"被称为南方母亲山"的无人地带、巴巴卡约的森林地带，还需横渡巴巴卡约大河。殖民地商人从阿卡普尔科港运至腹地墨西哥城的商路"全长110千米，两地落差282英尺"④，可谓艰险。这条崎岖山路因经常驮运中国商品被当地人亲切地称为"中国之路"⑤，实际只是一条崎岖坎坷的小路。墨西哥城不仅成为中国商品最主要的消费城市，而且中国商品在到达墨西哥城后，以此为中心沿不同商路在拉美地区呈辐射状扩散。其中，

---

① 沙丁等著：《中国和拉丁美洲关系简史》，郑州，河南人民出版社，1986年，第54页。

② 杨令侠：《中国与美洲的早期交往》，载《历史教学》，1988年第8期。

③ 张铠著：《中国与西班牙关系史》，郑州，大象出版社，2003年，第81页。

④ 同上。

⑤ 同①，第67页。

一部分输入中美洲；另一部分则主要从墨西哥城（经殖民时期新西班牙总督区的第二大城市普埃布拉）运往墨西哥东岸重镇韦拉克鲁斯装船，经大西洋由西班牙的"双船队"运送至西班牙①。

（三）跨洋贸易的兴衰

从墨西哥阿卡普尔科年运出的白银数量、到墨西哥进港的"中国之船"数量，甚至中菲贸易关税在当时马尼拉财政收入中所占比重等统计中，几乎所有大帆船贸易的论文与著述中都有相关论述，无不体现了该条航线贸易的繁荣及其巨大影响。仅从短暂的贸易受阻事例中，即可略见该航线的重要作用。在马尼拉，当时中国商人运到菲律宾的商品早已成为当地的物质基础，包括粮食、食料、牧畜、金属、水果、文具等，以至于这些商品一旦断档，马尼拉就会陷入困境。如 1639 年西班牙殖民者在菲律宾进行了对华人的屠杀，造成中国商人、货物、劳工的短缺，使马尼拉一度成为死城②。尽管各篇著述中由于统计数据或引文出处差异，在数据上略有出入，但无不体现了维持几百年大帆船贸易的繁华，以及当时该航线为目的地港口社会发展的贡献。

墨西哥的阿卡普尔科因为中国—菲律宾—墨西哥航线的贸易，从小渔村迅速发展成"一个人口众多的城市"、"世界最著名的集市"。1793 年，这里还因拥有 49 家制瓷厂而成为了当时美洲著名的制瓷业中心③。该航线同样造就了东方的亚洲海上市场中心——马尼拉，当地人从农业、经济乃至制造业、海运与社

---

① 张铠著：《中国与西班牙关系史》，郑州，大象出版社，2003 年，第 82 页。
② 江道源：《大帆船贸易与华侨华人》，载《八桂侨史》，1996 年第 1 期。
③ 张德明：《金银与太平洋世界的演变》，载《武汉大学学报（社会科学版）》，1993 年第 1 期。

会发展等各领域在此时得到飞速发展。中国则由于巨大的国际市场需求，极大提高了丝绸、瓷器的生产能力，瓷都、丝绸产地以及贸易始发港城市得到了发展。

中国—菲律宾—墨西哥的跨太平洋贸易主要经历了三个阶段："1571~1644 年马尼拉开港至明王朝覆灭的发展期；1644~1684 年明王朝覆灭到清康熙 23 年重开海禁的多边贸易衰退期；1684~1815 年多边贸易的复苏与终结。"①

早期西班牙王室出于巩固殖民统治的需要，对中拉贸易采取了鼓励的政策。后来，中国商品逐渐打破了西班牙作为宗主国对拉美贸易的垄断地位。"1592 年，中国输入拉丁美洲的货物已经超过了西班牙，西班牙商品受到排挤，国内丝织厂纷纷倒闭。……到1660 年，美洲白银输入西班牙的数额仅为 1595 年的1/10。"② 当时西班牙先后垄断了与西印度贸易的两大港口：塞维利亚与加的斯，它们是"美洲贵金属流入欧洲的主要途径，两地金融业与银行业发达，各种物价及金融指数更是衡量当时欧洲经济发展态势的晴雨表，其商会格外关注中国商品对美洲的影响"③。虽然当时西班牙白银收入锐减的直接原因是其殖民封建制度导致的丝织业衰退，但其商界却归咎于中国商品的输入。随后西班牙政府采取了以限制为主，间或有短暂禁止贸易的政策。西班牙商会势力无疑是左右中菲墨跨洋贸易的重要因素。

跨太平洋贸易拥有诸多不利因素，如自然条件恶劣（常有船只因海上恶劣天气而倾覆，甚至因超载而永沉海底，与葡萄牙人经营的太平洋西岸短途贸易相比，西班牙人经营的跨太平

---

① 张铠著：《中国与西班牙关系史》，郑州，大象出版社，2003 年，第 84~101 页。

② 沙丁等著：《中国和拉丁美洲关系简史》，郑州，河南人民出版社，1986 年，第 71~72 页。

③ 同①，第 83~84 页。

洋贸易运输周期长且风险高），各方政府的干预政策（中国明清时期的海禁，西班牙政府的限令、禁令等）以及始发、中转港口社会动荡等，但回报丰厚的跨洋贸易却延续了 250 多年。据统计，太平洋"大帆船贸易"利润高达 600% 以上，远远超过了西班牙语美洲间往来的贸易，利益驱使无数西班牙商人、殖民者与教士直接或间接参与了中国—菲律宾—墨西哥贸易，在满足了广大拉美、西班牙地区人民的需求同时从中渔利①。

后来，英美商船也加入了往来于亚洲与美洲的商品贸易②，而当时被称为"海上马车夫"的荷兰造船业价格低廉，当它从西班牙的统治下获取独立后，迅速发展航海业，并成立了亚洲联合东印度公司，逐渐取代了西葡两国太平洋西岸贸易的霸主地位。1588 年西班牙无敌舰队被毁，海上霸权衰落，更是让菲律宾与墨西哥间贸易每况愈下。中国方面，此时对沿海商人出海设定"商总出具保证，牙行保甲人等"，各口岸还对贩海商船巧立名目任意课税③。此外，航线的美洲输入地墨西哥，1815 年爆发了大规模的独立革命。各方因素最终导致该航线退出了历史舞台④。

---

① 李永锡：《菲律宾与墨西哥之间早期的大帆船贸易》，载《中山大学学报》，1964 年第 3 期。

② 同上。

③ 张铠著：《中国与西班牙关系史》，郑州，大象出版社，2003 年，第 105 页、第 106 页。

④ 崔福元、田纬铃：《近代的马尼拉大帆船贸易》，载《航海》，1990 年第 1 期。

三 "大帆船贸易" 的物质传媒作用及影响

大帆船跨洋航行的 200 多年中，从东方运往西方的产品以丝棉织品和瓷器为主，此外还有大批如折扇、梳子、工艺品乃至农作物在内的各种产品。同时，大帆船也从墨西哥将牲畜牛、负重的驴、绵羊、小山羊等经太平洋贸易带入了菲律宾①。

（一）最主要的产品：瓷器和丝织品在拉美的传播

中国精美的陶瓷器在拉美富有盛名。在墨西哥和利马等城市，许多人将中国瓷器当作装饰品摆设在客厅和餐厅。1686 年，在葡属巴西，贝莱姆·达卡乔埃伊拉修道院的钟楼上，也曾用中国瓷器作为装饰。甚至有时中国瓷器可以充当货币抵偿向官方缴纳的税金②。1818 年葡萄牙王室约翰摄政王即位时，还曾收到清嘉庆帝赠送的瓷餐具。此外，1822 年巴西独立革命时，当地爱国者还曾定制了写有葡文"巴西独立万岁"的瓷餐具，以示纪念。这些表明当时中国的瓷器已有订单生产模式，且根据市场需求制作产品而不是仅停留在艺术品或生活用品的简单制作上。"大帆船贸易"促进了瓷器第一次作为商品大宗远销拉美，不仅满足了当地基本生活需求，而且使用中国工艺美术技法所绘的中国风景与历史典故，也让瓷器成为了最早传播中国文化到拉美的

① 李永锡：《菲律宾与墨西哥之间早期的大帆船贸易》，载《中山大学学报》，1964 年第 3 期。
② 沙丁等著：《中国和拉丁美洲关系简史》，郑州，河南人民出版社，1986 年，第 69 页。

重要媒介①。

由于西班牙严禁墨西哥从事养蚕业，使墨西哥的丝织业全靠中国供应生丝②。16世纪末，墨西哥有1.4万人从事丝织制造，其原料基本来自中国漳州和广州两地③。"大帆船贸易"带到墨西哥的产品不仅是成捆的生丝，更有无以比拟的雪白丝绸，甚至是仿安达卢西亚花布图案的丝织品，无不让拉美人民惊叹并喜爱。从精细的上等品到普通织锦，加之价格低廉，满足了各阶层人的需求。这甚至一度引起了西班牙丝织品商人反对西属殖民地进口中国货的运动④。

（二）植物（农作物）在中国与拉美的传播

传入中国的美洲农作物，以番薯引进中国的记载最为明确，传入的路线有据可查。据清初周工亮的《闽小记》，番薯最初由福建传入，时间在明万历年间，即16世纪70年代至17世纪初，通过马尼拉商帆船贸易引进的。此外，在中国广东、台湾、浙江等省也都有从海外引种番薯的记载，但以福建引进的成效最大，这完全符合福建与吕宋贸易的实际情况⑤。现福州鸟石山有一座先薯祠，纪念在菲律宾经商并将番薯传入中国的商人陈振龙与一位福建巡抚全学。1594年福建发生粮荒时，陈的儿子建议广种

---

① 罗荣渠：《中国与拉丁美洲的历史联系（十六至十九世纪初）》，载《北京大学学报（哲学社会科学版）》，1986年第2期。
② 张德明：《金银与太平洋世界的演变》，载《武汉大学学报（社会科学版）》，1993年第1期。
③ 李永锡：《菲律宾与墨西哥之间早期的大帆船贸易》，载《中山大学学报》，1964年第3期。
④ 李金明：《十六世纪后期至十七世纪初中国丝绸的国际贸易》，载《南洋问题研究》，1991年第4期。
⑤ 同①。

番薯度荒，解决了当地的粮荒①。

玉米究竟是否通过该航线传入中国，还有待考证。《滇南草本》中关于玉米的记载，将中国有关玉米的记载提前到1492年以前，玉米"传入中国的路线有西北、西南陆路和东南海路三条路线"之说。有观点认为经喜马拉雅山地，玉米由中国西南传入。还有一说认为经欧洲经印度等地传入中国。甚至有研究认为，根据中国南方滇缅边境少数民族史中关于粘玉米的记载（而墨西哥没有粘玉米），中国是粘玉米原产地②。无论美洲玉米究竟是从哪里传入中国，任何农作物的传播都不是经一次传播而在产地以外地区广泛种植的，往往通过多条途径或多次传入才逐渐成为另一地区的日常作物。因此，可以说"大帆船贸易"促进了原产墨西哥的玉米传入中国，促进了中国玉米的广泛种植。

此外，番茄、花生、向日葵、原产南美高原地区的马铃薯、南瓜等今天我们的日常食物也都起源美洲③。这些农产品传入中国的过程也许同玉米一样，经历了不同的路线，经多次从不同城市传入中国，"大帆船贸易"则在其中起到了一定的媒介作用。这些作物在"大帆船贸易"时代传入中国，也部分地改变了中国粮食生产的布局，促进了粮食生产总量的巨大增长，尤其对于中国贫瘠土地的开发、农业的商品化发展等发挥了重大的作用。

美洲作物传入中国对当时社会的影响有两种观点，一则认为是缓和了当时中国人口增长的压力。在17世纪中期，中国人口不过1亿左右，18世纪时出现人口爆炸，而美洲高产作物的引

① 陈炎：《海上丝绸之路（十）——开放、交流、进步》，载《瞭望》，1984年第47期。

② 游修龄：《玉米传入中国和亚洲的时间途径及其起源问题》，载《古今农业》，1989年第2期。

③ 张铠著：《中国与西班牙关系史》，郑州，大象出版社，2003年，第163～164页。

进，极大缓解了由于人口增长所带来的粮食危机，甚至称该时期为"粮食生产革命"①。而弗兰克则在《白银资本》中提出：美洲作物传入中国促进了中国的人口发展。他在书中写道："17 世纪中期以来，中国经历了近 3 个世纪的人口增长，且增长远高于欧洲，这得益于引进早熟水稻（一年两季稻）以及美洲的玉米和红薯，使可耕地面积与粮食收成都有增长。"②

烟草，原产于南美洲，17 世纪初由福建水手"从吕宋带回来烟草的种子，再从福建南传到广东，北传到江浙，后扩展至全国，成为重要的农业经济作物。明末名医张介宾《景岳全书》记载说："烟草自古未闻。近自我明万历时，出于闽广之间……"③但也有观点认为，烟草的传入过程是经"大帆船贸易"到达马尼拉后被引入日本种植，后经朝鲜从中国东北地区传入④。

此外，"大帆船贸易"还为拉美大地带去了如茶树、罗望子、芒果、柑橘、樱桃等原产于中国的农作物⑤。

（三）白银与水银

对于当时的跨太平洋贸易，甚至有人以"银桥"来形容，足见当时航线中白银的巨大作用。它让亚洲手工业（产品）第一次进入了拉美，为身处亚洲及美洲的殖民者巩固了统治，更实

① 罗荣渠：《中国与拉丁美洲的历史联系（十六世纪至十九世纪初）》，载《北京大学学报（哲学社会科学版）》，1986 年第 2 期。

② ［德］贡德·弗兰克著，刘北成译：《白银资本》，北京，中央编译出版社，2005 年，第 159～160 页。

③ 沙丁等著：《中国和拉丁美洲关系简史》，郑州，河南人民出版社，1986 年，第 91 页。

④ 江道源：《大帆船贸易与华人华侨》，载《八桂乔史》，1996 年第 1 期。

⑤ 张铠著：《中国与西班牙关系史》，郑州，大象出版社，2003 年，第 125 页。

现了世界贸易在 17 世纪以来的飞速发展①。

　　庄国土教授关于当时白银流通的论文指出："在工业革命以前，西方人与东方的贸易中主要是提供白银，而没有任何有较大市场的产品，从中国明季到 19 世纪 30 年代，西方国家为换取丝绸、茶叶、瓷器输入中国高达 5 亿两以上的白银。"如此大量白银流入中国，不仅缓解了当时明清两朝银两短缺的问题，而且推动了当时中国社会经济发展②。

　　19 世纪西方白银的流入，帮助中国市场完成了银锭到银元的通货转化③，不仅在国内促进了商品流通，并且帮助了当时大规模市场网络的建立，同时使中国商品具有了国际性，真正使中国成为国际市场的主要组成部分④。

　　进入 17 世纪，墨西哥和秘鲁由于采银量大，而炼银主要使用"齐汞（水银）法"，因此需要大量水银，但西属殖民地却由于不断增长的采银量而出现了水银供应不足，甚至出现了水银危机，严重威胁了西班牙殖民者的银矿开采工作。中国出口的水银满足了拉美，尤其是墨西哥、秘鲁等银产地的采银需求⑤。

---

　　① 张德明：《金银与太平洋世界的演变》，载《武汉大学学报（社会科学版）》，1993 年第 1 期。
　　② 庄国土：《16～18 世纪白银流入中国数量估算》，载《中国钱币》，1995 年第 3 期。
　　③ 由于马尼拉—阿卡普尔科贸易，机制银币大量流入中国，使成色好、分量足、使用方便的西方银币广布民间，促使清政府于 1887 年开始购置西方造币机器铸造正式银元，完成了中国从古老的银两制到银元制的转换。
　　④ 同②。
　　⑤ 张铠著：《中国与西班牙关系史》，郑州，大象出版社，2003 年，第 126 页。

四　从文化角度看中国—马尼拉—
阿卡普尔科的"海上丝绸之路"

（一）　略述海上丝绸之路对亚洲的宗教影响

"大帆船贸易"在发展贸易的同时也为亚太地区带来了西方宗教文化。随着每年由墨西哥驶往菲律宾的大帆船，无数来自西班牙及墨西哥的传教士在菲律宾布道。"大帆船从阿卡普尔科'满载着银子与教士'抵达马尼拉。由'银桥'而来的传教士壮大了亚太地区的西方宗教势力"，随着跨太平洋贸易的不断发展，"1600 年（菲律宾传教士人数已达）达 400 人"[①]。西班牙殖民者派来的传教士最终使菲律宾 600 多万人皈依天主教，菲律宾也最终成为亚太地区唯一的天主教国家。

此后，"西班牙传教士还以菲律宾为'踏脚石'，向亚太国家进行宗教扩张"[②]，其中对日本影响最大。早期到日本传教的就有来自墨西哥天主教第一位圣徒费利佩。他"出生于阿卡普尔科，18 岁时被父亲送往马尼拉做生意，在那里加入了圣方济修会。1596 年，他奉命返回阿卡普尔科在'新西班牙'教区受封神父，所乘大帆船途中因风暴搁浅于日本海滩，时逢日本幕府残酷镇压境内基督教传教活动，费利佩视搁浅为神旨，并参加了日本的顶风非法传教。1597 年，费利佩与外国及日本本土基督徒共 26 人被处死于日本皈依天主教之风盛行的长崎，成为著名的'二十六殉道者'，后被罗马教廷封为'圣徒'。如今，大洋

---

① 张德明：《金银与太平洋世界的演变》，载《武汉大学学报（社会科学版）》，1993 年第 1 期。
② 同上。

彼岸的长崎西坂有一座圣费利佩·德赫苏斯（San Felipe de Jesús）教堂；大洋彼岸，圣费利佩也被奉为阿卡普尔科的守护神"①。西班牙圣芳济会的教士为在日本扩大势力范围还曾与早一步到达日本布道的葡萄牙耶稣会发生激烈冲突，这间接"导致了日本锁国"②。

（二）亚洲向拉美移民的问题与对亚洲移民"中国姑娘"的解读

在菲律宾，大帆船建造主要是中国木工、铁匠完成，帆船检修、货物搬运也依赖大批华工③。勤劳的中国人还远渡重洋，为拉美带去了生产技术和中国文化。前往美洲的华人中有些是商人，他们携带中国货物直接前往阿卡普尔科换取白银；有些则是被当做仆役甚至奴隶运往美洲的；同期，还有旅菲的华人手工艺人和水手为逃避菲律宾殖民当局的迫害而踏上拉美的土地。他们到达墨西哥、秘鲁并在那里定居。此外，还有一些在马尼拉大帆船上服役的水手不堪船上恶劣的工作与生活而在到达墨西哥港口后逃亡美洲沿海一带。当时的阿卡普尔科因华侨众多而被誉为"唐人城"，甚至在 16 世纪墨西哥城就出现了"唐人街"④。

拉美的热土上流传着许多关于"中国姑娘"（China Poblana，直译是普埃布拉的中国姑娘，普遍译成中国姑娘）的动人传说，那位东方女孩的美德与智慧感染着墨西哥人民，促进着中国同拉美的民间友谊。她被赐名卡塔利娜·德圣胡安（Catalina de San

---

① 刘承军著：《把我的心染棕》，西宁，青海人民出版社，2009 年。

② 张德明：《金银与太平洋世界的演变》，载《武汉大学学报（社会科学版）》，1993 年第 1 期。

③ 江道源：《大帆船贸易与华侨华人》，载《八桂侨史》，1996 年第 1 期，第 51 页。

④ 张铠：《明清时代美洲华人述略——兼论中国古代文明在美洲的传播》，载《拉丁美洲研究》，1983 年第 6 期。

Juan)，随"大帆船贸易"来到墨西哥。她为当地妇女设计丝料连衣裙，对当地服饰、习俗的影响延续至今，其事迹载于墨西哥耶稣会教堂墙壁，她的塑像至今仍矗立于普埃布拉市（Puebla）①。

大多数文章认为"中国姑娘"来自中国，但还有观点认为，根据 17 世纪普埃布拉神职人员以及 2 位她的牧师的 3 份文献记述，她来自当时的莫卧儿帝国（今印度）。1580 年西班牙征服葡萄牙后从非洲得到了大批黑奴，并将他们运到拉美从事矿业劳动，以满足当时开采金、银矿的劳力需要，弥补了当时由于印第安人因过度劳累大批死亡导致的人力缺乏。但当时西班牙殖民者却并未决定从亚洲大量输入奴隶。据记载，同时期随马尼拉大帆船运来的亚洲奴隶数量很少，每次约运来 30～50 名，同非洲黑奴从一地区整批送往拉美不同，亚洲奴隶来源分散，来自今天的菲律宾、印度、中国等不同亚洲国家。他们主要在墨西哥或秘鲁为当地上层阶级提供家政服务或在当地纺织厂工作。卡塔利娜就是其中之一，她原名米拉（Meera，中文多称其为"美兰"），约 1605 年生于哈贾斯坦（Rajastán）一个当时莫卧儿帝国的主要族群，其母是阿拉伯与印度君主的女儿。一位普埃布拉的富商由于没有子嗣托人寻一个"中国小孩"（chinita）。于是卡塔利娜 1621 年跨洋来到拉美并在普埃布拉度过了大半生，但她并未掌握西班牙语②。

无论"中国姑娘"是否来自中国，当时拉美将所有来自亚洲的船只乃至人员都统称来自中国，可见当时中国对拉美社会的

① 罗荣渠：《中国与拉丁美洲的历史联系（十六世纪至十九世纪初）》，载《北京大学学报（哲学社会科学版）》，1986 年第 2 期。

② Agustín Grajales Porras, "La China Poblana: Princesaindia, Esclava, Casada y Virgen, Beata y Condenada", México - India: Similitudes y Encuentros a Través de la Historia, Eva Alexandra Uchmany, México, Fundo de Cultura Económica, 1998.

深远影响。在当时科技并不发达的情况下，虽然中国与拉美的联系受到了西班牙殖民者的制约，并非自主交往，但"中国姑娘"的称谓，也从一个侧面反映了中国丝绸承载的华夏文明在当时世界范围的影响。而这位来自亚洲某国的米拉姑娘，留给拉美的不仅是动人传说或衣着、服饰文化，而且是亚洲多样性文化的绚烂多姿。

（三）浅析"大帆船贸易"的文化影响

16世纪至18世纪200多年的中国与拉美贸易的繁荣，让中国悠久文化，以商品、移民为载体，进入拉美，促进了当地社会文化发展。承载着中国千年古文化的大帆船驶往笼罩着殖民文化的拉美，而当时看似遵循欧洲文明轨迹发展的拉美，其实拥有独特的混血文化，包容着以中国为代表的亚洲文化在当地发展。

欧洲中心论在这条航线受到质疑。虽然当时的欧洲航海、贸易大国（英国、西班牙、葡萄牙或荷兰等国）留存了这条航线的丰富史料，虽然当时的中国并未转变重农抑商与农本思想，但明清文化的丰富与当时资本主义的早期萌芽确曾推动了全球贸易的进一步发展。欧洲人只重视和强调记载"辉煌"殖民历史的文献，他们坚持宣扬主导因素为欧洲的跨洋贸易理论，而这个理论却无法解释西班牙殖民者在大帆船上所扮演的角色———一位借用美洲奴隶劳动、美洲白银、中国劳力、中国造船技术，贩运中国货品到美洲甚至更远的欧洲以"赚取"财富并维持统治的"主导者"。试想如果西班牙人没有秘鲁或墨西哥的白银在手，他们能拿什么换取中国的丝锦或瓷器；如果没有亚洲商品维系这条困难重重的航线，他们又能怎样维持在拉美的长期殖民统治？

在拉美这片昔日的西属殖民地，至今仍有人忽视或否认那里印第安文化的巨大作用，但它丰富的自然资源（贵金属）、社会资源提供了当时全球贸易稀缺的种种产品：印第安人经过多年培育的农作物，如玉米、马铃薯、番茄、番薯乃至烟草等，无不是16世纪以来的亚洲乃至全世界重要的农业文化主角。直至今日，中国与拉美仍继续着与玉米栽培种植相关的合作培养学生项目，中国国家留学基金管理委员会同总部设在墨西哥城的国际玉米小麦改良中心签署的"联合培养博士生项目"，为中国相关专业学生提供赴墨西哥学习机会及联合奖学金。当时的烟草传入，还让中国在清朝康乾盛世时期成就了鼻烟壶文化，将几千年来中国在玉石雕刻、绘画等领域的工艺幻化为精美的鼻烟壶工艺品传承至今，为世人所瞩目。另外，在中国的井冈山，红军造币厂的展柜中陈列着在此生产的墨西哥鹰洋，这些利用鹰洋铸造机生产的"工"字墨西哥鹰洋曾帮助了经济封锁下的红色政权。鹰洋是墨西哥独立于西班牙殖民主义之后铸造的银币，该银币仿造厂随后在中国出现。从16世纪中国开通了与拉美贸易后，并不遥远的大帆船贸易在将中国丝绸运往大洋彼岸的同时，也为中国钱币文化带来了拉美印迹。

五　从《白银资本》的角度看丝绸之路

《白银资本》一书作者贡德·弗兰克对这段历史有深刻的研究，并提出了对欧洲中心论的质疑。弗兰克认为：自1500年以来，就存在一个全球世界经济及其世界范围的劳动分工和多边贸易。历史上，亚洲这个至少持续了3个世纪的世界经济支配者，到1800年前后仍是世界经济的绝对主角。作者在书的《前言》中这样描述了当时的世界资本流动："18世纪，美洲白银的产量约为7.4万吨，其中5.2万吨运抵欧洲，40%（约2万吨）运往亚洲。另外，留在美洲本土的白银约有3 000吨横渡太平洋经马尼拉运抵中国。如果再加上日本和其他地方生产的白银，全球白银产量的一半最终抵达亚洲，尤其是中国和印度。"①

为何欧洲需要亚洲的商品，却不能用自己的商品同亚洲交换而必须剥削美洲的贵金属？为什么亚洲可以向欧洲出口商品，却要求用贵金属支付而不进口欧洲的商品？弗兰克认为，贵金属和商品在欧洲和亚洲之间的反方向运抵说明了它们各自在世界体系中的位置②。

对如上问题，《白银资本》一书给出了比"欧洲中心论"更合理的解释：航海大发现直到18世纪末工业革命之前，亚洲经济领先世界，欧洲长期保持商品贸易的逆差。借助非洲的黑奴与拉美的白银才让当时的欧洲人"购买了搭乘亚洲经济列车的车票，获得了一个三等厢的座位"。

虽然欧洲随着"发现美洲"与随后在美洲的殖民发展建立起与美洲的新关系，并藉此强化了与亚洲的联系，但在世界经济中，"欧洲依旧处于相对的和绝对的边缘地位"。无论是西班牙人跨太平洋进行的"大帆船贸易"抑或是葡萄牙人控制的"香料贸易"，无不是以拉美的白银或是亚洲的巨大商品供应为前提的。

在16世纪开辟的中国—菲律宾—墨西哥—西班牙的大帆船多边贸易中，西班牙殖民者看似是该丝绸之路的主导者，实则扮演了两个生产主体的"中间商"，《白银资本》书中援引阿布－卢格霍德的话：欧洲是"一个暴发户，处于亚洲兴旺发达的事业的边缘"③。此外，"欧洲人本身没有任何创造，更谈不上靠自身力量搞'现代化'了。亚洲在1750年很久以前的世界经济中就已经如日中天、光芒四射……（欧洲）只是到19世纪才设法

---

① ［德］贡德·弗兰克著，刘北成译：《白银资本》，北京，中央编译出版社，2005年，第8～9页，第95页。

② 同上。

③ 同上。

取代了亚洲'火车头'的位置。"[①] 当时的欧洲无论从生产力水平、人口乃至财力甚至国家规模等都无法同中国比拟，而在中国与墨西哥直接开展的贸易表面上是西班牙的海上贸易实业，但无论从造船技术到货物乃至水手，几乎没有西班牙人的影子。他们仅仅是"借用"了美洲的银币"买来"了自己所需的"大帆船贸易"航线。

中国学者也有类似观点，"西班牙殖民者……利用了马尼拉……地理优势……建成东亚海域的贸易基地，但是他们完全是围绕着中国，以中国作为他们的贸易中心，以转贩中国的生丝和丝织品作为主要贸易活动。而当时中国生产的生丝和丝织品数量却是如此巨大，足以满足世界各地的需求，中国商品的出口数量和中国商船的竞争力在东亚海域的贸易中依然占据着主导地位。因此，17世纪初全球贸易的中心应该说是在中国，而不是在欧洲。"[②]

六　小结

海上丝绸之路辉煌、悠久，具有各方面的研究价值，目前中国很多领域都有涉及此航线的研究，但大多有专业局限性且研究资料及深度还有欠缺，并未形成如西域丝绸之路问题研究的系统，今后还有待将其放入当时的全球贸易背景，从中国、菲律宾、墨西哥乃至西班牙的港口文化历史入手，开展更深入的专业综合性研究。

---

① ［德］贡德·弗兰克著，刘北成译：《白银资本》，北京，中央编译出版社，2005年，封底。

② 李金明：《17世纪初全球贸易在东亚海域的形成与发展》，载《史学集刊》，2007年第6期。

1. 16～18 世纪形成了全球贸易的早期雏形,传统的陆路丝绸之路加上欧洲新兴的远洋贸易航线,构建了世界经济全球化的基本结构。虽然规模、技术都无法同 21 世纪匹敌,但在当时,随着科学技术的发展及国际市场的初步形成,各国生产力与对外贸易得到了大幅发展。正处在明清时期逐渐衰落的中国,国内沿海地区随着海上贸易发展,沿海从商者规模逐步扩大。18 世纪以前,中国出口贸易的主导者依旧是东南沿海商人(随清朝海禁及西方海盗袭扰,18 世纪以后中国对外贸易才逐步被西方国家抢占),他们不断扩大贸易对象国,几乎覆盖了所有东亚、南亚国家甚至远到拉美沿岸;内陆地区的丝绸、瓷器的生产能力逐步扩大,出现了国际订单贸易,如上文提到的远销巴西的撰有葡文的中国瓷产品。与此同时,随着拉美银矿的发现,西班牙殖民者在满足己需的同时,也让无数矿山中的印第安人民成为了开启经济全球化趋势的主要生产力,棕色皮肤的双手为今天巨大的世界贸易贡献了最重要的第一笔资金。

2. 综上所述,我们可以这样理解当时的全球贸易运转模式:作为主要“世界工厂”的亚洲为本地区及全球提供丝绸、瓷器、香料等产品甚至是技术,以波托西、黑金城为代表的拉美提供资金,非洲被迫输出了大量劳动力,利益驱使欧洲商人环世界穿梭于各大洲运送资金和商品,最终实现了当时世界经济的联系。我们从这一模式中不难理解《白银资本》所说的:18 世纪末工业革命之前,亚洲经济一直领先世界,欧洲则保持了长时间的商品贸易逆差。欧洲借助美洲的白银与非洲的黑奴无偿获得了一个“亚洲经济列车三等车厢的座位”,虚构了“欧洲中心论”中其经济崛起的虚伪历史,也同时制造了先进文明的神话。在马尼拉—阿卡普尔科航线或当时很多其他的全球贸易航线中,欧洲依靠殖民主义掠夺充当了早期资本主义全球经济的金融资本和世界贸易中的“远洋运输公司”。

3. 发端于 16 世纪的跨太平洋"大帆船贸易"，对当今两个同处发展时期的大洲——亚洲与拉丁美洲影响深远。对这个问题的研究不仅梳理了两大洲早期贸易史，更记录了发展中国家间源远流长的交往历史。在新的全球化背景下，深化这一命题的研究有利于深刻了解全球经济体系的形成，有利于发展中国家和地区的横向交流。对中国来说，"大帆船贸易"承载了中国与拉美源远流长的文化交往，2003 年温家宝总理在访问墨西哥期间曾发表题为《加强经贸合作，实现互利双赢》的演讲，回顾了本文涉及的这段历史。说明双方自古虽远隔万里却有着贸易、文化等各方面细致入微的联系，而历史正是双方现在及今后交流的基础。值此回顾中拉关系 60 周年之际，本文希冀通过探寻海上丝绸之路为双方更进一步、更密切的交流提供历史参照和启示。

（作者单位：中国社会科学院拉丁美洲研究所社会文化研究室）

台拉关系新变化初探

方旭飞

长期以来，拉美地区一直是台湾最主要的国际空间，台拉关系也是台湾当局对外政策的重要内容。国民党重返政权后，高度重视与拉美地区的关系，台拉关系出现了若干新特点。

一

国民党重返政权后，扬弃民进党执政时的"烽火外交"，提出"活路外交"理念和策略。所谓"活路外交"，基本思路是正视涉台国际环境的现实，本着务实精神，在两岸改善关系、累积互信的基础上，灵活、弹性地经营国际空间。马英九在台"外交部"的阐释是："'活路外交'基本的理念就是希望为中华民国的'外交'寻找一个出路，具体的方法就是看能不能在两岸关系当中，在国际社会方面，找出一个双方可以互动的模式。……与我们有'邦交'的国家是 23 个，与大陆有邦交的国家是 171 个，我们的'活路外交'就是希望能够在双边关系上做到'和解休兵'。'和解休兵'不是要大家都去休假，而是说双方不要在对方的'邦交国'去进行恶性竞争，不浪费资源来挖对方的'邦交国'，同时在自己的'邦交国'处理对方人民的相关事务时，能秉持人道原则。"① 台"外交部长"欧鸿炼向"立法院"汇报时，进一步明确"活路外交"包括两个面向，一是"外交休兵"，二是"积极外交"。后者包括集中资源加强与"邦交国"关系，提升与重要国家的交往层级，积极融入亚太地区经济体系，扩大参与专业性、功能性国际组织，营造有利台湾发展经贸的国际环境，结合民间力量推动与各国公民社会的交流互动。② 换言之，"外交休兵"是有所不为，"积极外交"是有所为，二者有机结合，推动所谓"活路外交"。③

拉美地区是马英九当局推动"活路外交"首当其冲的区域。早在组阁阶段，马英九团队就高度重视拉美地区，"外交部长"的遴选就是明证。2008 年 4 月 21 日，候任"行政院长"刘兆玄宣布驻危地马拉"大使"欧鸿炼为新"外交部长"。欧鸿炼是台湾外交系统中西班牙语系列官僚中资历最老的官员，职业生涯集中于台湾对拉美国家及西班牙的"外交关系"，被称为"西语教父"。他早年做过蒋介石的西班牙语翻译，当选过台湾"十大杰出青年"，先后担任过"外交部"中南美司科长、驻智利代表、中南美司司长、驻阿根廷代表、驻危地马拉"大使"、"外交部"常务次长、驻西班牙代表等职务。80 年代出任驻尼加拉瓜"大使"时，欧鸿炼是台湾最年轻的"大使"。即便在民进党执政时期，欧鸿炼仍然获得重用，先后担任驻哥斯达黎加、危地马拉"大使"。陈水扁高度称许欧鸿炼，曾表示"欧大使愿意干多久

---

① 见台湾当局网站"《"总统"访视"外交部"并阐述"活路外交"的理念与策略》，2008 年 8 月 4 日，http：//www. president. gov. tw"。

② 见台湾当局网站"《欧"部长""立法院"第七届第二会期"外交部"业务报告》，2008 年 9 月 25 日，http：//www. president. gov. tw"。

③ 关于"活路外交"的全面分析，参见潘飞：《浅析马英九"活路外交"政策》，载《现代台湾研究》，2008 年第 4 期；刘凌斌：《试论马英九"活路外交"政策的实践和前景》，载《现代台湾研究》，2009 年第 1 期。

就干多久"。台湾长期将与美国的关系视为"外交"首务,以往"外交部长"一般都从从事对美工作的英语干部中选拔。68岁的欧鸿炼打破这一惯例,成为首位西班牙语出身的"拉美通""外交部长",这一关键任命折射出国民党政权对拉美"邦交国"的高度重视。①

台当局的"外交"实践也充分显示其对拉美的重视。到2009年7月,马英九在上任一年多的时间内,进行了三次外访,目的地都是拉美地区。2008年8月12~19日,马英九展开所谓"敦睦之旅",出访巴拉圭、多米尼加。2009年5月26日至6月4日,马英九展开"久睦之旅",访问伯利兹、危地马拉、萨尔瓦多。不到一个月后,6月29日至7月6日,马英九又展开"久谊之旅",访问巴拿马、尼加拉瓜。这三次出访缘由都是出席相关国家新当选领导人就职典礼,并非刻意而为。尽管如此,三次出访下来,马英九在任期第二年刚开始,就几乎跑遍除圣基茨和尼维斯、圣卢西亚、圣文森特和格林纳丁斯、海地和洪都拉斯等国之外的拉美主要"邦交国"。②

对外援助一直是台湾当局维系"邦交"的重要工具,而拉美地区则是台湾援助的重点地区。以2008年为例,台湾仅在"基础建设"类别就向拉美"邦交国"提供了大量援助,涵盖受援国的财政、经济、交通、卫生、社会、教育、科技、文化、环保等11个领域。其中包括:赞助圣基茨和尼维斯、圣文森特和格林纳丁斯、伯利兹等国行政经费,在洪都拉斯开展乳腺癌防治计划,在多米尼加开展禽流感防治计划,向危地马拉提供医疗设

---

① 《拉美通当"外长"欧鸿练第一人》,载台湾《中国时报》2008年4月22日;《西语教父欧鸿练:两岸"外交"休兵》,载台湾《联合报》2008年4月22日。

② 圣基茨和尼维斯、圣卢西亚、圣文森特和格林纳丁斯3国国家小,人口少,影响有限;海地处于动荡之中;洪都拉斯原来在马英九第三次出访行程中,因为发生军事政变才临时取消。

备，帮助圣卢西亚、多米尼加兴建医院，资助多米尼加、海地、巴拉圭、巴拿马、萨尔瓦多等国贫困儿童，向尼加拉瓜、萨尔瓦多、洪都拉斯等国警察提供装备，帮助洪都拉斯、尼加拉瓜兴建水利供电设施，资助危地马拉、海地兴建公路等交通设施，为洪都拉斯、巴拿马政府购置交通工具，帮助危地马拉教育部门进行基础设施建设，在尼加拉瓜开展"改良农牧生产系统计划"，在圣卢西亚开展"组培及水产实验室计划"和"屠宰场兴建计划"，帮助危地马拉"安提瓜古城维护计划"，资助危地马拉等国发展信息产业，资助洪都拉斯、萨尔瓦多、巴拉圭、圣卢西亚等国兴建住宅、建设社区，协助海地开展"整治尖沙海滩计划"和洪都拉斯"西部天然灾害防治计划"等。①

马英九当局之所以重视拉美地区，既是由于该地区在台"外交"中的固有重要地位，更是因为其上台后面临的严峻形势。拉美地区在台"对外关系"格局中占有半壁江山，重要性远远胜过其他地区。台湾现有 23 个"邦交国"中，12 个位于拉美地区、6 个位于南太地区、4 个位于非洲、1 个地处欧洲。拉美地区的 12 个"邦交国"是台湾彰显其残存国际空间的主要依托。马英九宣誓就职时，洪都拉斯总统塞拉亚、萨尔瓦多总统萨卡、伯利兹总理巴洛、尼加拉瓜副总统莫拉雷斯、危地马拉副总统埃斯帕塔、巴拿马副总统莱维斯、圣文森和格林纳丁斯总督柏朗泰、圣基茨和尼维斯总督奋培勋等拉美国家领导人出席典礼，人数远远多于非洲、南太"邦交国"的领导人。马英九就职不久，中美洲议会还特地派议长前往台湾，授予马英九生平第一枚勋章"法兰西斯科·莫拉桑勋章"。② 和其他版块相比，拉美版

---

① "中华民国外交部"：《进步伙伴　永续发展：援外政策白皮书》，2009 年 5 月，第 28~30 页。

② 《"总统"颁赠"特种大绶景星勋章"给中美洲议会议长冈萨雷斯》，台湾"中央社"2008 年 6 月 3 日电。

块不仅国家众多，而且多个"邦交国"的面积较大、人口较多，区域和国际影响较大。特别是一体化程度较高，在区域和国际事务中往往集体发声，产生规模效应。台当局非常看重拉美国家在国际场合充当其吹鼓手的重要作用。2008年9月15日，马英九出席4个中美洲"邦交国"在台举办的"中美洲国家独立187周年纪念日"庆祝酒会，赞扬拉美国家在许多国际场合挺台，特别是协助其争取参与联合国及相关专门机构。2009年5月26日，马英九接见来台参加军事培训的中美洲和加勒比6国军人和6国驻台"大使"时，感谢这些拉美"邦交国"的长期支持，表示有了他们的支持台近年才能受到世界卫生组织邀请函，出席世界卫生大会。①

　　然而，马英九当局上台恰逢拉美地区"邦交"不稳，严重冲击"外交休兵"，威胁台残存的国际空间。民进党"台独"政权执政期间，大搞"烽火外交"，在拉美地区与大陆展开激烈争夺，结果适得其反。台湾尽管在2007年与圣卢西亚恢复"外交关系"，但是却失去3个更重要的国家。2004年，台"邦交国"多米尼克与中华人民共和国建交。2005年，在两岸之间多次摇摆的格林纳达再次倒向大陆。特别是2007年，与台湾保持60余年"邦交"的哥斯达黎加与大陆建交，使原本铁板一块的中美洲出现缺口。中华人民共和国与哥斯达黎加建交后迅速推进双边关系，2008年11月胡锦涛主席访问哥斯达黎加，双方开启了自由贸易区谈判。可以说，就与拉美国家的关系而言，马英九从陈水扁手中接过的是一个危机四伏的烂摊子。

　　而马英九上台时台拉关系的严峻形势，预示多米诺骨牌效应

---

① 《"总统"：停止与大陆"外交"恶斗 资源转到友邦》，台湾"中央社"2008年9月15日电；《"总统"接见"国防部"远朋高阶复训班第四期学员》，2009年5月26日，见台湾当局网站"http://www.president.gov.tw"。

极有可能发生。1998 年查韦斯上台以来，拉美政治最突出的现象就是左派崛起，左派政党及其领袖在一系列国家上台执政。台湾的拉美"邦交国"传统上是保守势力做大，因此汇入这股洪流稍晚。2006 年，桑解阵的奥尔特加在尼加拉瓜大选中胜出，中美洲和加勒比地区仅次于古巴的最左的政治力量重返执政地位。此后，2007~2009 年，经过一系列选举，台"邦交国"的左倾化迅速扩大。2007 年，危地马拉国家希望联盟的科洛姆在大选中胜出，并在 2008 年 1 月就任总统。2008 年 2 月，伯利兹举行议会选举，反对党统一民主党战胜执政的人民统一党。4 月，巴拉圭大选，爱国变革联盟胜出，卢戈当选总统，结束了红党 60 多年的执政。2009 年 3 月，萨尔瓦多大选，法拉本多·马蒂民族解放阵线获胜，富内斯当选总统，结束了右翼 20 多年的执政。在洪都拉斯，尽管执政党是保守力量，但塞拉亚总统本人却与查韦斯、奥尔特加等左翼领导人过往甚密，该国也加入了委内瑞拉主导的、与美洲自由贸易区分庭抗礼的"玻利瓦尔美洲替代计划"。左翼力量的上台使台拉关系增加一定变数。尼加拉瓜和其他中美洲国家一样，与台"邦交"年代长、变动小，历史上唯一一次与台湾"断交"、与大陆建交正是发生在奥尔特加担任总统的 1985~1990 年期间。奥尔特加重返政权之初，双方关系也相当微妙。伯利兹统一民主党 1984~1989 年执政期间，也曾抛弃台湾、与大陆建交。

国民党重返在台政权不久，台拉关系就再添变数，高度绷紧。巴拉圭首先亮出红灯。卢戈当选后表示将在 8 月就职后与中国大陆建立外交关系。6 月 14 日，美国众议院外交委员会西半球小组委员会就中国与拉美的关系举行听证会，作证的多位学者包括"美洲对话"的埃里克森、迈阿密大学的艾利斯等人，他们都认为巴拉圭将很快步哥斯达黎加后尘弃台而去。①接着是萨尔瓦多。富内斯在竞选期间明确主张与大陆建立正式外交关系、与台只发展经贸关系，并因此招致《今日日报》等国内媒体抨击。3 月 18 日，富内斯在选后记者会上重申在两岸间调整外交关系的政见。②5 月，巴拿马大选，左派未能胜出，右翼的马丁内斯当选，而马丁内斯在竞选期间同样主张与大陆建交。正是由于红灯频闪，马英九当局不得不高度重视拉美地区，频频出访。

二

经过一年多的实践，马英九当局对拉美的"外交政策"已经呈现出一些有别于民进党"台独"政权的特点，具体体现了其"活路外交"思想。

首先，落实"外交休兵"，冻结"邦交国"数字，集中力量经营现有"邦交"关系。2008 年 6 月 2 日，"外交部长"欧鸿炼在与媒体的茶叙中明确提出"争取新的'邦交国'并非我们'外交'的优先作为"。8 月 14 日，马英九在巴拉圭表示，在"外交休兵"下"邦交国"可能不会增加，也不会减少。放弃"外交"争夺、不求增加"邦交国"，表明马英九当局的拉美政策转为守势。2009 年 7 月 28 日，台"外交部"宣布关闭驻玻利维亚代表处，侨务等相关业务由驻秘鲁代表处兼管。9 月底之

① The New Challenge: China in the West Hemisphere, Hearing before the Subcommittee on the Western Hemisphere of the Committee on Foreign Affairs, House of Representatives One Hundred Tenth Congress, June 11 2008.
② 《萨共总统候选人拟与台"断交"萨媒斥忘恩负义》，台湾"中央社"2008 年 7 月 3 日电；《萨国变天 新总统扬言与中国建交》，载台湾《中国时报》2009 年 3 月 20 日。

前，驻委内瑞拉代表处、驻巴拿马科隆"总领事馆"也将关闭。① 这些驻外机构的关闭，表明在新政策目标指引下，台在拉美地区采取了一定的"外交"收缩。另一方面，台当局的核心政策目标是确保全部 12 个"邦交国"安稳无虞，杜绝民进党时期的流失现象，确保不被更多的"邦交国"抛弃。马英九三次出访，分别参加巴拉圭和多米尼加、萨尔瓦多、巴拿马新当选领导人的就职典礼，并顺访邻近国家。借由"典礼外交"，台当局宣传其"外交休兵"理念，强调重视发展"邦交"关系。马英九不但直接争取卢戈、富内斯、马丁内斯等扬言改变外交承认的总统，而且向民意机构喊话。5 月 29 日，马英九在伯利兹国会参众两院发表演讲，明确表示："'我国'与中国大陆改善关系的同时，不但不会影响与'邦交国'关系，反而将更进一步强化与现有'邦交国'之关系。"7 月 3 日，马英九在巴拿马新一届国会首次会议上发表演讲，再次强调："在中华民国与中国大陆改善关系时，不但不会影我们与'邦交国'，包括贵国在内的关系，而且会强化双方的合作，尤其是巴拿马与'我国'建交 100 年，我们友谊非常稳固，因此我们会继续强化此一关系。"②

其次，尽管面临"断交"危机，但台当局在挽留"邦交关系"的过程中调整互动风格，重视尊严、力求平等。在与拉美的关系中，台湾长期处于劣势，而且近年来随着大陆在国际社会影响力日盛，台湾日益处于不利地位，在与拉美"邦交国"交往中处于有求于对方的基本定位，往往为了维系"邦交"而蒙

---

① 《欧"部长"与媒体朋友茶叙纪要》，2008 年 6 月 2 日，见台湾当局网站"http://www.president.gov.tw"；《马"总统"：推"外交休兵""邦交国"可能不会再增加》，台湾"中央社"2008 年 8 月 14 日电；《"外交部"：关闭驻玻利维亚代表处》，台湾"中央社"2009 年 7 月 28 日电。

② 《"总统"赴贝里斯国会大楼接受贝京罗培兹市长呈赠市钥并发表演说》，2009 年 5 月 29 日；《"总统"在巴拿马共和国新国会发表演说》，2009 年 7 月 3 日，见台湾当局网站"http://www.president.gov.tw"。

羞受辱。陈水扁访问尼加拉瓜时，为了与奥尔特加会面曾苦等
10个小时。然而，马英九出访过程中却明显加大捍卫自身尊严
的力度。6月1日，出席萨尔瓦多总统就职庆典的马英九原定和
奥尔特加举行会面，但是对方三次推迟会见时间，到晚上9点还
要台湾方面等候。台湾方面破天荒地主动决定取消会见。7月4
日，奥尔特加再次怠慢专程来访的马英九，先是临时改变行程、
派副总统代替自己接机，随后又缺席欢迎晚宴。台湾做出激烈反
应，坚决要求奥尔特加亲自正式道歉，否则将提前结束行程、取
消援助，最终迫使奥尔特加正式道歉并在随后的行程中形影不
离，直至军礼送机。马英九事后肯定"外交部门""采取强势作
为"、"为国家争回尊严"，岛内舆论也一片肯定，呼吁对外交往
要"直起腰杆"、"不再忍气吞声"。①马英九当局争尊严、求平
等的强势做法，尽管仍然有些投鼠忌器，但也明显不同于以往政
权，给台湾对拉美的政策带来一些新气象。特别是针对洪都拉斯
突然发生的政变，台当局不但在出访前夕取消往访行程，而且在
巴拿马国会演讲中进行了公开谴责。马英九表示："中华民国一
向支持自由、民主、法治的制度，因此对于任何违反民主法治的
行为，都与各位一样表示谴责之意，同时我们也希望洪国各界能
在宪政体制之下，尽快恢复宪政秩序。"②军事政变已经造成洪都
拉斯与拉美地区和国际社会多个国家关系紧张，政变当局甚至与
阿根廷、委内瑞拉等国断交。在这种情况下，小心翼翼维持

---

① 《尊严外交开启新页，奥蒂嘉3度爽约 我取消会晤》，载台湾《中国时报》
2009年6月3日；《马不满尼国 一度想中止访问》，载台湾《中国时报》2009年7月
6日；《"总统"透过机上广播系统说明中美洲访问成果》，2009年7月6日，见台湾
当局网站"http：//www. president. gov. tw"；《推动"外交"是该直起腰杆来了》，
载《中国时报》2009年7月8日；《不再忍气吞声 台湾"外交"逐渐走向正常化》，
台湾"中央社"2009年7月11日电。
② 《"总统"在巴拿马共和国新国会发表演说》，2009年7月3日，见台湾当局
网站"http：//www. president. gov. tw"。

"邦交关系"的马英九当局居然敢于前所未有地在正式场合进行"谴责"，的确显示其在尝试新的"外交风格"。

第三，经济援助要淡化露骨的现实功利导向，改"金钱外交"、"支票外交"为"正派外交"、"专业外交"。马英九在"外交部"系统阐释"活路外交"时就提出从务实角度改善援外政策："以理性制定援外的目标、策略和标准，不再从事让专业外交人员与一般国民产生反感的'金援外交'……方法上必须注意是否违反国际规范。"2008 年 9 月 18 日，马英九专程前往国际合作发展基金会，进一步明确新的对外援助三原则："目的正当、手段合法、执行有效"，强调外援除了经费和经验，最重要的是"人"的因素，一定要办"正派外交"。①该基金会是台湾负责对外援助最主要的机构，董事长由现职"外交部长"兼任。马英九是基金会 1996 年成立以来专程前来做工作指示的台"总统"，其所做的指示也被确定为未来对外经济援助的指导原则而写入首份援外白皮书。

三次拉美之行是马英九落实其援外原则的重要实践，访问萨尔瓦多、伯利兹和危地马拉的主轴被确定为"人道与援助"。5 月 29 日，马英九在伯利兹参众两院联席会议上发表演讲，根据 5 月 7 日公布的"对外援助白皮书"，系统阐述对拉美"邦交国"的援助政策走向。一是长期、宏观、整体实施援助，成为真正的共同发展伙伴，而不局限于个别项目。依据"邦交国"长期发展计划和优先顺序，结合台比较优势，通过双边高层协商择定援助项目及执行方式，签订短、中、长期合作计划及协议，明确规范双方义务与责任。二是在联合国千年发展目标框架下确

①《"总统"访视"外交部"并阐述"活路外交"的理念与策略》，2008 年 8 月 4 日；《"总统"视察国际合作发展基金会》，2008 年 9 月 18 日，见台湾当局网站"http：//www. president. gov. tw"。

定重点援助的领域，包括消除极度饥饿和贫困、开发人力资源、防治传染病、推动环境保护等。6月2日，马英九在萨尔瓦多又指出，要发展正派的"活路外交"，"让一些不被大家接受的做法逐渐淡出，代之以真正能帮助这些国家长远的做法"。①马英九上台后和三次出访拉美途中，多个"邦交国"像以往一样提出增加援助资金的要求，甚至明码标价，提出具体数额。出访巴拉圭之前，外传巴拉圭副总统要求台湾提供7100万美元，用于卢戈政府的土改计划。但是台当局基本能实践其提出的援外原则主张，拒绝未经详细论证就在出访途中大撒金钱。马英九在结束巴拉圭和多米尼加行程后，自信地对媒体表示："我们没有增加一毛钱，完全没有谈钱。"②

第四，技术援助将成为经济援助的重要形式。台回应"邦交国"要求的方式主要是在拒绝资金要求的同时强调技术援助和合作。马英九出访巴拿马和尼加拉瓜的主轴确定为"经贸、技术合作"。巴拿马新任总统马丁内斯在就职演说中提出在首都兴建地铁的计划，而该项目预计耗资10亿美元，不但将显示改善首都交通状况，而且创造的就业机会将仅次于运河拓宽改造工程。马丁内斯就这一重要政绩工程向马英九提出援助要求后，马英九没有承诺帮助融资，而是介绍台北地铁兴建和运营的成功经验，邀请对方来台访问，讨论技术援助可行性。③ 在萨尔瓦多，马英九以授人以鱼不如授人以渔的比喻形象地阐明其技术援助主

① 《"总统"赴贝里斯国会大楼接受贝京罗培兹市长呈赠市钥并发表演说》，2009年5月29日；《"总统"在萨尔瓦多共和国与随行记者茶叙》，2009年6月2日，见台湾当局网站"http://www. president. gov. tw"。

② 《"总统"接受远见杂志专访》，2008年8月30日，见台湾当局网站"http://www. president. gov. tw"。

③ 《巴国马总统：与台"邦交"忠诚为先》，载台湾《中国时报》2009年7月2日；《巴拿马兴建捷运 马"总统"：愿分享北捷经验》，台湾"中央社"2009年7月2日电。

张："我们不是拿现款或贷款给他去买鱼，也不是直接买鱼给他吃，而是教他钓鱼；教他钓鱼不是只教一次就完了，我们希望跟钓鱼有关的配套都一起建立起来，我们一方面设立一个示范农场，教他种植某些作物，也希望设立职训中心，对农产品加工或其他方面，让他学得一技之长；再进一步，能不能够也帮助他们，把这类产业的技职体系给建立起来，培养可大可久的人才。"①

第五，军事援助的重要性下降。冷战时代，拉美（古巴除外）和台湾同为美国盟友，在冷战中属于同一阵营，双方积极开展军事交流，台湾为拉美国家军人提供诸多培训项目。其中，"国防部"主办的"远朋班"从 20 世纪 60 年代开始培训拉美等国军事人员，为台湾经营了广泛的人脉。在军人具有关键作用的拉美国家，许多"远朋班"学员后来成为当地领导人或政要，1000 多学员成为台湾与拉美国家之间重要的沟通管道。2009 年 5 月 26 日，马英九在第二次出访前夕，特地接见"远朋高阶复训班"第四期学员，该期学员全部来自中美洲和加勒比 6 国。尽管马英九在会见中高度肯定这一军事援助形式，但就其政策倾向而言，更重视经济社会援助。6 月 16 日，马英九接受中央社采访，认为"远朋班"以后的发展方向应该更致力于经济、农业、环保、卫生等领域，理由是拉美地区形势已经发生变化，军人作用下降，当权的左派政治人物更重视国家发展，"如果把台湾的发展经验跟他们分享，应该可以打动他们，又可以真正帮助他们，他们也会感受到台湾是非常务实、非常草根"。7 月 6 日，结束第三次拉美出访的马英九回程中在飞机上向随行媒体畅谈出访感受，援引洪都拉斯政变军人受到广泛谴责的例子，再次阐述

① 《"总统"在萨尔瓦多共和国与随行记者茶叙》，2009 年 6 月 2 日，见台湾当局网站"http://www.president.gov.tw"。

了这一思想。①

<h2 style="text-align:center">三</h2>

马英九当局以"活路外交"指导对拉美政策，处理与拉美"邦交国"的关系，体现了一种新思维。新政策已经产生一定效果，突出表现就是多组原本岌岌可危的"双边关系"初步稳定下来。卢戈上台后，巴拉圭与台湾的关系没有发生重大变动。在萨尔瓦多，富内斯向马英九承诺将继续双方"邦交"关系，萨尔瓦多外交部的新闻公报中甚至通篇未出现"中华民国"，而是三次称呼台为"台湾共和国"、称马为"台湾总统"。卸任总统萨卡表示，萨尔瓦多无论哪个政党执政，与台湾"邦交"关系都不会改变。巴拿马新任总统马丁内斯也对马英九表示，双方关系"忠诚为先"，希望永远是台湾的好朋友。②就拉美"邦交国"而言，在两岸"外交恶斗"的情况下，其在三方关系中处于相对有利位置，游走两岸。而在两岸"外交休兵"格局下，其外交选项减少，即使有抛弃台湾、与大陆建交的意愿也难以实现，因此台拉关系发生剧烈变动的可能性大大降低。

然而，台拉关系的结构性矛盾没有根本改变，暗含着潜在冲突矛盾。拉美"邦交国"普遍经济不发达，社会发展滞后。它们罔顾中国与日俱增的国际影响力而与作为世界第21经济体的台湾维持关系，核心政策目标就是争取其大额经济援助，功利主

① 《"总统"：远朋班扩大办理 以正派"外交"赢友谊》，台湾"中央社"2009年6月16日电；《"总统"透过机上广播系统说明中美洲访问成果》，2009年7月6日，见台湾当局网站"http://www.president.gov.tw"。
② 《巴国马总统：与台"邦交"忠诚为先》，载台湾《中国时报》2009年7月2日。

义的甚至勒索式的援助关系形成双边关系的基本结构。马英九当局改行"正派外交"，力图将援外工作规范、透明，对援助要求不照单全收，甚至大胆拒绝一些项目。施援方、受援方必然进行新的磨合，矛盾冲突的管理和控制成为重要议题。台湾内部有人就认为，"活路外交"真正的难处在于，对于长期接受台湾援助的"邦交国"而言，如果不投入巨资，何以保证其对台承诺?①特别是源于美国的国际经济和金融危机重创了多个与美国签有自由贸易协定的中美洲和加勒比国家，其对外部资金的需求在扩大，而台湾当局的援助政策在收缩。

在落实"活路外交"中，台当局对大陆提出了较高、较苛刻的要求。即使大陆善意回应其"外交休兵"倡议，不主动争取其"邦交国"，但如果"邦交国"坚持抛弃台湾、与大陆建交，大陆出于无奈被动建交，台也将认定为大陆缺乏善意，破坏两岸互信。2009 年 5 月 6 日，欧鸿炼在会见《远见》杂志代表团和新加坡驻台代表时，明确表示："我方的认定是，被动与我友邦'建交'还是违反'外交休兵'的诚意。凡涉及'国家'利益的问题，并没有被动或主动之分。……是不是休兵，没有主动、被动问题，也没有价码问题，即使零价码、边际利益，都是价码，还不是又回到竞价、恶性竞争的旧况?"对大陆而言，这显然在一定程度上有悖国际关系中的基本原则和通行做法。因此"活路外交"说到底是暂时架构，其未来以及如何根本解决两岸涉外问题还存在许多变数。

（作者单位：中国社会科学院拉丁美洲研究所政治研究室）

---

① 左正东：《新援外政策通过考验?》，载台湾《中国时报》2009 年 7 月 7 日。

"中拉关系 60 年：回顾与思考" 研讨会综述

王俊生

2009 年 8 月 29～30 日，"中拉关系 60 年：回顾与思考"研讨会在外交部张湾培训基地举行。本次研讨会由中国拉丁美洲学会、中国拉美史研究会、外交部拉美司、中联部拉美局共同主办，中国社会科学院拉丁美洲研究所承办。会议聚焦中拉关系的成就与展望，围绕四个主题进行了研讨：中拉关系的总结与思考、中拉政治关系、中拉经贸关系、中拉文化交往。

中国社会科学院常务副院长王伟光出席会议并致欢迎词。第九和第十届全国人大常委会副委员长、中拉友好协会会长、中国拉美学会名誉会长成思危，文化部部长蔡武，中国拉丁美洲学会特别顾问、外交部副部长李金章，中国拉丁美洲学会特别顾问、中联部副部长陈凤翔，中国国际投资促进会会长苗耕书等与会并作了主旨演讲。本次会议共收到论文 50 多篇，参会代表超过 130 人，分别来自外交部、中联部、文化部、商务部、对外友协等外事部门，中国社会科学院、现代国际关系研究院、南开大学、北京大学、复旦大学、中国对外经济贸易大学等科研和教学单位，以及《人民日报》、新华社等新闻媒体。一批长期从事对拉美外交工作的老大使应邀与会是这次会议的一个重要亮点。在两天的会议中，通过主旨演讲、大会发言、小组讨论、小组汇报等不同形式，与会的专家、学者围绕会议主题进行了热烈的研讨。

中拉关系 60 年发展的回顾

这次研讨会是在庆祝新中国成立 60 周年前夕召开的。总结中拉关系 60 年的发展是本次研讨会讨论的焦点之一。对此，成思危副委员长用"积跬步、致千里"概括中拉关系 60 年的历程。他指出，经过半个世纪的积累与沉淀，中拉关系在新世纪出现了前所未有的快速发展。王伟光常务副院长着重论述了中拉关系由稳步推进走向全面发展的特点。蔡武部长介绍了中拉文化交流的拓展与成就。李金章副部长对中拉关系 60 年的发展作了全面的回顾。陈凤翔副部长分析了中拉党际关系不平凡发展历程。苗耕书会长则从经贸往来和企业合作的角度回顾了中拉关系 60 年的发展。

王伟光常务副院长指出，新中国成立 60 年来，中国和拉丁美洲国家的政治关系经历了一个不断积累和逐渐成熟的过程。20 世纪 70 年代，中拉政治关系出现重大突破，继中国和智利正式建立外交关系后，拉美地区掀起了与中国建交的小高潮，中拉关系进入一个新的发展阶段。20 世纪 80 年代，中拉双方实现高层互访，政治关系继续稳步推进。进入 90 年代，特别是进入新世纪后，中拉高层交往频繁，政治互信增强，双方在各个领域的务实合作明显增多，在国际机构中的相互协调与配合不断加强。目前，中国与巴西、墨西哥、阿根廷、秘鲁、委内瑞拉、智利等拉美地区最重要的国家建立了"战略伙伴关系"或"全面合作伙伴关系"，并不断充实其内涵。中拉双方在国际事务中相互支持，密切配合，中国与巴西、墨西哥、阿根廷等拉美国家在20国集团、"金砖四国"、"G8＋5"框架内的沟通和协调越来越频繁，在重塑国际政治经济新格局的进程中发挥着重要作用。

黄志良大使将中拉关系的60年划分为四个时期：1949年新中国成立后20年间是以民间交往为主的"民间外交"时期；20世纪70～80年代，中国同拉美大多数国家实现建交，中拉关系进入迅速发展时期；20世纪90年代，中拉各领域友好合作取得长足发展时期；进入21世纪，中拉关系呈现全方位、多层次、宽领域迅猛发展的崭新时期。

拉丁美洲研究所所长郑秉文则将中拉关系60年的发展划分为五个时期：民间交往（1949～1969年）、建交高潮（1970～1977年）、平等互利与共同发展（1978～1992年）、建立长期稳定关系（1993～2000年）和"跨越式"发展（进入21世纪后）。在此基础上，郑秉文所长得出中拉关系60年的发展属于"累积—跨越式"的学理总结。对于"累积—跨越式"发展临界点的突破，他认为主要得益于中拉关系于21世纪初迎来了重要的战略发展机遇期。

在以上回顾的基础上，蔡武部长、苗耕书会长等均认为目前中拉关系的发展无论是速度、广度还是深度都达到了历史最好水平。

拉美战略地位与中拉关系发展的机遇

如何评估拉美地区在国际格局中的地位和中拉关系发展的机遇，是学者们关注的又一个重点。

中国拉丁美洲学会副会长、新华社高级记者沈安指出：第一，拉美是具有巨大发展潜力的消费和投资市场。第二，拉美地区拥有丰富的自然资源，已成为世界主要能源、原料和粮食供应地。第三，大多数拉美国家进入相对稳定发展的时期，各国的发展模式和社会形态趋向多样化。第四，拉美独立外交和一体化趋势不断加强，美拉关系发生重大变化。他还进一步指出了中国在拉美地区的战略利益：在政治上，拉美国家是中国实现未来发展目标的战略合作伙伴。在经济上，对中国而言，拉美是一个具有巨大潜力的贸易和投资市场，是某些重要资源的来源地，对中国未来的发展具有不可忽视的战略意义。在文化方面，中拉之间的广泛交流对于中国文化走向世界，加强中国软实力外交也具有重要意义。

部分学者还就巴西的国际地位问题发表见解。

上海国际问题研究院拉美研究中心主任牛海彬认为，目前巴西的"大国梦"正面临有史以来最佳的实现机遇，其大国地位在既有的资源禀赋和大国意识基础上，正在得到国家实力、国际战略和全球议题的全面支持。具体来说，在融入全球经济的过程中，巴西政府通过负责的经济政策建立了较好的国内经济基础，国内政治较为稳定，为地区和全球层面提供了一些较有影响力的公共产品，树立起巴西作为新兴大国的积极形象。而国内政策成功所构建的大市场又反过来为巴西在国际舞台上提升影响力提供了有力的支撑。这些都为巴西在国际社会的许多领域发挥作用提供了历史性机遇，比如巴西已经成为世界贸易、气候变化和国际发展等议题中的重要全球利益攸关方。

陈笃庆大使建议，应重视对巴西国内问题的研究。不能仅仅看到其国内外取得的成绩，也应注意国内所存在的结构性问题，比如公路等基础设施建设远远落后于发达国家、同时巴西有"重内政、轻外交"的传统——政府在对外政策上一直舍不得财政上的高投入，这些无疑都会制约巴西今后的发展。

原焘、黄士康、黄志良、王珍、朱祥忠、徐贻聪、王永占、沈允敖、李连甫等曾长期在拉美工作过的大使，也对目前拉美有关国家的相关情况以及如何进行相关的国别评估发表了见解。

中国拉丁美洲学会会长苏振兴从学理的角度同样认为当前中拉关系的发展正处在重要的机遇期。他指出，这个机遇期由四种因素构成：第一，新兴市场国家地位上升，相互合作加强；第二，拉美国家作为中国合作伙伴的重要性提高；第三，拉美国家把中国崛起视为重要的发展机遇；第四，拉美的外交"多元化"格局正在发生重大变化。

郑秉文所长在讲述中拉关系发展的"累积—跨越式"特点时也对当前的中拉关系作出了评估：第一，向战略高度跨越；第二，向平衡的地缘格局跨越；第三，向全方位合作跨越；第四，向多样化的经贸合作方式跨越；第五，向双边关系机制化建设跨越；第六，向加强国际多边合作跨越。

中国现代国际关系研究院拉美研究所所长吴洪英就中国和拉美的改革开放进程对双边关系发展的影响作了评估。第一，改革开放成为中拉双边关系快速发展的新背景和新前提，当前处于最佳历史时期的中拉关系正是双方30年来社会经济发展的必然产物。第二，改革开放为中拉双边关系的不断发展与深化提供了源源不断的动力源。第三，改革开放为双边关系的未来发展确立了基本的方向。

中拉关系发展中的相关因素

许多学者认为，过去60年中拉关系的发展一直受到一些相关因素的影响，这种情况今后也不可避免。苏振兴会长指出，中拉关系的发展受到五个主要因素的正面或负面影响，这五个因素是：国力因素、地理因素、美国因素、台湾因素和文化因素。黄志良大使则强调了四个因素：美国因素、台湾因素、经济因素、民间外交。

陈凤翔副部长从政党外交的角度重点分析了中拉关系发展中的政治因素。蔡武部长认为文化因素对于推动中拉关系的发展十分重要。苏振兴会长指出，鉴于中拉之间地理上相距遥远和文化背景差异较大，因此，人文交流在双边关系发展中具有重要作用。关于如何加强人文交流，他指出：第一，在中拉人文交流中有必要确定一些重点领域，如教育合作，人文学术交流，民间团体交往，等等，以求用相对有限的资源去获取更大的交流效益。第二，大力改进各种宣传媒介。第三，专业人才队伍建设亟待加强。第四，要重视吸收拉美优秀文明成果。

郑秉文所长在讲话中详细论述了中拉关系中的经济因素，认为中国在拉美的经济利益主要有：第一，拉美是中国工业原料的重要供应地。第二，拉美是中国能源来源地多元化的现实选择。第三，拉美是中国企业布局海外的战略性支点。而拉美在中国的经济利益则有：第一，中国是拉美的"贸易天使"。第二，中国是拉美基础设施建设的"外援"。

对于中拉双方的经贸合作，苗耕书会长认为双方互补性强，前景广阔。第一，中拉双边贸易规模具有很大的发展空间。第二，中拉投资合作具有很大的发展空间。第三，中拉金融合作具有很大的发展空间。沈安在对比拉美国家对中国期待的各个层面时指出，相对于政治期待，拉美更希望通过经济贸易合作获得更大的经济利益，发展本国经济。

当然，这些因素对于中拉关系发展的影响并非总是积极正面的，也有可能在国内外环境的使然下，给双方关系的发展制造障碍。有的学者指出，在经济交往方面拉美有些国家担心中国在拉美地区对当地经济形成"威胁"，以及民族主义思潮的强化可能导致的投资和贸易保护主义抬头和双方贸易摩擦等，都需要我们在进一步研究时给予关注，加强双方的了解与互信，为中拉关系发展服务。

进一步发展中拉关系的思考

对于如何进一步发展中拉关系，各位学者也纷纷献计献策。苏振兴会长指出，60年来中拉关系的发展可以得出一条重要的经验：中拉关系的稳步发展既有赖于我国综合国力的不断增强，也有赖于我们采取正确的政策去有效地发挥国力因素的积极作用和化解各种不利因素的消极影响，而这也可以指导未来中拉关系的建设。

郑秉文所长认为，从战略高度考量中拉关系中的经济因素已刻不容缓，这也是当前贯彻落实胡锦涛总书记最近提出的要"切实维护全方位对外开放条件下我国发展利益"的重要体现。他强调指出，目前来看，"发展利益"正上升为中拉关系中的"重中之重"。对中国来说，拉美是其工业原料的重要供应地，并逐渐成为中国能源来源地多元化的现实选择和中国企业布局海外的战略性支点。对拉美来讲，他们始终在对华关系中以追求经贸合作的实际利益为重点，并把中国看作对外经贸关系多元化的战略选择。所以，"发展利益"完全符合中拉双方的发展逻辑，是中拉双方共同追求的战略核心和实现共同发展的经济基础。中拉双方核心利益的这一"重心"，既符合中国的"发展利益"，也符合广大拉美国家的"发展利益"。由此可见，为"发展利益"服务也就自然成为中拉双方的一个共同诉求。中拉关系面临的这种微妙变化与转型既是中国和拉美双方自身发展的潜在需求和必然结果，也是国际环境变化的客观使然和必然趋势。

沈安认为，中国应抓住新的历史发展机遇，在通盘制定和实施对拉美地区的战略和政策时应关注以下问题：提高中拉之间高层合作的档次和形式；加强和扩大对拉美地区多边组织的参与及合作；加强与拉美地区大国的战略合作；加快双边自由贸易区谈判，与更多的国家达成自由贸易协议；继续大力推行"走出去"战略，在全球投资战略的框架内，制定和实施对拉美投资和贸易战略；加强和扩大与拉美国家的金融合作；与其他发展中大国协调在拉美事务方面的政策；建立统筹协调机制，统一实施和协调对拉美战略及政策；以新思路看待中拉关系中的美国因素。

针对中拉关系发展中的经贸因素，黄志良大使指出，应从中拉经济发展的潜力着眼，进一步提高认识，抓住时机，寻找经贸关系新的生长点，加快步伐，增加力度，下大手笔，开拓双方经贸发展的更大空间。在民间外交上则应总结和反思当年功不可没的"民间外交"的经验和教训，找到适合新时期特点的有效途径和方式方法，促进中拉人民之间的民间交往。

拉丁美洲研究：　任重而道远

发展中拉关系，人才是关键。许多学者均指出，我国现代化建设和中拉关系快速发展的新形势与拉美研究的相对滞后形成了鲜明对比。

苏振兴会长指出，我国一些企业家到拉美考察谈判甚至找不到既了解拉美当地情况、又能流利使用当地语言（西班牙语或葡萄牙语）的助手。

中国拉美史研究会常务副理事长、南开大学教授韩琦指出，我国的拉美史学科建设远远不能适应国家发展战略和中拉关系新形势的要求。关于导致这种现状的原因，韩琦认为主要有两点：市场经济大潮的冲击导致许多人不愿意研究相对较偏的拉美史和教育部门在专业管理体制上对世界史学科整体不够重视。他提出几点建议：第一，建议国家主管部门转变思维方式，用科学发展观为指导，适应国家对外关系发展的战略需要，重新科学地审视包括拉美史在内的世界史各分支学科在历史学学科体系中的定位，并对拉美史这一年轻的分支学科建设与发展予以必要的扶持。第二，建议从事拉美史研究的同仁要坚定信心，充分估计和把握住近年来新一轮调整专业目录工作所带来的新机遇，胸怀全局、立足本职，促使本单位积极作好拉美史学科自身的基础性建设工作。第三，建议在条件具备的情况下尽可能多地开展与拉美国家同行的学术交流。

会上会下，与会代表纷纷对以上领导同志与专家学者的观点进行了热烈讨论。讨论范围涉及中拉关系发展中存在的问题，当前金融危机的影响，中国的拉美研究状况，如何加强学术研究与政策制定之间的关联，等等。与会代表普遍感到，我国的拉美研究正面临一个新的发展契机，应当抓住机遇、趁势而上，把我国的拉美研究与学科建设推上一个新的台阶，为推动中拉全面合作伙伴关系的发展作出应有的贡献。

（作者单位：中国社会科学院拉丁美洲研究所）